삼국유사고증 역주 三國遺事考證 譯註

An Annotated Translation of "Historical Investigation of the Three Kingdoms Archive in Ancient Korea"

【五】

(삼국유사고증 하2)

「의해 제5」

삼국유사고증 역주 三國遺事考證 譯註 【五】

(삼국유사고증 하2)

An Annotated Translation of "Historical Investigation of the Three Kingdoms Archive in Ancient Korea"

—

1판 1쇄 인쇄 2024년 1월 2일
1판 1쇄 발행 2024년 1월 22일

—

저   자 | 村上四男
역주자 | 김정빈
발행인 | 이방원
발행처 | 세창출판사
　　　　신고번호 제1990-000013호
　　　　주소 03736 서울시 서대문구 경기대로 58 경기빌딩 602호
　　　　전화 02-723-8660 팩스 02-720-4579
　　　　이메일 edit@sechangpub.co.kr 홈페이지 www.sechangpub.co.kr
　　　　블로그 blog.naver.com/scpc1992 페이스북 fb.me/Sechangofficial 인스타그램 @sechang_official

—

ISBN 979-11-6684-192-7 94910
　　　　979-11-6684-187-3 (세트)

—

이 역주서는 2018년 대한민국 교육부와 한국연구재단의 지원을 받아 수행된 연구임.
(NRF-2018S1A5A7028408)

—

삼국유사고증 역주 三國遺事考證 譯註

An Annotated Translation of "Historical Investigation of the Three Kingdoms
Archive in Ancient Korea"

【五】

(삼국유사고증 하2)

「의해 제5」

村上四男 저

김 정 빈 역주

세창출판사

총 목차

● 七권 ●
(삼국유사고증 색인편)

五권 목차
(삼국유사고증 하2)

三國遺事 卷第四
삼국유사 권제4

義解 第五
의해 제5

삼국유사 권제4

三國遺事 卷第四

의해 제5

義解 第五

⁶⁷⁹의 해 제5
義解第五

⁶⁸⁰원광서학
圓光西學

⁶⁸¹唐續高僧傳第十三卷載. 新羅皇隆寺釋圓光俗姓朴氏本住三韓. 卞韓·

辰韓·馬韓, 光即辰韓¹⁾人也. 家世海東祖習綿遠, 而神器恢廓, 愛染篇章

校²⁾ 十五乘舶造于金陵, 有陳之世號稱文國, 故得諮考先疑, 詢猷了義.

⁶⁸²初聽莊³⁾嚴旻公弟子講, 素霑世典謂理窮神, 及聞釋宗反同腐芥. 虛尋

名敎實懼生涯, 乃上啓陳主請歸道法, 有勅許焉. 既爰初落采即禀具戒, 遊

歷講肆具盡嘉謀領牒徵言. 不謝光景故得成實·涅槃蘊括心府, 三藏釋論

---

1) DB. "속고승전"에는 新羅.
2) 고증. 校. DB, 서울대규장각본(이하, 규장각본), 범어사소장본(이하, 범어사본), 순암수택본
   에는 교(按). 木/扌의 병존은 고서(古書)에 상존(常存).
3) 고증. 庄(莊). DB, 규장각본, 범어사본. 莊.

徧所披尋. **683**末又投4)吳之虎5)山, 念定相沿無忘覺觀. 息心之衆雲結林泉. 並以綜涉四含, 功流八6)定明善易擬笇直難虧. 深副夙心遂有終焉之慮. 於即頓絶人事盤遊聖迹,7) 攝想青霄緬謝終右.8) **684**時有信士宅居山下, 請光出講固辭不許. 苦事邀延遂從其志. 創通成論末講般若, 皆思解俊9)徹嘉問飛移, 兼綵以絢采織綜詞義, 聽者欣欣會其心府. 從此因循舊章開化成任, 每法輪一動輒傾注江湖. 雖是異域通傳, 而沐道頓除嫌郄, 故名望橫流播于嶺表, 披榛負橐而至者相接如鱗. **685**會隋后御宇,10) 威加南國. 曆窮其數軍入揚都, 遂被亂兵將加刑戮. 有大主將望見寺塔火燒走赴救之, 了無火狀但見光在塔前被縛將殺. 既恠其異即解而放之. 斯臨危達感如此也. **686**光學通吳越便欲觀化周・秦, 開皇九年來遊帝宇. 値佛法初會攝論肇興, 奉佩文言振績微緒, 又馳慧解宣譽京皐. 勳業既成道東須繼. 本國遠聞上啓頻請, 有勅厚加勞問放歸桑梓. **687**光往還累紀, 老幼相欣.11) 新羅王金氏面申虔敬仰若聖人. 光性在虛閑, 情多汎愛, 言常含笑慍結12)不形. 而牋表啓書往還國命並出自胸襟, 一隅傾奉皆委以治方詢之道化. 事異錦衣. 請同觀國. 乘機敷訓垂範于今. 年齒既高乘輿入內. 衣服・藥・食並王手自營不許佐助用希專福, 其感敬爲此類也. 將終之前王親執慰, 囑累遺法兼濟民斯, 爲說徵祥被于海曲. 以彼建福五十八年少覺不悆.

---

4) DB. 규장각본과 만송문고본에는 수(梭). 범어사본. 投.
5) 고증. 虎丘山. DB, 규장각본, 범어사본, 순암수택본. 虎와 山 사이가 빈칸.
6) 고증. 入(八). DB, 규장각본, 범어사본. 八.
7) DB. "속고승전"에는 종(蹤).
8) 고증. 古. DB. 古의 오기. 규장각본, 범어사본. 右. 오기(誤記)라는 말이 불편하다.
9) 고증. 俊(俊). DB. 俊의 오기. 규장각본, 범어사본. 俊.
10) DB. 宇의 오기. 규장각본. 字, 범어사본. 宇.
11) DB. 규장각본과 만송문고본은 판독이 어렵다. 범어사본. 欣.
12) DB. 규장각본과 순암수택본에는 글자가 좌변은 糸, 우변은 告인 형태로 되어 있다.

經于七日遺誡清切, 端坐終于所住皇隆寺中. 春秋九十有九, 即唐貞觀四年也. ^a宜云十四年. 當終之時寺東北虛中音樂滿空異香充院, 道俗悲慶知其靈感. 遂葬于郊外, 國給羽儀葬具同於王禮. 後有俗人兒胎死者, 彼土諺云 "當於有福人墓埋之種胤不絶." 乃私瘞於墳側, 當日震此胎屍擲于塋外. 由此不懷敬者率崇仰焉. **688**有弟子圓安, 神忘13)機頴. 性希歷覽慕仰幽求. 遂北趣九都, 東觀不耐, 又西燕 · 魏後展帝京. 備通方俗, 尋諸經論跨轢大綱, 洞淸纖旨. 晚歸心學高軌光塵初住京寺, 以道素有聞特進蕭瑀奏請住於藍田所造津梁寺, 四事供給無替六時矣. 安嘗敍光云 "本國王染患醫治不損, 請光入宮別省安置, 夜別二時爲說深法, 受戒懺悔, 王大信奉. 一時初夜王見光首金色晃然, 有象日輪隨身而至. 王后宮女同共觀14)之. 由是重發勝心克留疾所, 不久遂差. 光於辰15)韓 · 馬韓之間盛通正法, 每歲再講匠成後學.16) 之資並充營寺, 餘惟衣盂而已. ^a載達凾.

689又東京安逸戶長貞孝家在古本殊異傳載圓光法師傳曰 "法師俗姓薛氏王京人也. 初爲僧學佛法, 年三十歲思靜居修道獨居三岐山. 後四年有一比丘來所居不遠別作蘭若居二年, 爲人强猛好修呪述. 法師夜獨坐誦經, 忽有神聲呼其名 "善哉善哉. 汝之修行. 凡修者雖衆如法者稀有. 今見隣有比丘徑修呪術而無所, 得喧聲惱他靜念, 住處礙我行路每有去來幾發惡心. 法師爲我語告而使移遷. 若久住者恐我忽作罪業." 明日法師徃而告曰, "吾於昨夜有聽神言, 比丘可移別處. 不然應有餘殃." 比丘對曰, "至行者爲魔所眩. 法師何憂狐鬼之言乎." 其夜神又來曰, "向我告事比丘有

---

13) DB. "속고승전"에는 志.
14) DB. "속고승전"에는 覩.
15) DB. "속고승전"에는 卞.
16) DB. 규장각본과 순암수택본에는 學 뒤가 빈칸, "속고승전"에는 贖施.

何荅乎." 法師恐神瞋怒而對曰. "終未了說. 若強語者何敢不聽." 神曰,
"吾已具聞. 法師何湏補說. 但可默然見我所爲." 遂辭而去. 夜中有聲如雷
震, 明日視之山頹塡比丘所在蘭若. 神亦來曰"師見如何." 法師對曰"見
甚驚懼." 神曰, "我歲幾於三千年神術最壯, 此是小事何足爲驚. 但復將來
之事無所不知, 天下之事無所不達. 今思法師唯居此處雖有自利之行而無
利他之功. 現在不揚高名未來不取勝果. 盍採佛法於中國導群迷於東海."
對曰"學道中國是本所願, 海陸迥阻不能自通而已." 神詳誘歸中國所行之
計, 法師依其言歸中國. 留十一年, 博通三藏兼學儒術. 眞平王二十二年
庚申. ^a三國史云明年辛酉來. 師將理策東還, 乃隨中國朝聘使還國. 法師欲謝神
至前住三岐山寺, 夜中神亦來呼其名曰, "海陸途間往還如何." 對曰, "蒙
神鴻恩平安到訖." 神曰"吾亦授戒於神仍結生生相濟之約." 又請曰, "神
之眞容可得見耶." 神曰"法師若欲見我形, 平旦可望東天之際." 法師明日
望之有大臂貫雲接於天際. 其夜神亦來曰, "法師見我臂耶." 對曰, "見已
甚奇絶異." 因此俗號臂長山. 神曰, "雖有此身不¹⁷⁾免無常之害. 故吾無月
日捨身其嶺. 法師來送長逝之魂." 待約曰¹⁸⁾徃看, 有一老狐黑如柒. 但吸
吸無息俄然而死. 法師始自中國來, 本朝君臣敬重爲師. 常講大乘經典.
此時高麗·百濟當侵邊鄙王甚患之, 欲請兵於隋^b宜作唐請法師作乞兵表.
皇帝見以三十萬兵親征高麗. 自此知法師旁通儒術也. 享年八十四入寂葬
明活城西."

690 又三國史列傳云. "賢士貴山者沙梁部人也. 與同里箒項爲友, 二人相
謂曰, "我等期與士君子遊, 而不先正心持身則恐不免於招辱. 盍問道於賢

---

17) 범어사본 不. DB. 규장각본과 만송문고본에는 글자의 마지막 획이 결락되어 있다.
18) DB. 日의 오기. 범어사본, 고려대학교소장본(이하, 고대본) 모두 曰.

者之側乎." 時聞圓光法師入隋回寓止嘉瑟岬. ^a或作加西又嘉栖, 皆方言也. 岬俗云古尸

尸, 故或云古尸¹⁹⁾寺, 猶言岬寺也. 今雲門寺東九千步許有加西峴, 或云嘉瑟峴. 峴之北洞有寺基是也.

二人詣門進告昌. ²⁰⁾"俗士顓蒙無所知識. 願賜一言以爲終身之誡." 光曰,

"佛教有菩薩戒其別有十. 若寺爲人臣子恐不能堪. 今有世俗五戒, 一曰事

君以忠, 二曰事親以孝, 三曰交友有信, 四曰臨戰無退, 五曰殺生有擇.

若²¹⁾行之無忽." 貴山荨曰, "他則旣受命矣. 所謂殺生有擇特未曉也." 光

曰, "六齋日春夏月不殺, 是擇時也. 不殺使畜謂馬·牛·雞·犬. 不殺細

物謂肉不足一臠, 是擇物也. 此亦唯其所用不求多殺. 此是世俗之善戒

也." 貴山荨曰, "自今以後奉以周旋不敢失墜." 後二人從軍事皆有奇功於

國家. ⁶⁹¹又建福三十年癸酉^a即眞平王即位三十五年也. 秋隋使王世儀至, 於皇龍

寺設百座道場請諸高德說經, 光最居上首."

議曰. 原宗興法已來津梁始置而未遑堂粤. 故宜以歸戒滅懺之法開曉愚

迷. 故光於所住嘉栖岬置占察寶以爲恒規. 時有檀越尼納田於占察寶, 今

東平郡之田一百結是也, 古籍猶存. ⁶⁹²光性好虛靜言常含笑形無慍色. 年

臘旣邁乘輿入內, 當時群彦德義攸屬無敢出其右者. 文藻之贍一隅所傾.

年八十餘卒於貞觀間. 浮昌在三岐山金谷寺. ^a今安康之西南洞也. 亦明活之西也. 唐

傳云告寂皇隆寺, 未詳其地疑皇龍之訛也. 如芬皇作王芬寺之例也. 據如

上唐·鄕二傳之文, 但姓氏之朴·薛, 出家之東·西如二人焉不敢詳定.

故兩存之. 然彼諸傳記皆無鵲岬·璃目與雲門之事. 而鄕人金陟明謬以街

巷之說潤文作光師傳, 濫記雲門開山祖寶壤師之事迹合爲一傳. 後撰海東

---

19) 규장각본, 범어사본, 고대본. 古尸. DB. "삼국사기" 권45, 열전(列傳) 귀산(貴山) 조에는 加
悉.

20) DB. 曰의 오기로 보인다.

21) DB. "삼국사기" 권45, 열전(列傳) 귀산(貴山) 조에는 若 뒤에 等.

僧傳者承誤而録之. 故時人多惑之. 因辨於此不加減一字, 載二傳之文詳
矣. 陳·隋之世海東人鮮有航海問道者, 設有猶未大振, 及光之後繼踵西
學者憧憧焉, 光乃啓途矣.

693讚曰. 航海初穿漢地雲. 幾人來往挹淸芬. 昔年蹤迹靑山在. 金谷·
嘉西事可聞.

풀이 **678**삼국유사 권제4(三國遺事卷第四)

679의해 제5(義解第五)

680원광서학(圓光西學)

681당(唐) "속고승전"22) 제13권에 실려 있다. 신라 황룡사의 석 원광의
속성은 박씨이고, 본래 삼한에 살았다. (삼한은) 변한·진한·마한으
로 원광은 곧 진한 사람이다. 집안은 대대로 해동에서 이어져 조상의
전통을 받들어 길게 이어 왔고, 비범한 기량을 널리 펼치고 문장을 탐
애하여 도학과 유학을 섭렵하고, 자사(子史)를 연구하여 문장은 삼한
에 떨쳤으나, 박학함은 오히려 중원에 부끄러웠다. 드디어 부모와 벗
과 헤어져 바다를 건너기로 마음을 먹고, 나이 25세에 배를 타고 금
릉23)에 이르니, 진(陳)의 치세로 문(文)의 나라라고 칭하여서 전에 의
문이 들었던 것을 질문하여 터득할 수 있었다.

682처음 장엄사 민공24) 제자의 강의를 들었는데, 처음에는 세상의

---

22) DB. 중국 당(唐)나라 초기의 남산율종조(南山律宗祖)인 도선(道宣)이 저술한 것으로 총 30
권이다. 양(梁) 혜교(慧皎)의 "고승전(高僧傳)"을 계승하여 양대(梁代)로부터 645년까지 144
년간의 고승 전기를 편집하였다. 혜교의 "고승전"을 계승하여 "속고승전"이라 했기 때문에
"속전(續傳)"이라고도 불리고, 당초(唐初)에 편집되었기 때문에 "당고승전"이라고도 한다.

23) DB. 중국 강소성(江蘇省)의 남경(南京).

전적(典籍)을 두루 섭렵하고 거기에 진리가 있다고 생각했다. 그러나 불법을 듣고는 그것은 도리어 썩은 풀과 같이 여겨졌다. 명교(名教)(유교)를 헛되이 쫓아 생애를 위태롭게 할 수 있다고 생각했다. 이에 진(陳)의 황제에게 도법에 귀의하기를 청하니 칙명으로 허락하였다.

이미 이에 처음 출가하여 구족계25)를 받고 강사(講肆)를 돌아다니며 고명한 계책을 다 갖추고 미묘한 언어를 습득하였고 날짜를 허비하지 않았다. 고로 성실(成實)26)과 열반27)을 얻어 마음에 쌓아 두고, 경, 율, 논(삼장)과 석론(釋論)28)을 골고루 찾아냈다.

683나중에는 또 오(吳)나라의 호구산에 들어가 염정29)을 서로 따르고, 각관30)을 잊음이 없었기 때문에, 사문의 무리들이 임천에 구름같이 모여들었다. 아울러 "사함"31)을 모두 섭렵하고 공덕은 팔정32)에 들어갔으며, 명선을 갖추는 힘을 습득하고 강직함이 어그러지지 않았다. 평상시 갖고 있는 마음에 만족하여, 이쯤에서 마치려는 생각이 들었다. 이에 사람과 인연을 끊고, 성인의 자취를 두루 유람하며 靑霄

---

24) DB. 장엄사의 승민(467-527). 양대(梁代) 3대 법사 중의 한 사람.

25) DB. 비구와 비구니가 지켜야 할 계율.

26) DB. 성실의 열반. 성실에 대하여 다음과 풀었다. 인도의 불교학자 하리발마(訶梨跋摩)의 저술로 총 16권이다. 구마라십(鳩摩羅什)에 의해 411-412년에 번역, 현재 산스크리트 원전은 전해지지 않고 한역본(漢譯本)만 전해진다.

27) DB. 열반경, 열반종의 소의경전이다.

28) DB. 여기에 인용된 "속고승전"에는 '석론(釋論)'으로 되어 있으나, 다른 판본의 "속고승전"에는 모두 '수론(數論)'으로 되어 있다.

29) 염불(念佛)과 선정(禪定)의 줄인 말.

30) DB. 覺은 사물을 추리하는 마음의 조잡한 작용이고, 觀은 미세한 작용이라는 뜻으로 둘 다 선정에는 방해가 된다.

31) DB. 모든 소승경을 네 가지로 나눈 것으로, 증일아함경(增一阿含經) 51권, 장아함경(長阿含經) 22권, 중아함경(中阿含經) 60권, 잡아함경(雜阿含經) 50권이다.

32) DB. 색계(色界)의 사선정(四禪定)과 무색계(無色界)의 사공정(四空定).

(청소)³³⁾를 생각하였고, 영원히 속세를 멀리하였다.

684이때에 어떤 신자가 산 아래 살고 있었는데, 원광에게 나와서 강의해 주기를 청하였으나 굳이 사양하여 허락하지 않았다. 끝내 맞이하려 힘쓰므로 드디어 그 뜻을 따랐다. 처음에 "성실론"을 말하고 끝에는 "반야경"³⁴⁾을 강의했는데, 모두 사해가 뛰어나게 통하니 좋은 질문을 주고받고, 겸하여 아름다운 수사로써 말과 뜻을 엮으니, 듣는 사람들은 매우 기뻐하였으며 그 마음에 들어맞았다.

이로부터 예전의 법에 따라 중생을 개도하는 것을 임무로 삼으니, 매번 법륜이 한번 움직일 때마다 문득 세간을 기울어지게 하였다. 비록 이는 이역에서의 통전이지만, 도에 젖어 싫어하고 꺼리는 것이 없으므로 명망이 널리 퍼져 영표까지 전파되니, 덤불을 헤치고 바랑을 지고 이르는 자가 서로 물고기 비늘처럼 잇달았다.

685때마침 수(隋)나라가 천하를 통치하니, 그 위엄이 남쪽 나라 진(陳)에까지 미쳤다. 진나라의 운수가 다하여 수나라 군사가 수도 양도(揚都)에까지 들어오니, 드디어 난병에게 사로잡혀 장차 죽음을 당하게 되었다. 수의 대장(大將)이 절과 탑이 불타는 것을 바라보고 달려가, 그를 구하려 하니 불타는 모습은 전혀 없고, 다만 원광이 탑 앞에 있는데 결박되어 있어서 장차 죽음을 당하려 하는 것만 보았다. 그 기이함을 이상하게 여겨 곧 풀어서 놓아주었다. 그 위태로움에 임하여 감응이 이른 것이 이와 같았다.

---

33) DB. 창공, 즉 세상 밖이란 뜻.
34) DB. 모든 법의 실상은 반야에 의해 밝혀진다고 설명하는 경전, 가장 방대한 경전은 당나라 현장(玄奘)이 번역한 "대반야경(大般若經)" 600권이며, 그 외 여러 가지 반야경전류는 이 경전의 일부분이거나 요약한 것.

686 원광은 학문이 오(吳)·월(越)에도 통했으나, 더 나아가 주(周)와 진(秦)을 관찰하고 교화하고자,35) 개황 9년에 수나라의 수도에 유학하였다. 마침 불법의 초회(初會)를 당해 섭론36)이 비로소 일어나니 문언을 받들어 지니고 미서를 떨쳐 이었다. 또한 혜해37)를 달려 이름을 수나라 수도에까지 펼쳤다. 학문이 이미 이루어지자 동쪽으로 가서 계속해야겠다고 생각했다. 신라가 멀리에서 이를 듣고 황제에게 돌아오게 해 달라고 자주 청하니, 황제가 칙서를 내려 후하게 위로를 더해 고국으로 돌아가게 하였다.

687 원광이 나이 들어 돌아오니, 늙은이도 아이도 서로 기쁜 마음으로 받들었다. 신라왕 김씨(진평왕)는 대면하고 공경하여 성인과 같이 받들었다. 원광은 성품이 겸허하고 심정은 널리 사랑하는 것이 많았으며, 말을 할 때는 항상 미소를 머금고 있었고 결코 노한 빛을 띠지 않았다. 그리고 상표문, 계서(啓書) 오고가는 국서는, 그의 심중에서 나왔으며 하나라도 극진히 받들어 모두 다스리는 방향을 맡겼으며 도화하는 것을 물었다. 사정은 금의환향한 것과 달랐으나, 실정은 중국의 국정을 돌아보고 온 것과 같았다. 기회를 타서 훈계를 하여 지금에도 모범을 드리웠다.

나이가 이미 많아지자 수레를 타고 궁궐에 들어갔다. 의복과 약·음식을 왕이 손수 마련하고, 옆에서 돕지 못하게 하여 오로지 복을 혼자 받으려고 하였으니, 그 감복하고 공경하는 것이 이와 같았다. 장차

---

35) DB. 주와 진이 일어난 근거지인 섬서성의 위수(渭水) 분지, 즉 관중 지방을 돌아보겠다는 뜻.
36) DB. "섭대승론(攝大乘論)"의 약칭이다. 섭론종의 근본경전으로 만유는 유심에 돌아간다는 이론과 이에 의한 종교적 실천을 발하여 대승의 교리가 소승의 교리보다 앞선다고 주장한다.
37) DB. 명석한 해석.

생을 마치기 전에, 왕이 친히 손을 잡고 위문하며 누차 법을 남기고 겸하여 백성을 구제할 것을 부탁하니, 원광이 상서로움을 말하여 그 공덕이 바다 구비에까지 미치었다.

그가 건복[38] 58년에 약간 근심을 느꼈다. 7일이 지나 계를 남겼는데 대단히 맑았고, 살고 있는 황룡사 안에서 꼿꼿이 앉아 죽음을 맞았다. 나이가 99세였으니 곧 당나라 정관 4년(630)이다. [a]마땅히 14년이라 해야 한다.[39] 죽음을 맞이할 때 절의 동북쪽 허공에서 음악이 하늘을 가득 채웠고, 기이한 향기가 절에 가득 차니 도인과 속인들이 슬퍼하며 경사스럽게 여겼으며 그 영험한 감응을 알았다. 드디어 교외에 장사를 지내니, 나라에서 우의와 장례용구를 지급하여 왕의 장례와 같이 하였다.

후에 속인이 아이가 태내에서 사산된 아이를 낳은 부인이 있었다. 그 지역의 속설에 "복이 있는 사람의 무덤에 그것을 매장하면 자손이 끊이지 않는다."라고 하였다. 이에 은밀히 무덤의 옆에 묻으니, 그날 이 태아의 시신에 벼락이 쳐서 무덤 밖으로 던져 버렸다. 이로 말미암아 공경하지 않던 자도 모두 숭앙하게 되었다.

688제자 원안이 있었는데 정신이 지혜롭고 기지가 **빼어났다**. 성품이 유람하는 것을 좋아하여 도를 구하는 것을 바랐다. 드디어 북쪽 환도(丸都)로 가고, 동쪽 불내[40]를 보고, 또 서쪽 연(燕)과 위(魏)를 지나

---

38) DB. 신라 진평왕의 연호로 584-631년에 사용.
39) DB. "속고승전"은 원광이 신라의 建福 58년에 99세로 입적. 이때가 당(唐)의 정관(貞觀) 4년(630)이라고 하여 원광의 생몰년을 532-630년으로 제시하고 있다. 그런데 일연은 이 자료를 인용하면서 원광의 몰년이 정관 14년(640)이 되어야 한다고 주석하였다.
40) DB. 함경남도 안변군의 옛 이름으로, 불이(不而)라고도 하였다.

후에, 황제가 있는 수도에까지 갔다. 각 지방의 풍속을 꿰뚫고 여러 경론을 찾아 대강을 섭렵하고 섬세한 뜻까지 통달하였다. 늦어서야 심학(불교)에 귀의했는데, 세속 사람보다 자취가 높았다. 처음 수도의 절에 있었는데, 순박한 덕행으로 유명해져서 특진[41]소우[42]가 주청하여 남전에 조영된 진량사[43]에 머물게 하였으며, 수행 중에 필요한 4가지 물건을 공급함에 육시[44]에 끊기는 일이 없었다.

원안은 일찍이 원광에 대해 서술하여 말하였다. "본국 왕이 병환이 나서 의원이 치료하여도 낫지 않아, 원광이 입궁할 것을 청하여 별성에 안치하고, 밤에 2시간씩 심법(深法)을 설하여 계(戒)를 받고 참회하게 하니, 왕이 크게 신봉하였다. 어느 날 초저녁에 왕이 원광의 머리를 보니, 금빛이 빛나고 일륜 모양이 몸을 따라서 이르렀다. 왕후와 궁녀가 함께 그것을 보았다. 이로 말미암아 거듭 승심을 발하여 굳이 병실에 머물게 하였더니, 오래지 않아 드디어 차도가 있었다.

원광은 진한 · 마한 안에서 정법(正法)을 두루 폈는데, 해마다 두 번 강론을 하여 후학을 양성하였다. 보시로 받은 재화는 절을 짓는 데 충당하여, 남은 것은 오직 의복과 바리뿐이었다. [a]"달함"[45]에 수록되어 있다."

689또 동경 안일 호장(戶長)인 정효가에 있는, 고본 "수이전"[46]에 실

---

41) DB. 이 관위는 한대(漢代)에 시작되었는데, 제후 · 왕공 · 장군 중에서 공적이 현저한 자에게 내렸다.

42) DB. 중국 당(唐) 초기의 공신으로, 당(唐) 고조(高祖)와 태종(太宗)에게 연이어 큰 신임을 받았다.

43) DB. 중국 당나라 초기 소우(蕭瑀)가 남전(藍田)에 건립한 절, 삼계교를 신봉하였던 것으로 보인다.

44) DB. 하루를 6으로 나누 염불, 독경의 시간이다. 곧 아침, 낮, 해질녘, 초저녁, 밤중, 새벽의 여섯이다. 하루를 낮 3시, 밤 3시로 구분하고 합하여 6시라고 한다.

45) DB. 인용한 글이 모두 "속고승전" 원광전을 재수록하였음을 밝힌 것.

린 원광법사전에 말한다. 「법사의 속성은 설씨(薛氏)로 왕경인이다. 처음 중이 되어 불법을 배웠고, 나이 30세에 조용히 머물면서 도를 닦을 것을 생각하여 홀로 삼기산47)에 살았다.

4년 후 한 비구가 와서 거처와 멀지 않은 곳에 별도로 난야48)를 만들고 2년을 거하였는데, 사람됨이 강맹하고 주술을 잘하였다. 법사가 밤에 홀로 앉아 경전을 독송하는데 홀연히 신비로운 소리가 그 이름을 부르며 말했다. "잘하는도다. 잘하는도다. 너의 수행이여! 무릇 수행하는 자는 비록 많으나 법대로 하는 자는 드물다. 지금 옆에 사는 비구를 보니 빠르게 주술을 닦지만 얻는 바가 없으니 시끄러운 소리는 남의 정념(靜念)을 괴롭히고, 사는 곳은 내가 지나는 길로 매일 오가고 하는데, 약간 미운 마음이 생긴다. 법사는 나를 위하여 말해서 옮겨 가게 하라. 만약 오래 거하면 내가 문득 죄업을 만들까 두렵다." 다음 날 법사가 가서 말하였다. "내가 어젯밤에 신의 말을 들었는데, 비구는 다른 곳으로 옮겨야 한다. 그렇지 않으면 나머지 재앙이 있을 것이다." 비구가 대답하여 말하였다. "수행이 지극한 자가 어찌 마귀에 현혹되는 바가 되는가? 법사는 어찌 여우 귀신의 말을 걱정하는가?" 그날 밤에 신이 또 와서 말하였다. "내가 말한 일에 대해 비구가 어찌 대답하였는가?" 법사는 신이 노할까 두려워 대답하였다. "아직 말하지 못하였습니다. 만약 군이 말한다면 어찌 감히 듣지 않겠습니

---

46) DB. 통일신라 후기에 쓰인 작자 미상의 한문설화집으로 원명은 "신라수이전(新羅殊異傳)" 이다. 현전하는 "수이전"은 신라의 설화를 단편적으로나마 이해할 수 있는 귀중한 자료이다.
47) DB. 지금의 경상북도 경주시 안강읍 두류리에 있는 산으로 금곡산이라고도 한다. 이 산에 원광의 부도가 안치된 금곡사가 있다.
48) DB. 아란야(阿蘭若)의 줄임말로 사원.

까?" 신이 말하였다. "내가 이미 다 들었다. 법사는 어찌 말을 더하는가? 단지 잠자코 있어 내가 하는 바를 보아라." 드디어 작별하고 갔다.

밤중에 우레와 벼락같은 소리가 나서, 다음 날 그것을 보니 산이 무너져 비구가 있던 절을 메우고 있었다. 신이 또 와서 말하였다. "법사, 이것을 보니 어떠한가?" 법사가 대답하여 말하였다. "보니 심히 놀랍고 두렵습니다." 신이 말하였다. "내 나이는 거의 삼천 년에 가깝고 신통력이 가장 성하니, 이 작은 일이 어찌 놀라기에 족하겠는가. 또한 장래의 일도 알지 못하는 바가 없고, 천하의 일은 도달하지 않는 바가 없다. 지금 생각건대 법사가 오직 이곳에 거한다고 하더라도 비록 스스로 이로운 행동은 있을 것이나, 다른 이를 이롭게 하는 공은 없을 것이다. 현재 고명(高名)을 드높이지 않으면, 미래에 과보를 얻지 못할 것이다. 어찌 중국에서 불법을 터득하여 동해(이 나라)에서 몽매한 중생을 이끌지 않는가?" 대답하여 말하였다. "중국에서 도(道)를 배우는 것은 본디 바라는 바이나 바다와 육지가 멀리 떨어져 있어 능히 스스로 통하지 못할 뿐입니다." 신이 중국으로 들어갈 때 하는 바의 계책을 자세히 알려 주니 법사는 그 말에 따라 중국으로 갔다. 11년을 머물렀는데 삼장을 널리 통달하였고 겸하여 유학을 배웠다.

진평왕 22년 경신(庚申)(600년)"ᵃ삼국사"에는 다음 해 신유(辛酉)에 왔다고 한다.에 법사가 장차 지팡이에 의지하여 동쪽으로 돌아오려 할 때, 이에 중국 조빙사를 따라 귀국하려고 했다. 법사가 신에게 감사하고자 하여, 전에 살던 삼기산의 절에 이르니 밤중에 신이 또 와서 그 이름을 부르며 말하였다. "바다와 육지의 길 사이를 갔다 돌아오니 어떠한가?" 대답하여 말하였다. "신의 큰 은혜를 입어 평안히 돌아오기를 마쳤습니다." 신이 말하였다. "나 또한 신에게 계(戒)를 받아 세세생생에 서로 구제하는 약속을 맺었다." 또한 부탁하여 말하기를 "신의 진용을 볼 수 있겠습니까?"라고 하였다. 신이 말하였다. "법사가 만약 나의 모습을 보고자 한다면 내일 아침에 동쪽하늘 끝을 보라." 법사가 다음 날 그곳을 바라보니 큰 팔이 구름을 뚫고 하늘 끝에 닿아 있었다. 그날 밤 신이 또 와서 말하였다. "법사는 내 팔을 보았는가?" 대답하여 말하였다. "이미 보았는데 매우 기이하였습니다." 인하여 이 골짜기를 비장산이라고 불렀다. 신이 말하였다. "비록 이 몸이 있으나 무상의 해(害)는 면하지 못하였다. 그러므로 나는 오래되지 않아 그 고개에 몸을 버릴 것이다. 법사는 와서 멀리 떠나는 혼을 전송하라." 약속한 날짜를 기다려가서 보니 한 검은 늙은 여우가 있었는데 검기가 칠흑 같았다. 단지 헐떡거리다가 숨을 쉬지 않고 조금 뒤에 죽었다.

법사가 처음 중국에서 돌아오니, 신라의 왕과 신하가 법사를 공경하며 스승으로 삼았다. 항상 대승경전[49]을 강론하였다. 이때 고구려·백제가 항상 변경을 침입하니, 왕이 그것을 매우 근심하여 수(隋)나라에 병사를 청하고자, ᵇ마땅히 唐이라고 써야 한다.[50] 법사에게 걸사표를 지을 것을 부탁하였다.[51] 황제가 이를 보고 30만 병사로 고구려를 친히 정벌하였다. 이로부터 법사가 유학에도 두루 통달함을 알게 되었다.

향년 84세에 입적하였고 명활성 서쪽에 장사 지냈다.」

690또한 "삼국사" 열전에 다음과 같이 기록되어 있다. "어진 선비 귀

---

49) DB. "화엄경", "법화경", "열반경" 등이 대표적.
50) DB. "삼국사기" 권4 신라본기 진평왕 30년 조에도 '欲請隋兵 以征高句麗'라고 한 것으로 보아 본문의 수(隋)나라가 옳으며, 이를 당(唐)으로 본 것은 일연의 착각으로 생각된다.
51) DB. 이때 원광은 자신은 비록 승려이나, 왕의 명이니 따르겠다고 하면서 걸병표(乞兵表)를 지었는데, 이를 원광과 전제왕권과의 결합을 의미하는 것으로 보기도 한다. .

산(貴山)이라는 자는 사량부 사람이다. 같은 마을 추항(箒項)과 벗이 되었는데 두 사람이 서로 일러 말하기를 "우리들은 사군자(士君子)와 더불어 교유하고자 기약하였으나, 먼저 마음을 바로 하고 몸을 지키지 않으면 곧 모욕당함을 면치 못할 것이다. 현자의 곁에서 도를 묻지 않겠는가?" 하였다. 이때 원광법사가 수나라에 갔다 돌아와, 가슬갑에 머문다는 것을 들었다. ᵃ혹은 가서(加西) 또는 가서(嘉栖)라고도 하는데 모두 방언이다. 갑(岬)은 세상에서 말하기를 고시(古尸)라고 하므로 혹은 고시사(古尸寺)라고도 하는데 갑사(岬寺)와 같은 말이다. 지금 운문사⁵²⁾ 동쪽 9천 보 가량에 가서현이 있는데 혹은 가슬현이라고도 한다. 현의 북쪽 골짜기에 그 절터가 있으니 바로 이것이다. 두 사람은 문에 나아가 고하여 말하였다. "俗士는 몽매하여 아는 바가 없습니다. 원컨대 한 말씀 내리셔서 평생 동안의 교훈으로 삼게 해 주십시오."

원광이 말하였다. "불교에는 보살계⁵³⁾가 있으니 그것은 10가지로 구별되어 있다. 너희들은 다른 이들의 신하와 자식된 자이니 능히 감당할 수 없을 것이다. 지금 세속의 5개의 계율이 있으니 첫 번째는 충성으로 임금을 섬긴다, 두 번째는 효로 부모를 섬긴다, 세 번째는 친구와 사귐에 믿음이 있게 한다, 네 번째는 전투에 임하여 물러섬이 없다, 다섯 번째는 살생을 함에 가림이 있게 한다이다. 너희들은 그것을 행함에 소홀함이 없게 하라." 귀산 등이 말하였다. "다른 것은 곧 이미 명을 받아들였습니다. 이른바 살생을 함에 가림이 있게 하라는 것은 특히 알아듣지 못하겠습니다." 원광이 말하였다. "육재일과 봄과 여름에는 살생을 하지 않으니 이것이 때를 가리는 것이다. 가축을 죽

---

52) DB. 경상북도 청도군 운문면 신원리 호거산에 있는 절.
53) DB. 위로는 깨달음을 구하고 아래로는 중생을 교화하겠다는 대승의 보살이 받아 지켜야 할 계율.

이지 않는다는 것은 말, 소, 닭, 개를 말하는 것이다. 세물(細物)을 죽이지 않는다는 것은 고기가 한 점도 족하지 않다는 것이니 이것이 생물을 가린다는 것이다. 이 또한 오직 그 쓰이는 바만 하고 많이 죽이는 것을 추구하지 않는다. 이는 세속의 좋은 경계이다." 귀산 등이 말하였다. "지금 이후로 받들어 잘 펼치고 감히 어기지 않겠습니다." 후에 두 사람이 군사(軍事)를 따랐는데 모두 국가에 큰 공이 있었다.

691또한 건복 30년 계유^a곧 진평왕 재위 35년이다. 가을에 수나라 사신 왕세의가 이르니 황룡사에 백좌도량을 설하고, 여러 고승에게 청하여 경전을 강설하였는데, 원광이 가장 윗자리에 위치하였다."

논하여 말한다. 원종54)이 불법을 일으킨 이래 진량은 비로소 설치되었으나, 당오는 아직 겨를이 없었다. 그러므로 마땅히 귀계멸참의 법으로써 우매하고 미혹한 중생을 깨우쳐야 한다. 그래서 원광은 살고 있는 가서갑에 점찰보를 설치하여서 항규로 삼았다. 이때에 어떤 단월니가 점찰보에 밭을 헌납하였는데, 지금 동평군의 밭 100결이 이것이고, 옛 장적이 아직 남아 있다.

692원광은 성품이 허정함을 좋아하고 말할 때 항상 미소를 머금었고 얼굴은 노한 빛이 없었다. 연랍이 이미 많이 들어 궁에 수레를 타고 들어갔는데, 당시 여러 선비들 중 덕의가 속하는 바도 감히 그의 위로 나가지 못하였다. 문장의 넉넉함은 한 나라가 쏠리는 바였다. 나이 80여 세로 정관(貞觀) 연간에 죽었다. 부도는 삼기산 금곡사에 있다. ^a지금의 안강(安康) 서남동이다. 또한 명활산의 서쪽이다. 당전55)에 황룡사에

---

54) DB. 법흥왕.
55) DB. "속고승전"의 약칭.

입적하였다고 하는데 그 지명이 분명하지 않고 황룡(皇龍)의 오자로 의심된다. 분황(芬皇)이 왕분사(王芬寺)로 쓰인 예와 같다.

위의 당전·향전 두개의 문장에 의거하면 다만 성씨가 박·설이며 출가가 동·서라서 두 사람 같아 감히 자세히 정할 수 없다. 그러므로 둘 다 싣는 것이다. 그러나 그 여러 전기에는 모두 작갑·이목56)과 운문(雲門)의 사실은 없다. 그러나 향인 김척명이 잘못으로 떠도는 이야기를 가지고 원광법사전을 윤문하여 짓고, 함부로 운문개산조인 보양법사의 사적을 합해 기록하여 하나의 전으로 만들었다. 후에 해동승전57)을 편찬한 자는 잘못된 것을 계승하여 기록하였다. 그러므로 그때의 사람들이 많이 미혹되었다. 인하여 여기에서 분명히 나누고, 한 글자라도 가감하지 않고 두 전기의 문장을 자세히 싣는다.

진나라와 수나라 시대 해동의 사람이 바다를 건너 도를 물은 자가 드물었고, 설사 있더라도 크게 떨치지 못했으나, 원광 이후에 이르러서는 뒤를 이어 서쪽으로 공부하러 가는 자가 끊이지 않았으니, 원광이 이에 길을 연 것이다.

693찬하여 말한다.

바다를 건너 처음으로 중국 땅에 이르는 길을 열었네.

몇 사람이 내왕하며 미덕을 쌓았네.

옛 자취에 지금은 청산이 있을 뿐이다.

금곡과 가서의 일은 지금도 전해진다네.

---

56) DB. 서해바다 용왕의 아들로 아버지인 용왕의 명을 받아 보양을 도와 운문사를 중창하는 데 힘을 쏟았다고 한다("삼국유사" 권4 의해 보양이목).
57) DB. 고려의 승려인 각훈(覺訓)이 편찬한 "해동고승전".

678○ 【三國遺事卷第四】 원래 이곳은 '유' 권제5의 머리글에 보이듯이

三國遺事卷第四

　國尊曹溪宗迦智山下麟角寺住持圓鏡沖照大禪師一然撰

과 같이 권차 아래에 찬자(撰者) 이름이 적혀 있었을 것인데, 현재의 정덕간본(中宗壬申年·서기 1512)에는 모두 빠져 있다.

679○ 【義解第五】 '유' 권제4에 수록되어 있는 편목은, 이 다섯 번째의 의해뿐이다. 의해라는 것은 의의(意義)나 도리의 구조를 해석하는 것인데, 이곳은 중국의 "고승전", "속고승전" 등을 준거한 것이다. 지금 그 편목을 표로 보이겠다.

고승전(高僧傳)	속고승전	송고승전	삼국유사
① 譯經	① 譯經	① 譯經	① 紀異
② 義解	② 義解	② 義解	② 紀異
③ 神異	③ 習禪	③ 習禪	③ 興法
④ 習禪	④ 明律	④ 明律	④ 塔像
⑤ 明律	⑤ 護法	⑤ 護法	⑤ 義解
⑥ 遺身(亡身)	⑥ 感通	⑥ 感通	⑥ 神咒
⑦ 誦經	⑦ 遺身	⑦ 遺身	⑦ 感通
⑧ 興福	⑧ 讀誦	⑧ 讀誦	⑧ 避隱
⑨ 經師	⑨ 興福	⑨ 興福	⑨ 孝善
⑩ 唱導	⑩ 雜科聲德	⑩ 雜科聲德	

680○ 【圓光西學】 원광은 신라(제26대) 진평왕대의 고승으로, 속성(俗姓)은 박씨(또는 설씨라고도 한다), 왕경(경주) 사람. 원광의 전기(傳記)는 "속고승전"(당, 도선 저술), '사', '유'의 해당 조, '해동'(권제2) 등에 보이는데, 그 기술은 일치하지 않는 점도 있으나, 그는 581년, 25세 때에 유교를 배우기 위해, 중국(남조) 진(陳)의 도읍(金陵)으로 가, 처음에 장엄사의 승려 민(旻)의 제자의 강경을 듣고, 출진을 간원하여 진주의 허락을 얻어 불가에 귀의하고, 강사(講肆)를 따라 다니면서 성실, 열반, 반약 등의 여러 학문을 배우고, 이어서 오(吳)의 호구산에서 사함을 섭렵하고 팔정에 통달했다. 그래서 원광의 문하에 사람이 많이 모이므로 성론, 반약 등을 강론했다. 수(隋)의 개황 9년(589) 진(陳)이 멸망한 후, 장안으로 가서 '섭

대승론'을 강설하여 천하에 이름을 날렸다. 진평왕은 원광의 명성을 듣고 빈번하게 그의 귀국을 수의 황제에게 청하였기 때문에, 허락을 받고 600년(진평왕 22년) 조빙사를 따라 귀국했다. 원광은 가서갑의 갑사(古尸寺)에 살면서 대승경전을 강설하여 대단한 귀향을 했다. 또 신라 왕실의 신임이 두터워 진평왕 30년(608)에 여제(麗濟) 두 나라 때문에 국토가 위기에 처했을 때에 수(隋)에 원군을 청하는 걸사의 표(表)를 지은 것은 유명하다. 수의 양제(煬帝)는 이 표(表)에 마음이 움직여 대군을 보내 고구려를 물리쳤다.

또 그가 세속오계를 강설한 것은 유명한데, 그가 신라 불교계에 남긴 영향은 심대했다. 이것은 다음 시대에 원효, 의상, 자장을 비롯하여 많은 명승이 배출된 것을 보면 분명하다. 그리고 원광은 진평왕 52년(630)에 75세로 황룡사에서 시적(示寂)했다('유'는 이것을 640년 99세라고 하고, 뒤에 나온 "수이전"에서는 84세라고 하고 있다). 또한 원광의 전기에 대해서는 위에 보인 서적 외에 이마니시 류의 '新羅圓光法師'("新羅史の研究" 수록) 등을 참조.

이어서 '서학'이라는 것은, 중국에 유학하는 것을 말한다. 주해 544를 참조. 또한 '나기'(권4) 진평왕 11년(589) 춘3월 조에는 '圓光法師入陳求法'이라고 되어 있으며, 또 진평왕 22년(600) 조에는 '高僧圓光隋朝聘使奈麻諸文, 大舍橫川一還'이라고 되어 있다.

681○ 【唐續高僧傳】【第十三卷】 당의 서명사 사문 석 도선 찬의 "속고승전"(30권)은 당의 도선(596-667)의 저술로 속칭 "당고승전"이라고도 한다. 그리고 원광 전(傳)은 이 제13권에 '唐新羅國皇隆寺釋圓光傳五'라고 보인다.

○ 【皇隆寺】 "속고승전"에는 이와 같이 기록하고 있다. 황룡사(皇龍寺)를 황륭(皇隆)으로 했다고 생각되는데, 혹은 황륭(皇隆)(륭)에 의미를 둔 것일까. 황룡사에 대해서는 '황룡사장육', '황룡사구층탑' 조의 주해 534, 550을 참조.

○ 【俗姓朴氏】 신라 귀인의 성(姓)의 성립으로 보아, 원광의 속성이 박씨라는 것은 그는 왕족이었던 것으로 보인다.

○ 【光即辰韓人】 "속고승전"에는 '光即辰韓新羅人'이라고 되어 있다. 광(光)은 원광(圓光).

○ 【韓服】 복(服)은 왕기(王畿) 바깥 구역의 호칭. 500리를 1복(服)이라고 한다. "서경" 우공편에 오복(전복·후복·수복·요복·황복)의 제도, 주(周)는 구복 제도를 취했다고 한다. 그래서 한복(韓服)은 한(韓)의 땅이라는 의미일 것이다.

○ 【溟渤】 대해원. 명해. 봉래산 바깥에 있는 원해를 말한다.

682○ 【庄嚴旻公】 장엄사의 승려 민(旻)을 말한다. 장(庄)은 "속고승전"에는 장(莊)이라고 보인다. '유'에 장(庄)이라는 것은 장(莊)과 장(庄)이 음이 상통하는 것에 의했다고 생각하는데, 장(莊)으로 고쳐야 할 것이다.

이어서 승려 민(旻)의 전기는 "속고승전" 권제5의 '梁楊都莊嚴寺沙門釋僧旻傳八'에 있다. 이것에 의하면 석승민은 오군 부춘의 사람으로, 성은 손씨(孫氏), 오(吳)의 개국 대황제의 자손이라고 한다. 7세에 출가하여, 호구 서산사에 살며 승려 회(回)의 제자가 되고, 13세에 도읍을 나와 백마사에 살았는데, 16세에 스승 회(回)가 죽자 나중에 장엄사로 옮겨 가고 끝에 삼장을 섭렵하여 크게 이름을 날려, 양(梁)의 무제에게 신임을 얻어 승만경을 강설하고 또 정림사에서 석학 30명의 수장으로서 일체경을 초출하여 88권으로 만들었다. 그리고 보통 5년(524)에는 개선사로 옮기도록 칙(勅)을 받았는데, 병 때문에 이루어지지 못하고 대통 원년(527) 2월, 장엄사에서 입적했다. 나이 61세였다.

○ 【具戒】 구족계(具足戒)의 약어. 비구, 비구니가 갖추어야 할 계율. 구족중계.

○ 【講肆】 강(講)도 사(肆)도 극에 달하다, 연구하다를 뜻한다. 또 강사(講肆)와 겸하여 서(書)를 강설하는 장소라는 뜻도 된다.

○ 【徵言】 의미가 깊은 말. 미묘한 말.

683○ 【虎丘山】 옛 오현(吳縣). 현재의 강소성 소주시의 북서쪽에 있다. 오왕 합려를 묻은 곳이라고 전해지며, 호구탑(운암사탑이라고도 한다.), 운암사, 검지, 천인석 등의 명승고적이 있다. 호구탑은 오대(五代) 주(周)의 현덕 6년(959)에 세워지고, 송의 건륭 2년(961)에 완성되었다. 7층8면의 전탑으로 해방 후 개축되었다.

○ 【四含】 사아함(四阿含)의 약어. 아함경은 북방계 불교에서는 장아함, 중아함, 증일아함, 잡아함 4종을 가리킨다. 이것이 4아함이다.

○ 【入(八)定】 "속고승전"에는 팔정(八定)이라고 되어 있다. 팔정은 색계의 사선과 무색계의 사무색정이다.

684○ 【般若】 Pañña의 음사(音寫)로 깨달음을 얻는 진실의 지혜, 깨달음의 지혜, 진실을 보는 지혜의 눈이라는 뜻. 그러나 이곳에서는 반야경의 약어로 보아야 할 것이다. 불교의 진실의 예지를 설법하여 보이는 반야경은 상세하게는 '반야바라밀다경'이라고 부르지만, 특정의 하나의 경전을 가리키는 것은 아니다. 반야경전 종류의 총칭으로서 '반야경'이라고 한다.

○ 【法輪】 dharma-cakra의 한역. 부처의 가르침. 부처가 가르침을 말하는 것을 전법륜이라고 한다.

685○ 【會隋后御宇】 수후(隋后)라는 것은 수(隋)의 황제를 말한다. 이곳에서는 수 왕조의 창시자 양견(묘호는 고조, 익(謚)은 문제)을 가리키는데, 그 치세기간(어우)은 서기 581년부터 604년에 이르는 기간이었다. 원광의 중국 체류는 이 기간이었다.

○ 【威加南國云云】 남조 진(陳)에서는 서기 580년에 선제(宣帝)가 죽고, 그 태자 후주숙보가 뒤를 이었는데, 후주(後主)는 주색에 빠져 정도(政道)에 매진을 못 하여 나라의 존망을 알 수 없는 모양이 되었다. 그래서 수(隋) 문제는 588년에 정진의 조서를 내려 둘째 아들 진왕광(후의 양제)로 하여금 50만 대군을 이끌고 남진하게 했다. 진(陳)의 장군은 싸울 의욕을 잃어 크게 패하고, 국도(國都) 건강은 함락당하여 진나라는 망했다(589년). 본문의 '남국'은 진(陳)을 말한다.

○ 【曆窮其數】 역수(曆數)가 다하는 것. 즉 진(陳)의 천운이 다하는 것을 말한다. 역수라는 것은 제왕이 천명(天命)을 받아 제위에 오르는 운, 천운을 말한다.

○ 【楊(揚)都】 "속고승전"의 원광전(傳), '해동' 권2의 원광전, '유'의 본문은 모두 양도(楊都)라고 하고 있는데, 양도(揚都)라고 해야 할 것이다. 그리고 양도(揚都)라는 것은 양주(揚州)의 도읍, 혹은 양주의 주치(州治)를 의미한다. 양자강(長江)의 북쪽 강기슭(남경의 맞은편)에 가깝고 대운하를 접한 곳으로 예부터 유명한 양주(揚州)인데, 이 양주는 수대에 들어와 붙여진 지명이다. 그래서 이 양주는 남북조시대를 생각하지 않으면 안 된다. 남조 제(齊)의 시대부터 지금의 절강성, 강소성을 포함하는 지역을 양주라고 하고 있다. 지금의 남경은 당시에는 건강(健康)이었다. 그래서 이 건강이 양주의 영역이기도 했기 때문에 이곳의 양주는 진(陳)의 수도 건강으로 보아야 할 것이다.

686○ 【周秦】 주(周), 진(秦)이 일어나 그 근거지로 한 것은, 섬서성의 위수 분지 즉 관중 지역이다. 그래서 이곳에서 말하는 주진(周秦)은 좁은 의미로는 관중지역, 넓은 의미로는 화북을 가리키는 것이라고 할 수 있겠다.

○ 【開皇九年】 서기 589년으로 신라에서는 진평왕 11년(건복 6년)에 해당한다. 개황은 수 고조(文帝) 왕조의 원호.

○ 【攝論】 섭대승론, 혹은 섭론종의 약어. 섭대승론은 진체에 의해 진(陳)의 천가(天嘉) 4년(563)에 한역되었다. 진체(499-569)는 서천축의 사람으로, 양(梁) 무제의 청을 받아 대동 12년(546)에 바닷길로 광주(光州)에 들어가 대청 2년(548)에 도읍에 들어가 무제의 극진한 대우를 받았다. 그러나 후경의 난(亂)(551) 이후, 여러 곳을 유랑하다가 세 번이나 고국으로 돌아가려다가 뜻을 이루지 못하고, 한번은 배를 타고 출발했으나 바람 때문에 광주로 되돌아가, 그대로 제지사에 살았다. 나아가 세상을 버리고 자살을 꾀했으나 이것도 이루지 못하고, 그렇게 유랑과 불안한 생활 가운데, 그는 진(陳)의 태건 원년(569)에 광주에서 생을 마감했다.

그의 중국에서의 생활은, 전란 등의 이유로 편하지 못했고 여러 곳을 전전했는데, 그러는 동안에도 늘 번역을 계속하여 성업에 헌신했다. 그 번역 경전은 대략 49부 142권에 이르렀는데 그 가운데에도 '섭대승론', '섭대승론석(釋)', '대승기신론', '금광명경', '불성론', '유식론', '삼무성론', '아비달마구사석론' 등은 특히 주목할 만한 것이다. 그리고 이들 경론의 번역은 유식론의 연구가 되어, 교학에 한 전개를 일으켰고, '섭대승론'은 섭론종을 일으켰고, '구사론(俱舍論)'은 지금도 또한 불교 입문의 서(書)로 중요시되어 있다. [참고] 道端良秀 "槪說支那佛敎史" 1944년, 法藏館.

○ 【振績徽(微)緖】진적(振績)은 "속고승전"에는 진속(振續)이라고 되어 있는데, 진적 쪽이 좋다. 적(績)은 공(功)을 올리는 것. 휘서는 좋은 실마리. '이마니시본'에서는 휘(徽)는 미(微)에 가까운데, 전후 의미로 보아 휘(徽)로 해야 할까.

○ 【勣業】적(勣), 적(績)과 통한다. 더 나아가 공(功)을 말한다. 그런 까닭에 적업은 공업을 말한다.

687○ 【累紀】나이를 먹다. 기(紀)는 세(歲)와 같다.

○ 【新羅王金氏】진평왕을 가리킨다. 신라왕을 김씨라고 한 것을 입증하는 최고(最古) 기록은 564년에 진평왕이 북제(北齊)에 사신을 보냈을 때, 이것에 답하여 그다음 해에 북제가 진평왕에게 작호를 줬는데, 이때 新羅國王金眞興이라고 했던 것이다. 즉 "북제서" 세조본기의 하청 4년(565) 2월 갑인 조에, '詔, 以新羅國王金眞興, 爲使持節東夷校尉樂浪郡公新羅王'이라고 되어 있다.

○ 【牋表】【啓書】모두 천자에게 바치는 글이라는 말. 전(牋)은 전(箋)의 별체(別體). 전(牋)만으로도 상표, 상서의 뜻이 있다.

○ 【事異錦衣. 請(情)同觀國】청(請)은 정(情)으로 고쳐야 할 것이다. 금의는 비단옷을 말하는데, 이것을 입은 고귀한 인사(人士)를 말한다. 원광은 조의를 입은 승려이므로, 금의를 입은 조정의 고관과는 다르나, 정(情)으로서는 국토를 보는 것과 같다는 뜻일 것이다.

○ 【建福五十八年】건복은 신라의 원호인데, 진평왕 6년(584) 2월에 그때까지의 홍제를 개원하여 건복이라고 하고 50년간(다음 선덕왕 2년까지) 이어졌다. 그리고 선덕왕 3년(634) 3월에 인평이라고 개원했다. 원본의 필자는 개원을 모른 채로 건복을 계속 사용했을 것이지만, 그 58년은 서기 641년에 해당한다. 또 이해는 당(唐)의 정관 15년이 되므로 뒤에 나오는 정관 14년설(說)과도 1년의 차이가 있다.

○ 【不悆】여(悆)는 예(豫)와 통한다. 불예(不豫)는 마음이 편하지 않다.

○ 【春秋九十有九】원광은 향년 99세에 죽었다고 하는데, 이것에 대해 이설이 있다는 것은 앞서 말한 대로이다. 주해 680의 '원광서학' 항목을 참조.

○ 【唐貞觀四年】당태종의 정관 4년(630)은, 신라에서는 진평왕 52년(건복 47년)에 해당한다.

687a○ 【宜云十四年】원광이 입적한 해가 정관 14년(640)이라면, 앞서 건복 58년과는 1년의 차이가 있다. 원광이 죽은 해에 대하여 가마다 시게오는 '죽은 해가 진평왕 52년(630)인 것은, 우선 틀림없을 것이다.'("新羅佛敎史序說" 大藏出版, 1988년)라고. 또 이마니시 류는 '법사는 정관 4년, 즉 건복 47년(진평왕 52년)에 서거했을 것이다. 연령은 승전에는 입진이 25세이며 서거는 99세라고 되어 있다. 그러나 그렇다면 66세가 아니면 안 된다.'("新羅史研究" 수록 '新羅圓光傳')라고.

688○ 【圓安】원안(圓安)의 전(傳)은 "속고승전" 권13의 원광전에 실려 있다. 이 조의 '有弟子圓安 … 贍施之資, 幷充營寺, 餘惟衣盂而已'(단절(段切) 688 부분)가 그것이다.

○ 【九都】구도(九都)는 환도(丸都)의 잘못으로 보인다. 환도는 당시 고구려의 도읍이었다. 지금의 길림성 집안현 통구 지역.

○ 【不耐】전한(前漢) 무제의 원봉 3년(기원전 108)에, 위씨 조선국을 토멸하자 한(漢)은 조선에 낙랑·진번·임둔(기원전 108년)·현도(기원전 107년) 4군(郡)을 두었다. 이 가운데 동해[58] 연안지대의 예족(濊族) 지역, 즉 지금의 강원도, 함경도 남부 지역은 임둔군의 치하에 들어갔다. 이

임둔군에는 동이현을 중심으로 15현이 놓였는데, 한(漢)은 소제의 대에 들어가 4군의 개폐를 행하여(기원전 82년 내지 75년), 15현 가운데 7현 (이병도설을 따른다)은 낙랑군에 편입되었다.

이 7현이 소위 영동 7현이라고 부르는 것이다. 그리고 이 7현은 새롭게 설치되어 부내현으로 다스린 낙랑군이 동부도위의 관하에 들어갔다. 그러나 후한 무제의 건무 6년(30)에 주변 군(郡)의 도위를 없애기에 이르자, 이 7현도 버리고, 여러 현 가운데의 거수를 현후로 삼아 조종했다. 다음의 위(魏) 때까지 부내 예후는 공조, 주부 등의 여러 조(曹)를 두어 예민(濊民)을 맡긴 것이, '위지(魏志)' 동이전(東夷傳)에 기록되어 있다. 또한 주해 21의 '임둔군' 항목을 참조.

○ 【燕魏】 옛 중국의 전국시대에 지금의 하북성, 및 요동지방에서 발전하여 전국의 칠웅에 손꼽힌 연(燕)나라는 계(薊)(북경의 서북쪽)를 도읍으로 삼았다. 나아가 진한(秦漢)부터 진대(晉代)까지는 군국의 관할이 되고, 남북조시대를 통하여 북방의 요지였다. 또 당에서는 유주라고 하며 대도독부를 두었고 나중에 범양군으로 이름을 고쳤다. 사사명에 의해 연경이라고 불렸던 적도 있었다.

이어서 삼국시대의 위(魏)는, 처음 업(鄴)(하남성)을 근거지로 하여 발전하여 화북을 통일하고, 후한(後漢)을 대신하여 위 왕조를 세우고 낙양을 도읍으로 삼았다. 나아가 오호십육국 시대의 전(前)연국은 선비족인 모용이 세운 것인데, 처음 지금의 북경을 도읍으로 하고, 이어서 남하하여 업(鄴)을 도읍으로 하여, 한때는 전진(前秦)과 화북을 동서로 이등분했다. 그래서 연위의 지역이라는 것은 좁은 의미로는 연(燕)이나 위(魏)가 도읍으로 삼았던 지역을, 엷은 의미로는 화북 전지역을 가리키는 것으로 보인다.

○ 【帝京】 이야기의 전후로 보아 이 제경(帝京)은 당의 도읍(장안)을 가리

---

58) 원본 그대로.

키는 것으로 보인다.

○ 【跨轢】 과력(跨歷)으로 해야 할까. 력(轢)과 력(歷)은 같은 음에 의한 것이 된다.

○ 【心學】 일반적으로 심학이라고 하면, 주자학의 성즉리에 대립하는 남송의 육구연(象山), 명(明)의 왕수인(陽明)의 심즉리의 철학을 말한다. 원안이 만년에 심학에 들었다는 심학은, 이것으로서는 시대적으로 맞지 않는다. 원안은 처음에 한학을 연구하고 만년이 되어 불교에 귀의했기 때문에, 이 심학은 불교학이라는 뜻으로 보인다.

○ 【軌光塵】 광진은 노자의 '화광동진'의 약어라고 하는 설도 있는데, 이곳에서는 '(圓)光의 (後)塵을 따르다'라고 읽어야 할 것이다. 따라서 원안이 원광의 뒤를 이었다라는 것이 된다.

○ 【特進】 한대(漢代)에 제후, 왕공,[59] 장군 등에 대하여 현저한 공로가 있는 자에 대해서, 조정은 특진의 관우를 내리고, 삼공[60] 아래의 관위에 두었다. 위(魏), 진(晉)도 이를 따랐는데 수당(隋唐)대에는 산관으로 고쳤다. 나아가 명대에는 특진 광록대부라는 관명으로 정일품이라는 위계를 주었는데, 청대에 들어와 이 관명은 폐지되었다.

○ 【蕭瑀】 당 초기의 공신, 소우(574-647)전(傳)은 "구당서" 권63, 및 "당서" 권101에 있다. 우(瑀) 글자는 시문,[61] 후량(後梁) 명제의 아들. 누나가 수(隋)의 진왕(나중에 양제)의 비(妃)가 되었기 때문에 그를 따라서 장안에 들어가, 일찍부터 경학, 작문, 범행을 닦았다. 또 수(隋)에 몸을 담고 내사시랑이 되었는데, 당조가 일어나자 태조의 부름을 받고 송국공으로 봉(封)하여 민부상서를 만나고 아울러 광록대부를 하사받았다. 고조에게 크게 신임을 얻어 늘 조정에 있으면서 정치를 의논하여 소랑이라고 불렀

---

59) 신분이 높은 자.
60) 정승.
61) 그 시대의 글, 또는 현재 쓰이는 글.

다. 당초의 조의국전은 대부분 그의 손으로 이루어졌다. 다음의 태종에
도 신임을 얻어 정관 17년, 태자 태보를 모시고, 요동의 난리가 일어나자
낙양궁수가 되었고, 태종이 자리를 비우면 만사를 맡았다. 후에 황제를
떠나 출가를 원하여 일시 상주자사로 내려갔으나, 21년 다시 부름을 받
고 금자 광록대부를 하사받고 송국공으로 봉해졌다. 우(瑀)는 이해에 74
세로 죽어, 사공형주도독을 하사받았다.

○ 【藍田】 섬서성의 현 이름. 섬서성의 위하평원남연, 태령의 북쪽 산기슭.
  위하의 지류인 파하의 상류 유역에 있다. 1963년부터 1964년에 걸쳐 현
  내의 남전원인의 화석이 발견된 것으로 알려져 있다.

○ 【西事】 방사(房舍)·의복·음식·탕약의 4종류의 공양.

○ 【六時】 신조·일중·일몰·초야·중야·후야를 말한다.

○ 【差】 병이 치유되는 것.

○ 【正法】 이곳에서는 부처의 교법이라는 의미.

○ 【贐施之資】 정덕간본 '유'에는 친시(贐施) 2글자가 탈락되어 있다. "속고
  승전"에 의해 보충했다. 친(贐)은 신(贐)과 음 상통. 신(贐)은 선물이라는
  뜻이 있어, 친시지자는 포시라는 뜻.

○ 【盉】 발(鉢)의 별체(別體). 승려가 가진 식기. 나아가서는 발(鉢)이라는 뜻.

688a○ 【載達函】 달함(達函)은 고려대장경의 함질의 기호를 말한다. 이 보
  의 머리글에서 이곳까지의 글은 "속고승전" 속의 원광전(傳)의 글을 다시
  실은 것이다.

689○ 【東京】 신라의 왕도는 고려시대부터 경주가 되어, 왕도 개경에 대하
  여 평양이 서경(西京), 경주를 동경이라고 불렀다.

○ 【安逸戶長】 퇴직하고 한가로이 지내는 호장(戶長). 호장에 대해서는 뒤
  에 나오는 주해 695로 미룬다.

○ 【貞孝】 이곳에 보이는 것 이외 미상.

○ 【殊異傳】 안일호장의 집안에 전해져 온 고본(古本) "수이전"에 대해서는
  이곳 이외는 미상.

○ 【薛氏】 원광의 속세 성을 설씨라고 하는 것은, 이 고본 "수이전"뿐이다. 그러나 2설(說)이 있다는 것은 원광전에 불명한 점이 많다는 것을 보일 것이다.

○ 【三岐山】 경상북도 안강의 서남쪽에 있다.

○ 【留十一年】 원광의 중국 체재기간은, 서기 589년부터 600년까지의 11년 간이었다.

○ 【三藏】 경장·율장·논장의 세 가지를 말한다. 불교의 전적을 총칭한 것.

○ 【眞平王二十二年康申 … 乃隨中國朝聘使還國】 진평왕 22년 경신은 서기 600년, 신라 건복 17년, 수(隋) 문제의 개황 20년. 원광의 귀국에 대해서는, '나기'(제4) 진평왕 조에는 '二十二年, 高僧圓光, 隋朝聘使奈麻諸文, 大舍橫川還.'이라고 되어 있다.

689a ○ 【三國史云, 明年辛酉來】 삼국사(三國史)는 '사'. '사'의 '나기'에는 위와 같이 보이므로 이 주(注)는 1년의 차이가 있다.

689 ○ 【生生相濟】 생생(生生)은 같은 음의 세세(世世)를 말하는 것일까. 그래서 여기에서는 世世相 구제하다라는 의미로 풀어 두겠다.

○ 【此時高麗·百濟當侵邊鄙王甚患之, 欲請兵於隋(注略) 請法師作乞兵表】 '나기'(제4) 진평왕 30년(608) 조에는 '王患高句麗屢侵封場. 欲請隋兵以征高句麗. 命圓光修乞師表. 光曰求自存而滅他. 非沙門之行也. 貧道在大王之土地. 食大王之水草. 敢不惟命是從. 乃述以聞.'이라고.

○ 【皇帝見以三十萬兵, 親征高麗】 '나기' 진평왕 33년(611) 조에는, '王遣使隋奉表請師, 隋煬帝許之, 行兵事, 在高句麗紀', '나기'(제8) 영양왕(嬰陽王) 22년(611) 조에는, '春二月, 煬帝下詔討高句麗, 夏四月, 車駕至涿郡之臨朔宮, 四方兵皆集涿郡.'이라고 되어 있다. 나아가 '나기'에는 다음 해 영양왕 23년 조에, "春正月에 수 양제는 조서를 내려 진군을 시작했는데, 그 군세는 전부 113만 3800명으로, 200만이라고 부르고, 궤수[62]하는 자

---

62) 군수품을 나르는 사람.

는 이보다 두 배를 넘는 대부대였다. 그래서 '近古出師之盛, 未之有化'라
고 했다. 그리고 2월에는 양제는 요수에 이르러 중군 총회를 하고 물가에
대진을 치고 고구려군과 대치했다. 수군은 고구려군을 격파하고 요수를
건너 요동성을 포위했으나, 고구려군의 항전을 만나 이것을 함락할 수 없
었기 때문에, 6월이 되어 양제는 요동성 남쪽에 행차하여 여러 장군을 힐
책하고 독려를 했다. 이때 수군의 장군, 내호아는 강준수군을 이끌고 대
동강에 들어가, 수도 평양 60리 지점에 이르러, 요동에서 오는 군대를 기
다리지 않고 이기는 기세를 타고 단숨에 평양을 공격했는데, 복병을 만나
크게 패했다. 요동의 수군은 9군이 압록수 서쪽에서 만나 강을 건너, 평
양을 공격했으나 7월에 살수에서 을지문덕이 이끄는 결사의 고구려군에
게 격파당했다. 그리고 '初九軍到遼. 凡三十萬五千. 及還至遼東城. 唯二
千七百人. 資儲器械巨萬計"라고 적혀 있는 대로였다.

　　이상은 '나기'의 상세한 기사를 요약한 것인데, 이것은 "수서" 양제기
(권4 · 제기4 · 양제하(下))나 고구려전(권81 · 열전46 · 동이고려), "자치
통감"(권181 · 수기 · 양제상지하(上之下)) 등에 바탕을 두고 '여기'의 위
의 기사가 실려 있는 것이다. 또한 '유' 권제3 · 홍법제3 '보장봉로 보덕이
암' 조 및 주해 507을 참조.

○ 【通儒術】 유(儒)와 주(呪)가 음 상통하므로, 원광이 주술에 능했다고 말
　할 수 있을 것 같은데, 원광의 상표문이 명문이었기 때문에, 그가 승려라
　고 해도 중국의 학문인 유학에도 능통했다고 봐야 할 것인가.

○ 【享年八十四入寂】 이미 말한 대로 원광의 향년에 대해서는 설(說)이 나
　누어져 있다는 것은 알 것이다.

○ 【明活城】 옛 경주읍의 동쪽에 표고 268m의 명활산이 있다. 이 산은 신라
　건국전설에 보이는 신라육촌의 금산가리촌장 기타가 강림했다고 하여,
　예부터 성산(聖山)이라고 했다. 이 산 꼭대기에서 북서로 내려간 곳에 명
　활산성이 있었다. 언제 축성되었는지는 분명하지 않은데, '사' 지리지(1)
　에 파사왕 22년(101)에 월성이나 만월성과 함께 '明活城 · 周一千九百六

步'를 쌓은 것이 보인다. 이 연대의 옳고 그름은 두고서라도 상당히 일찍부터 쌓은 것임에 틀림없다. 이어서 '나기'에는 실성왕 4년(405) 하4월, 및 눌지왕 15년(431) 4월에 왜병이 명활성을 공격해 왔다는 것, 또 자비왕 16년(473) 추4월에는 명활성을 수리했다는 것, 같은 왕 18년 정월에는 왕이 명활성으로 옮겨 살았다는 것이 보인다.

더 나아가 '유' 왕력의 자비왕 조에는 '己未年, 倭國共來侵, 始築明活城.'이라고 있다. 이 기미년은 자비왕말년 22년(479)의 일로, '처음으로 명활성을 쌓았다고 하는 것은 납득하기 힘들다. 수축(修築)했다고 보아야 할까. 아무튼 이 성은 왜병의 침입에 대비하여 왕도의 방어를 위한 중요한 성이었던 것 같다. 나아가 시대는 내려가, 진흥왕 15년(554) 추7월에 수축(修築)하고 진평왕 15년(593) 추7월에 개축하여 주위 삼천 보가 되었던 것이 '나기'에 보인다. 또한 왕력 제20 자비마립간, 始與五國通 조항 참조.

그러나 지금은 일부에 성의 원형이 남아 있는데, 깨진 돌을 사용한 축성방법으로 보아 진평왕대 개축 당시의 것으로 보인다.

690○ 【三國史列傳云. 賢士貴山者沙梁部人也. …自今以後奉以周旋不敢失墜】 이 삼국사는 '사'를 말한다. '유'에 보이는 이곳의 글은 '사'의 귀산(貴山) 열전의 글을 거의 그대로 인용하고 있다. 즉 '사'(권45) 열전(제5) 귀산 조에는, '貴山沙梁部人也. 父武殷阿干. 貴山少與部人箒項爲友. 二人相謂曰. 我等期與士君遊. 而不先正心修身. 則恐不免於招辱. 盍聞道賢者之側乎. 時圓光法師入隋遊學. 還居加悉寺. 爲時人所尊禮. 貴山等詣門. (中略) 貴山等曰. 自今以後. 奉以周旋. 不敢失墜. …'라고 되어 있다.

○ 【沙梁部】 '유' 권제1 · 기이제1 '신라시조혁거세왕' 조 및 주해 117, 신라의 육부, 육촌 고략(考略)을 참조.

○ 【回. 寓止嘉瑟岬】 앞서 인용한 '사'의 귀산전에는 '還居加悉寺'라고 되어 있다. 가슬(嘉瑟)과 가실(加悉)은 음 상통. 가슬갑의 할주의 설명으로 보아, 원광은 가슬사, 즉 가실사에 살았던 것일까.

690a○ 【古尸寺】본문 할주에 있듯이 가슬(嘉瑟), 가서(加西), 가서(嘉栖)는 고시(古尸)(岬)이므로, 고시사(古尸寺)는 갑사(岬寺)라는 것이 될 것이다.

○ 【雲門寺】【寺基】'승람' 권26 · 청도군 불우 조에 운문사에 대하여 기록되어 있다. 즉 '在雲門山下. 初名鵲岬. 新羅高僧寶事所創. 高麗太祖賜額. 曰雲門禪寺. 有尹彦頤所撰僧圓應碑.'라고 되어 있다. 이것에 의하면 운문사는 처음 작갑이라고 불렀다고 되어 있다. 작(鵲)은 현재 '까치'라고 부르는데 이것은 가슬, 가실, 가서, 가서, 고시와 음 상통하는 것이다.

또 위에 인용한 '승람' 청도군 조의 산천 항목에, 운문사 이름이 보이고 그곳에는 '在郡東九十六里'라고 주(注)를 달고, 나아가 이어서 운문천 '在郡東九十六里. 源出雲門山.'이라는 기사가 있다. 이 운문산은 운문사가 창건되고 나서 통칭된 것으로 보인다.

경상남도와 경상북도의 경계에 가지산(1240m)이 있다. 현재 이 산의 남쪽 기슭은 도립공원으로 되어 있다. 그리고 산 정상에 가까이에 석남사가 있으며, 북쪽 기슭의 경상북도 측(현재의 청도군 소속)에 운문사가 있다.

이어서 이 조에 해당하는 '유'의 할주 글에는 '今雲門寺東九千步許, 有加西峴. 或云嘉瑟峴. 現之北洞, 有寺基. 是也.'라고 되어 있다. '유'가 찬술되었을 때, 운문사 동쪽 천리 정도 되는 곳에, 가서(嘉瑟)현의 북동(北村)에 가슬사(가실사)의 절터가 남아 있었던 것 같은데, 이 절은 무언가의 이유로 없어지고 동쪽으로 옮겨 후에 운문사가 되었던 것일까.

690○ 【菩薩戒】대승계, 불성(불성에 바탕을 둔다)계라고도 한다. 대승의 보살이 수지해야 할 계율에 관한 것을 말한다.

○ 【某別有十】범망경에서 말하는 십중금계를 말한다. 그것은 불살계, 불도계, 불음계, 불망어계, 불고주계, 불설과죄계, 불자찬훼타계, 불간계, 불진계, 불방삼보계를 말한다.

○ 【六齋日】재(齋)는 uposadha(조심하다)의 한어역. 불교에서는 매월 8, 14, 15, 23, 29, 30일을 육재일(六齋日)이라고 한다. 이날은 계(戒)를 지

키고 행동을 조심해야 하는 것으로 되어 있다.

○ 【此亦…】 '사'의 귀산전에는 '如此…'라고 적혀 있다. 이쪽이 뜻이 잘 통한다.

○ 【後二人從軍事. 皆有奇功於國家】 진평왕 24년(건복 19년)(602) 8월에, 백제의 대군이 침입하여 신라의 아막성을 포위하였기 때문에, 귀산, 추항 은 소감[63](대감 다음의 군직)이 되어 전장에 나가 전사했다. 이것은 '나 기' 제4 · 진평왕 24년 추8월 조 및 '사' 귀산전에 보인다.

691, 691a○ 【建福三十年癸酉即眞王卽位三十五年】 이해는 서기 622년에 해당 한다. 본문의 이하 기사에 해당하는 것은 '나기'(제4) 진평왕 35년 조의 '秋七月, 隋使王世儀至皇龍寺, 設百高座, 邀圓光等法師說經.'이다.

691○ 【王世儀】 이곳에 보이는 것 이외는 미상.

○ 【百座道場】 신라에서는 진흥왕대에 팔관재회나 백좌고회가 설치되었다. 이 행사는 종래 행해지던 국조가호의 신앙을 바탕으로 한 불교법회이었 다. 백좌고회는 "금광명경", "인왕경", "법화경" 등의 호국경전을 전독하 여, 천부(天部) · 팔부(八部) · 신중(神衆)에 국가의 안전과 왕실의 안태 를 기원하기 위한 법회로, 그 실시로 불교는 국가적인 신앙의 규모로 발 전되었다.

　이어서 위의 '나기'의 기사에는 백좌도장은 백고좌로 되어 있다. 백고 좌는 법흥왕 이후 연면(連綿)하게 이어져 오고 있으며, 왕이나 왕비의 병 의 치유나 선양재(禪禳災)를 열렸던 것이므로, 황룡사는 국립사언으로서 중요한 역할을 맺었다. [참고] 鎌田茂雄, "朝鮮佛敎史"(東京大學出版會, 1987년). 그래서 백좌도장(道場)은 백좌고회(高會)의 수법(修法)을 이루 는 장소가 될 것이다.

○ 【上首】 뛰어난 사람. 승려 중주위. 승단의 장(長). 상석자. 지도적 중심 인물을 말하는데, 이곳에서는 단순히 상석자, 지도자로 보아도 좋다.

○ 【原宗興決已來】 원종은 법흥왕. 흥법(興法)은 불법을 일으키는 것. 신라

---

63) 소감(少監). 고려 조선의 사품벼슬. 감(監)의 다음.

의 법흥왕이 불교를 공포하여 허가한 것은 527년의 일이다. 또한 '유'(권제3·홍법 제3)의 '원종흥법 염촉멸신' 조 및 주해 489를 참조.

○ 【歸戒滅懺之法】 뒤에 나오는 '유'(권제4·의해 제5)의 '진표전간' 조에, 신라 경덕왕(742-774)대에 완산의 승려, 석진표가 당에 유학하여 "점찰경" 두 권을 전하여, 이것으로 수계와 참법을 행한 것이 기록되어 있다. 이 참법은 "속고승전"의 기록을 따르면 이것은 '以レ皮作二帖子二枚一 書二善惡兩字一 令二之擲一レ之, 得レ善者吉.'(종이조각 2장을 만들어 그 한 장에 선(善)이라는 글자를, 다른 한 장에 악(惡)이라는 글자를 적어, 이 2장의 천 조각을 사람들에게 던져, 선(善) 글자가 당첨되면 행운이 생기고, 악(惡) 글자가 걸리면 악운이 된다)이라는 간단한 수법으로 완전히 인위적 신점(神占)에 지나지 않는다.

이 척첩점은 종이 혹은 나무패에 기호를 붙여, 그것을 뽑아 흉길을 점치는 이른바 뽑기의 일종인데, 신라시대에 이 점궤 뽑기가 상당히 유행했던지, 의상법사가 낙산에 정취보살(正趣菩薩)을 안치하는 법당을 계획할 때에도 간자(簡子)(闍札)로써, 그 땅을 점쳤다('유' 권제3·탑상 제4 '낙산 이대성 관음 정취 조신' 조).

'유'에는 이 외에 두세 가지 예가 더 있는데, 뒤에 보이는 '진평전간'[64] 조로 미룬다. (참고) "朝鮮の占卜と予言"(조선총독부편, 국서간행회), "朝鮮佛敎史"(鎌田茂雄, 동대출판회).

○ 【占察寶】 원광은 진(陳) 말기에서 수(隋) 초기에 중국에 체재(581-600)했는데, 그 당시 광주를 중심으로 "점찰선악업보경"에 의해 점찰법회가 유행했다. 원광은 이것을 처음으로 신라에 전하고, 가서사에 점찰보를 두었다. 이 보(寶)는 이 법회를 상시적으로 운영하기 위한 사원의 경제적 조직이다.

점찰법회나 점찰보에 대해서는 '유' 권제4·의해 제5 '진표전간', '관동

---

64) 고증. 뒤에 보이는 진표전간(眞表傳簡)?

풍악발연수석기' 및 "송고승전" 권14 '백제국금산사진표전', 및 '유' 권제
4 · 의해 제5 '사복불언', '유' 권제5 · 감통 제7 '선도성모수희불사', 권제
5 · 효선 제9 '대성효이세부모 신문왕대'(六輪會) 등에도 보이니 참조.

○【東平郡】 '승람'(권23) 동래(東萊)현의 건치연혁 조에, '古萇山國(或云萊
山國) 新羅取之. 置居漆山郡. 景德王改今名. 高麗顯宗屬蔚州. 後置縣令.
…'이라고 적혀 있듯이, 지금의 부산시 동래구 부근에 동래군이 놓여 있
었는데, 고려 현종대 이후 어느 때부터 현(縣)이 되었다. 또 이어지는 '속
현' 조에는 '東平縣. 在縣南十里. 本新羅大甑縣. 景德王改今名. 爲東萊郡
領縣. 高麗顯宗屬梁州. …'라고 되어 있다. 어느 시기에 동래군을 동평군
이라고 부르게 되었는지는 불명하다.

692○【群彦】【德義】 노무라 요쇼는 군언은 군현이라고 하는데 따라야 할
것이다. 그래서 많은 현인과 덕의(德意)가 있는 사람이라는 뜻이다.

○【年八十餘. 卒於貞觀間】 정관 연간은 서기 627년부터 649년까지. 원광
이 죽은 해, 및 향년(享年)에 대해서는 앞서 말한 대로이다.

○【浮圖】 각자라는 뜻을 나타내는 산스크리트어 buddha에 대응하는 음사
로, 부도라고도 음을 옮기며, 나중에는 불타(佛陀)라고도 음을 옮긴다.
와전되어 절, 탑을 말한다.

○【三岐山金谷寺】 삼기산에 대해서는 주해했는데, 금곡사는 처음 보이는
절 이름이다.

○【唐傳云, 告寂皇隆寺云云】 당전은 "당고승전"의 약어. 이곳은 "속고승
전"(당고승전)에는 '以彼建福五十八年. 少覚不念. 經于七日. 遺誡清切.
端坐終予所在皇隆寺中. 春秋九十有九. 即唐貞觀四年也.'라고 되어 있다.

○【鵲岬璃目某雲門之事】 작갑에 대해서는 이미 앞서 나온 '回. 寓止嘉瑟
岬'(36-37면)에서 말했다. 이목(璃目)은 보양의 제자. 운문지사는 보양의
일이라는 뜻이다. 이것에 대해서는 다음의 '보사이목' 조로 미룬다.

○【鄉人金陟明】 향인은 신라인이라는 뜻. 김척명은 이곳에만 보여 이외는
불명하다.

○ 【雲門開山粗寶壤師之事迹】 '유'의 자음의 '보사이목' 조로 미룬다.

○ 【海東僧傳】 고려 고종 2년(1215)에 각훈이 찬술한 "해동고승전"을 말한
다. 지금 남아 있는 것은 그 잔권이다.

⁶⁹⁴보양이목⁶⁵⁾

寶攘梨木

---

⁶⁹⁵釋寶攘傳. 不載鄕井氏族. 謹按淸道郡司籍載.⁶⁶⁾ 天福八年癸酉^a_太⁶⁷⁾_祖

即位第二十六年也. 正月日, 淸道郡界里審使順英, 大乃末水文等, 柱貼公文. 雲

門山禪院長生. 南阿尼岾. 東嘉西峴_{云云}, 同藪三剛典主人寶攘和尙. 院主

玄會長老. 貞座玄兩上座. 直歲, 信元禪師.^b_{右公文淸道郡都田帳傳准.} 又開運三

年丙辰. 雲門山禪院長生標塔公文一道. 長生十一. 阿尼岾, 嘉西峴, 畝峴,

西北買峴^c_{一作面知村.}⁶⁸⁾ 北豬足門等.⁶⁹⁾ 又庚寅年, 晉陽府貼, 五道按察使,

各道禪敎寺院始創年月形止, 審撿成籍時, 差使員東京掌書記李僐審撿記

載. 正⁷⁰⁾豊⁷¹⁾六年辛巳^d_{大金年號,} _{本朝毅宗卽位十六年也.}九月, 郡中古籍裨補記.

---

65) 범어사소장본, 고려대본, 규장각본, 순암수택본. 撰.

66) DB. 謹按淸道郡司籍. 載天福八年….

67) 규장각본, 고려대본에는 大. 범어사소장본에는 太.

68) 고증. 面, 규장각본, 고려대본, 범어사소장본 모두 歯로서 같다.

69) DB. 一作面知村. ‧ 北豬足門等. ‘北’ 앞에 가운데 점(‧). 다른 자료에는 없다.

70) 범어사소장본. 正, 규장각본, 고려대본. 正과 같이 한 획이 결락.

准[72]清道郡前副戶長禦侮副尉李則楨戶在右[73]人消息及諺傳記. 載[74]致仕
上戶長金亮辛·致仕戶長旻育·戶長同正尹應·前其人珍奇等, 與時上
戶長用成等言語, 時太守李思老·戶長亮辛年八十九, 餘輩皆七十已上,
用成年六十已上. ^e云云次不准. ⁶⁹⁶羅代已來. 當郡寺院. 鵲岬已下中小寺院.
三韓亂亡間, 大鵲岬, 小鵲岬, 所寶岬, 天門岬, 嘉西岬等五岬皆亡壞, 五
岬柱合在大鵲岬.

祖師知識^a^{上文云寶壤}大國傳法來還. 次西海中, 龍邀入宮中念經, 施金羅
袈裟一領. 兼施一子璃目. 爲侍奉而追之. 囑曰. 于時三國擾動. 未有歸依
佛法之君主. 若與吾子歸本國鵲岬. 創寺而居. 可以避賊. 抑亦不數年內.
必有護法賢君. 出定三國矣. 言訖.[75] 相別而來還. 及至玆洞. 忽有老僧.
自稱圓光, 抱印樻(櫃)而出. 授之而没. ^b^{按, 圓光以陳末入中國開皇間東還住嘉西岬而没}
^{於皇隆. 計至清泰之初無慮三百年矣. 今悲嘆諸岬皆廢,[76] 而喜見壤來而將興, 故告之尒.[77]} 於是壤
師將興廢[78]寺. 而登北嶺望之. 庭有五層黃塔. 下來尋之則無跡. 再陟望
之. 有群鵲啄地, 乃思海龍鵲岬之言.[79] 尋掘之. 果有遺塼無數, 聚而蘊崇
之. 塔成而無遺塼, 知是前代伽藍墟也. 畢創寺而住焉, 因名鵲岬寺. 未幾
太祖統一三國. 聞師至此創院而居, 乃合五岬田束五百結納寺. 以清泰四
年丁酉. 賜額曰雲門禪寺, 以奉袈裟之靈蔭. ⁶⁹⁷璃目常在寺側小潭. 陰騭

---

71) DB. 고려 세조(世祖)의 이름인 隆을 피휘.
72) DB. 郡中古籍裨補記准, 清道郡….
73) 범어사소장본, 고려대본, 규장각본에는 右. 고증. 右(古). DB. 古의 오기.
74) DB. 諺傳記載, 致仕上戶長….
75) 訖은 마치다. 대안사연기문(747)에 已訖(이미 끝나다.)가 보인다.
76) 범어사소장본, 고려대본, 규장각본에는 癈. 고증. 廢. DB. 癈의 오기.
77) 범어사소장본, 고려대본, 규장각본에는 尒, 고증. 爾.
78) 범어사소장본, 고려대본, 규장각본에는 癈. 고증. 廢.
79) DB. 乃思海龍鵲岬之, 言尋掘之….

法化. 忽一年元旱. 田蔬焦槁. 壤勑璃目行雨. 一境告足. 天帝將誅不識. 璃目告急於師. 師藏於床下. 俄有天使到庭. 請出璃目. 師指庭前梨木. 乃震之而上天. 梨木萎摧. 龍撫之即蘇. **ª**一云師呪之而生. 其木近年倒地. 有人作楗椎. 安置善法堂及食堂. 其椎柄有銘. **698**初師入唐迴. 先止于推火之奉聖寺. 適太祖東征至清道境, 山賊嘯聚于犬城**ª**有山岑臨水峭立, 今俗惡其名, 改云犬城. 驕傲不格. 太祖至于山下. 問師以易制之述(術), 師荅80)曰, 夫犬之爲物. 司夜而不司晝, 守前而忘其後, 冝以晝擊其北. 祖81)從之, 果敗降. 太祖嘉乃神謀. 歲給近縣租五十碩. 以供香火. 是以寺安二聖眞容, 因名奉聖寺. 後遷至鵲岬. 而大創終焉. **699**師之行狀古傳不載, 諺云, 與石崛備虛師**ª**一作毗虛爲昆弟. 奉聖・石崛・雲門三寺. 連峰櫛比. 交相徃還. 爾.82) 後人旽作新羅異傳, 濫記鵲塔璃目之事于圓光傳中, 系犬城事於毗虛傳, 旣謬矣. 又作海東僧傳者. 從而潤文. 使寶壤無傳. 而疑誤後人, 誣妄幾何.

694보양이목(寶壤梨木)

695석보양전에는 그의 고향과 씨족을 싣지 않았다. "청도군 사적"83)을 살펴보면 다음과 같다. 천복84) 8년 계유 **ª**태조 즉위 26년이다. 정월 모일에, 청도군 경계 마을의 심사 순영과 대내말85) 수문 등의 주첩 공문

---

80) 고증. 答. DB. 荅의 오기.
81) 고증, 범어사소장본, 고려대본, 규장각본에는 祖從之. DB. 祖 앞에 太 자가 누락된 것으로 보인다.
82) DB. 相徃還爾. 後人旽作⋯.
83) DB. 청도군 내의 사원이나 전답 등을 기록한 문서.
84) DB 후진(後晉) 고조의 연호로 936-943년.
85) DB. 신라 17관등 중 10관등.

에, 운문산 선원 장생은 남쪽은 아니점, 동쪽은 가서현이라고 했고, 그 사원의 삼강전 주인은 보양화상이고, 원주(院主)는 현회장로, 정좌[86]는 현양상좌, 직세는 신원선사라고 하였다. ^b위의 공문청도군의 '도전장전'[87]에 의거하였다.

또한 개운(開運) 3년 병진(946년)에, 운문산 선원 장생표탑 공문 한 통에 장생이 열하나이니, 아니점, 가서현, 묘현, 서북 매현 ^c혹은 면지촌이라 한다. 북저족문 등이라 하였다. 또 경인년의 "진양부첩"[88]에는, 5도 안찰사가 각 도의 선교 사원의 창건 연월, 지형을 살펴서 장적을 만들 때에 차사원 동경장서기 이선이 살펴서 기록하였다고 한다.

정풍[89] 6년 신사 ^d대금(大金)의 연호이니 고려 의종 즉위 16년이다. 9월의 "군중 고적비보기"에 따르면 청도군 전 부호장 어모부위 이칙정의 집에 옛 사람의 소식과 우리말로 전하는 기록이 있었고, 치사 상호장[90] 김양신 · 치사 호장 민육 · 호장동정 윤응 · 전기인 진기 등과 당시 상호장 용성 등의 말이 적혀 있는데, 당시 태수 이사로 · 호장 양신은 나이 89세이었고 나머지 무리는 모두 70세 이상이었으며 용성은 나이가 60세 이상이라고 하였다. ^e운운, 이하 생략.[91]

⁶⁹⁶신라시대 이래로 청도군의 사원 작갑사 이하 중소 사원은, 삼한의 병란 중에 대작갑, 소작갑, 소보갑, 천문갑, 가서갑 등 5갑이 모두

---

86) 고증. 貞座(典座). DB. 전좌(典座)의 오기인 듯. 전좌는 중국 지방 승관제인 육지사제(六知事制)에 속했던 승직, 고려 초 선종 산문에 설치된 삼강전(三綱典) 내에 둔 승관.
87) DB. 도전장(都田帳)은 토지대장이다. 양전도장, 도전장(導田帳)이라고도 표기.
88) DB. 본래 백제의 거열성(居列城)이었는데 신라 경덕왕 때 강주로 개칭, 여러 차례 이름이 바뀌었으며, 고려 성종 14년(995)에 晉州로 불렸고 절도사가 두어졌다.
89) 정융(正隆)으로 고려 태조의 부 王隆의 '隆' 자를 피하기 위해 '豊' 자를 사용.
90) DB. 치사(致仕)한 상호장(上戶長)?
91) DB. 운운한 것은 다음에는 따르지 않는다.

훼손되어 5갑의 기둥만 모아 대작갑사에 두었다.

조사 지식[a]윗글에는 보양이라 하였다.이 중국에서 법을 전해 받고 돌아오는데, 서해 가운데의 용이 나와 맞이하여, 용궁으로 맞이하여 경전을 염송하게 하고 금라가사 1령(領)을 베풀어 주고 겸하여 아들 이목(璃目)으로 하여금 수행하게 하면서 부탁하여 말하였다. "지금 삼국이 혼란하여 아직 불법에 귀의한 군주가 없었다. 만약 내 아들과 함께 본국에 돌아가서, 작갑에 절을 세우고 거하면, 도적을 피할 수 있고 수년이 지나지 않아 또한 물리칠 수 있고, 반드시 불법을 지키는 어진 군주가 나와 삼국을 평정할 것이다."라고 하였다. 말을 마치고 서로 이별하고 돌아와서, 이 골짜기에 이르니 홀연히 노승이 나타났는데, 스스로를 원광이라 칭하였고, 인궤를 품에 안고 있다가 꺼내 주고 사라졌다. [b]살펴보건대, 원광은 진(陳)나라 말에, 중국에 들어가 개황[92] 연간에 본국으로 돌아와서, 가서갑에 주석하고 황룡사에서 죽었다. 계산하면 청태 연간 초엽에 이르니 무려 300년이다. 지금 여러 갑사들이 모두 없어진 것을 슬퍼하였다. 보양이 장차 와서 일으킬 것을 기쁘게 바라보고, 고로 그것을 알렸을 것이다.

이에 보양이 장차 폐사(廢寺)를 일으키려, 북쪽 고개에 올라 바라보니 뜰에 5층의 황색 탑이 있었다. 내려와 그것을 찾으니 곧 흔적이 없었다. 다시 가서 바라보니 까치 무리가 땅을 쪼고 있으므로, 이에 해룡이 한 작갑의 말을 기억하고는, 그곳을 파 보니 과연 남겨진 벽돌이 수를 셀 수 없을 정도로 있었고, 그것을 모아 높게 쌓아 탑을 이루고 남긴 벽돌이 없었으니 이곳이 전시대의 가람터인 것을 알았다. 절을 창건하는 것을 마치고, 이곳에 살았다. 이로 인하여 작갑사라 이름하

---

92) DB. 수(隋) 문제(文帝)의 연호로 581-600년에 사용하였다.

였다.

얼마 지나지 않아 태조가 후삼국을 통일하고, 법사가 여기에서 절을 창건하고 거한다는 것을 듣고, 이에 5갑의 밭 5백 결을 합하여 절에 헌납하였다. 청태 4년 정유에 편액을 내려, 운문선사라 하고 가사의 영음을 받들었다.

697이목(璃目)은 항상 절 옆의 작은 못에 살면서 남몰래 교화를 도왔고, 문득 어느 해에 가뭄이 들어, 밭의 곡식이 말라 타들어 가자 보양이 이목에게 비를 내리게 했더니, 한 지역을 충분히 적셨다. 천제는 직무를 수행하지 못했다고 장차 주살하고자 하니, 이목이 법사에게 위급함을 고하였다. 법사가 마루 아래에 숨겨 주니, 조금 뒤에 천사가 뜰에 와서 이목을 내어놓기를 청하였다. 법사가 뜰 앞의 오얏나무를 가리키자, 이에 그것에 벼락을 치고 하늘로 올라갔다. 오얏나무가 꺾여 넘어졌는데, 용이 그것을 쓰다듬자 곧 살아났다. [a]일설에는 법사가 주문을 외우자 살아났다고 한다. 그 나무는 근년에 땅에 쓰러져서, 어떤 사람이 빗장 몽치로 만들어 선법당(善法堂)과 식당에 두었고, 그 몽치 자루에는 글자가 새겨져 있다.

698처음 법사가 당에 갔다 돌아와서, 먼저 추화군[93] 봉성사에 머물렀다. 마침 태조가 동쪽을 정벌하여 청도의 경계에 이르렀는데, 산적이 견성[a]산봉우리가 물줄기로 둘러싸이고 가파르게 서 있었다. 세상에서는 그것을 나쁘게 여겨 이름을 견성(犬城)으로 고쳤다.에 모여 있었는데 항복하지 않았다. 태조가 산 아래에 이르러 법사에게 쉽게 제압하는 방법을 물으니 법사가 답하여 말하였다. "무릇 개의 본성은 밤의 일은 맡고 낮의 일은 맡지 않아서

---

93) DB. 지금의 경상남도 밀양 지방 일대를 가리킨다.

앞을 지키고 그 뒤를 잊고 있으니 마땅히 낮에 그 북쪽을 쳐야 합니다." 태조가 그를 따르니 과연 항복하였다. 태조가 그 신통한 지략을 가상히 여겨, 해마다 가까운 현(縣)의 조(租) 50석을 지급하여서, 향화를 이바지하게 했다. 이로써 절에 이성(二聖)의 진용을 안치하였고, 인하여 봉성사라 이름하였다. 후에 작갑사로 옮겨 가서 절을 크게 세우고 죽었다.

699법사의 행장은 옛 전승에는 수록되어 있지 않다. 민간에 이르기를 "석굴사의 비허사ᵃ혹은 비허(毗虛)라고도 쓴다.와 형제가 되는데, 봉성·석굴·운문 세 절은 봉우리를 이어 쭉 늘어져 있어서 서로 왕래하였다."라고 한다. 후대의 사람이 "신라이전"⁹⁴⁾을 고쳐 쓰면서 작탑과 이목의 일을 원광의 전기 속에 함부로 기록하였고, 견성의 일은 비허전에 걸어 놓았으니 이미 잘못된 것이다. 또한 "해동승전"을 쓴 사람은 그것을 따라 잘못 썼다. 그 때문에 보양은 전(傳)이 없어 후대 사람들을 의심하고 그르치게 하였으니 얼마나 무망(誣妄)한 일인가.

주해 **694**○【寶壤】 '해동'의 찬술자가 원광전을 기록할 때, 잘못된 사료에 의한 보양의 이야기마저도 혼입되어 작성했기 때문에, 운문사 개산의 원조인 보양의 이야기가 사라졌다. 그래서 이것을 유감으로 여겼던 일연 스승은 '유'를 찬술할 때에, 앞서 나온 '원광서학' 조의 말미에 이것을 지적했는데, 한 걸음 더 나아가 보양의 사적(事蹟)을 밝히기 위해, 새롭게 보양과 제자 이목의 이야기를 여기에 넣었던 것이다.

---

94) DB. "신라수이전(新羅殊異傳)"을 가리키는 듯하다. 이 책은 현재 전해지지 않고, 다만 여러 서적에 일부분만이 전한다.

그러나 보양의 생몰년은 불명하다.

○【梨木】 뒷글에 보이듯이 보양의 제자 이목의 이목(璃目)과 배나무의 이목(梨木)이 음 상통하므로 이곳은 '보양(寶壤)과 이목(梨木)'이라고 제목을 달고, 보양의 이야기에 이어서 배나무(梨木)에 의한 전승과 제자 이목의 이야기를 적었던 것이다.

695○【鄕井】 향(鄕)은 향리, 향토의 뜻. 정(井)은 사람이 보이는 곳으로 향정(鄕井)이라는 것은 시정에 대비되는 것으로 사용했을 것이다. 노무라 요소는 향정의 정(井)은 성(姓)과 음 상통[95]하므로 향성(鄕姓)이라고 하고 있다("國譯一切經" 수록 "삼국유사"). 또 김사엽은 정(井)을 병(幷)?인가라고 하고 있다("완역 삼국유사" 朝日新聞社刊).

○【淸道郡】 지금의 경상북도 청도군. 이 연혁에 대해서는 "승람" 권26, 청도군, 건치연혁 조에 '本伊西小國. 新羅儒理王代取之. 後合仇刀城境內率伊山(伊或作已). 驚山(一作茄山). 烏刀山等三城, 置大城郡. (仇刀, 一云仇道, 一云ズ烏禮山, 疑烏刀山, 是其地.) 景德王時. 仇刀改稱烏岳縣. 驚山改荊山縣. 率伊山改蘇山縣. 俱爲密城郡領縣. 高麗初. 復合三城爲郡. 改今名(一云道州). 仍屬密城. 睿宗西年, 置監務. 忠惠王時. 以郡人金善莊有功. 陞知郡事. 未幾還爲監務. 恭愍王一五年. 復爲郡. 本朝因之.'라고 있다. 또 '유' 권제1 '伊西國' 조 및 주해 68도 참조.

○【司籍】 관청(이곳에서는 청도군청)의 기록물.

○【天福八年癸酉(卯)】 천복(天福)은 중국오대 후진(後晉)의 고조 조정의 원호로 이 8년은 서기 943년에 해당하는데, 이해 간지는 계묘이다. 계유(癸酉)는 잘못이다.

695a○【太祖卽位第二十六年也】 서기 943년. 본문의 천복 8년에 해당한다. 고려 태조는, 건국과 함께 천수(天授)라고 독자적 원호를 썼는데, 16년으로 끝난다. 그리고 즉위 21년(서기 938년)(천복 3년) 7월부터 후진(後晉)

---

95) 일본적 관점일 것이다. 井/姓, 모두 ショウ・セイ.

의 연호를 사용했다.

695○ 【界里審使】 촌리나 장원 등의 경계를 심사하는 관리일 것이다.

○ 【大乃末】 신라의 관위 제10등인 대나마(大奈麻)(大奈末).

○ 【柱貼公文】 고려조에서 상부에서 낸 포고문, 통달문을 첩(貼)이라고 했다("고려사" 형법공첩상통식. 아유가이 후사노신은 '주첩이라는 말은 고금(古今)에 상부로부터의 포고문은 기둥에 붙였던 것일까. 그리고 이 의미에서 변하여 지령, 증명, 유달(諭達) 등 관(官)의 공문을 말한 것일까.'라고. "잡고" 제6집 하, 혹은 "국서간행회복각본" 쇼와 47년 11월간 602면.

○ 【雲門山禪院】 지금도 청도군 운문면에 있다. 고려 태조가 운문선사의 편액(扁額)을 하사한 이름난 절이다. 또한 '유' 권제1 '이서국(伊西國)' 조 및 주해 70도 참조.

○ 【長生】 아유가이 후사노신은 그 명저 "잡고"(제6집 하) "국서간행회복각본", "잡고, 속자고, 속문고, 차자고"(쇼와 47년 11월간, 576면)에서 '국장생 장생은 원래 장생(長生)이 변하여 표(標)의 뜻으로 예부터 사용했다.'라고 했고, 더 나아가 사원용으로서는 ① 절의 등급을 정하기 위해 절의 입구에 세운 것, ② 절의 영역을 나타내는 사계표로서 세운 것.'라고 말하고 있다. 이 조의 '유' 본문의 장생, 장생표탑은 ②에 속하는 것이다.

　이 장생에 대하여 문헌상에서 가장 일찍 보이는 것은, 신라경덕왕 18년(759)에, 왕명으로 지금의 전라남도 장흥군의 보림사에 세워진, 보조선사영탑비에 '乾元二年特敎植長生標柱'라고 명기(銘記)되어 있는 것이다. 신라시대의 금석문이나 고려시대의 문헌에 나오는 長生, 長生標, 長生標柱, 長生標塔 등으로 나오지만, 조선시대의 문헌에는 장생은 장생(長栍)으로 적혀 있다.

　아유가이(鮎貝)는 '생(栍)은 최초 장생(長生)의 의미를 가진 표(標)의 속자인데, 여기에서 와전되어 여러 의미로 쓰였다.'는 것을 많은 예로 증명을 하는데("잡고"(제6집 하) "국서간행회복각본", "잡고, 속자고, 속문고, 차자고" 59-67면), 지금의 한국학계에서는 장생(長生)은 오로지 장생

(장승)이라고 표기하고 있다.

　아유가이의 연구는 오직 문헌·금석문으로 폭넓게 진행하여 뛰어난 고증인데, 현지의 현물에 대하여, 획기적인 민속학, 민족학적인 연구를 한 것은 아키바 다카시[96]이다. 자세한 것은 그 명저 "朝鮮民俗誌"(1953년, 六三書院) 수록 '長生標'를 참조. 또한 학생사간(學生社刊) "朝鮮民俗學槪說"(1977년) 수록, '長栍とソンデ'(158-161면)도 참조.

○【阿尼岾】【嘉西峴】모두 청도군에 있으며, 운문선사 소속 영역에 포함되어 경계선을 보이는 장생표가 서 있다.

○【同藪】이 동수(同藪)의 수(藪)는 선사원 뜻인 총림의 총(叢)과 같은 음이기 때문에 쓰였던 것으로 보인다.[97] 그런 까닭에 동수(同藪)(叢)는 같은 선사라는 뜻일 것이다.

○【三剛典主人】강(剛)은 망(網)과 같은 음이므로, 삼망을 삼강으로 적은 것으로 보인다.[98] 삼망은 상좌·사주·도유나(維那)의 세 사람을 말하며, 항상 사원 안에 있으면서 절 전체의 승려를 통괄하고, 업무를 처리하는 통치자인데, 나중에 별당, 좌주 등의 아래에 속하는 관리직 승려의 호칭이 되었다. 그래서 보양은 삼강전주인으로서, 삼망 위에 위치한 자일 것이다.

○【院主】선원의 승려들을 다스렸다.

○【玄會】이곳에만 보인다.

○【長老】일반적으로 덕행이 높고 연장자인 비구(比丘)를 말하는데, 선종에서는 주지승을 장로라고 한다.

○【貞座】정(貞)은 전(典)의 오기로 보인다. 올바르게는 전좌. 전좌는 선원에 놓인 하급 관리 승려.

---

96) 秋葉 隆(あきば たかし, 1888년(明治 21년) 10월 5일-1954년(昭和 29년) 10월 16일)은, 일본의 문화학자. 치바현(千葉縣) 출신.
97) 고증 원문대로 옮겼다. 일본어 '藪(ソウ)', '叢(ソウ)'에서 나온 견해로 보인다.
98) 고증 원문대로 옮겼다.

○【玄雨】 이곳에서만 보인다.

○【上座】 삼망의 한 사람으로 절을 다스렸다.

○【直歲】 일세(一歲)의 업무를 직접 관장하는 선원의 하급승려 직명.

○【信元禪師】 이곳에 보이는 것 이외는 미상.

695b○【都田帳】 토지대장일 것인데, 양전도장, 도전장이라고도 적고 있다. '유' 권제2 '가락국기' 조 및 주해 453의 '양전사' 및 '양전도장'의 항목을 참조.

695○【開運三年丙辰(午)】 개운(開運)은 중국오대, 후진(後晉) 출제조의 원호로, 그 3년은 서기 946년에 해당하며 고려 정종 원년. 또 이해의 간지는 병오로 본문의 병진은 잘못되었다.

○【長生標塔】 탑의 모양을 한 장생표인데, 장생에 대해서는 이미 말한 대로이다.

○【公文一道】 일도(一道)는 일통(一通)의 잘못인가.

○【庚寅年】 1170년에 고려에서는 무신에 의해 쿠데타가 일어났다. 이것을 이해의 간지에 의해 경인의 난(亂)이라고 하는데, 이곳에서는 다음의 진양부 운운하는 기사로 보아, 고려 고종 17년(몽고 태종 2년)(1230)일 것이다. 이다음 해부터 몽고의 본격적인 고려 침입이 시작되고, 다음 해 1232년에 강화도 천도가 일어났다.

○【晉陽府】 진양부(晉陽府)에 대해서는 이미 '유' 권제3 '전후소장사리' 조 및 주해 597에 보이는데, 한국명저대전집 "삼국유사"(이병도 역)에서는 '고종대의 권신 최우(?-1249)의 관부'라고 주석을 달았다.

　　지금 '고려사'를 보더라도 진양부라는 것은 겨우 2,3군데에 보일 뿐이다. 즉 고종 23년 2월 조와 11월 조 및 최항 전에서이다(전자는 권23·세가 제23·고종2에, 후자는 권129·열전 권42·반역3·최충헌에 기재되어 있다). 여기에 보이는 진양부는 기사 내용으로 보아 '최이(최우)의 저택'(동아대학교 고전연구실·"역주고려사"), 또 최우 그 사람(조선총독부·"朝鮮史" 제3편·제4권)으로도 보인다.

주지(周知)와 같이·고려에서는 경인의 난(1170) 이후, 무신정권이 이어졌는데, 권력 쟁탈 때문에 안정되지 못했다. 최충헌이 정권을 장악하자 독재태세가 확립되어, 최씨 정권은 최충헌 → 최이(崔怡, 처음에는 瑀) → 최항 → 최의의 4대, 전후 62년간(1196-1258) 이어져, 최충헌, 최이의 2대를 중심으로 각종 권력기구가 정비되었다. 최씨의 집권자는 새롭게 설치된 교정도감의 장관(敎定別監)으로서 국정을 지배하고, 그 집행을 사저에서 했다(최이는 이를 위한 기구인 정방을 설치했다). 최씨는 또 정권을 유지하기 위해 다수의 문객이나 사병을 설치하고 나아가 경제적 기반도 확보했다. 그래서 각지에 사유지를 확보하여, 경작농민을 보유했다. 원래 최씨 출신지는 우봉(지금의 황해북도 금천)이었는데, 최이 때인 1205년 이후, 지금의 진주 지방 전체를 식읍으로서 지배했다. 즉 곡창지대인 반도남부를 경제적 기반으로 했던 것이다.

지금의 진주 연혁에 대해서는 "고려사" 권57 지리지2의 진주목 조에 '本百濟居列城(一名居陁). 新羅文武王二年取而置州. 神文王四年分居陁州. 置菁州總管. 景德王改爲康州. 惠恭王復爲菁州. 太祖又改康州. 成宗二年初置十二牧. 州其一也. 十四年置十二州節度使. 號晉州定海軍. 屬山南道. 顯宗三年廢爲安撫使. 九年定爲牧. 爲八牧之一. 別號晉康(成廟所定). 又號菁州. 又號晉陽. …屬郡二. 縣七. 領知事郡一. 縣令官三.'

이어서 '승람' 권30, 진주목의 건치연혁 조에 '本百濟居列城(一名居陁). 新羅文武王取而置州. 神文王分居陁州. 置晋州總管. 景德王改康州. 惠恭王復爲菁州. 高屬太祖又改康州. 成宗二年置牧. 十四年改晋州. 置節度使. 號定海軍. 隷山南道. 顯宗改安撫使. 後定爲八牧之一. 本朝太祖. 以顯妃內鄕. 陞爲晉陽. 大都護府. 太宗朝. 復今名爲牧.'이라고 보인다.

○ 【五道按察使】 "고려사"(권77) 지(志)(권31) 백관2·외직 조에는 '按廉使, 專制方面, 以行黜陟, 即國初節度使之任. 顯宗三年罷節度使. 後置按察使. 文宗一八年改爲都部署. 睿宗八年復爲按察使. 忠烈王二年改按察使. 爲按廉使…'라고 되어 있는데, 안찰사는 각 도(道)에 놓여 군사도 관리했지만,

주로 농무의 감찰이나 굶주린 백성의 구제 등의 재원을 관장하고, 관할하의 진장 등의 출척을 행했다. 또 안찰사는 관(官)은 낮아도 그 권력은 커서 시랑이나 낭관을 임명했기 때문에, 한(漢)의 부자사나 송(宋)의 전운사와 비슷한 것 같았다. 또한 자세한 것은 스도 요시유키 "高麗官僚制の硏究" 수록 '按察使と都部署'를 참조.

고려 지방제도는 성종대부터 정착하여 현종대에 전국토를 양광도 · 경상도 · 전라도 · 교주도 · 서해도 · 동계 · 북계의 오도양계로 나누었는데, 이것은 비교적 오래 이어졌다.

○ 【形止】 고려시대에 '형지'라는 말을 사용한 다른 예는, 경상북도 칠곡군 약목면의 고탑(古塔)에서 발견되었다. 대평 11년(현종 22년, 1031) 정월 4일의 날짜를 가진, '浄兜寺五層石塔造成形止記'이다. '形止'의 해석으로서 마에마 교사쿠는, 형지(形止)는 '모양이라는 뜻이다. 시말(始末)이라는 뜻으로도 쓰인다.'라고 하고, 아유가이 후사노신은 '형지(形止)는 사적 · 형적 등으로 해석을 해야 하는 속문으로, 일본에서 전말 · 시말 등으로 쓰이는 속문과 같은 뜻이다. 지나(중국)에서도 쓰는 말인가.'라고 했다. 현대의 조선어사전에서도 사실의 자초지종' · 사실의 전말' 등으로 설명하고 있다[末松保和, '高麗式目形止案', "朝鮮學報" 第二十五輯, 쇼와 37년 10월. 후에 "靑丘史草"(제1)에 수록에서 인용]. 그래서 형지는 사실의 전말, 시말이라는 것이다. 더 나아가 '形止案'이라는 경우는, '…현상의 조사, 기록'을 의미한다.

○ 【使員】 이곳의 사원(使員)은 안찰사 소속의 관리일 것이다.

○ 【東京掌書記】 이 직명은 이곳에만 보인다. 그러나 동경은 경주를 말한다.

○ 【李僐】 이선(李僐)이라는 사람 이름은 고려사 최충헌 전에 부속되는 최이(崔怡) 전과 최항(崔沆) 전 및 "고려사절요"에 보인다.

그 ①은 고종 31년(1244) 추4월에 최이가 낭장신착을 안찰사로 했더니, 우정언의 이선이 이것을 불가(不可)라고 하고 상서하여 탄핵했기 때문에, 이(怡)는 노하여 선(僐)을 벌하여 연주 부사로 임명하여 독령으로서 임지로 가게 했다('崔怡傳', '節要' 고종 31년 추7월 조).

②는 37년 조 12월에, 시어사이었던 이선 등 4인이 참소당하여 강에 버려졌다('崔沆傳', '節要' 고종 37년 동12월 조).

○ 【正豊(隆)八年辛巳】서기 1161년. 할주(割註)에 '대금(大金)의 연호'라고 보이는데, 금(金, 해릉왕)의 연호는 '정릉'이다. 왜 고려에서는 정풍(正豊)이라고 했던 것일까. 그것은 '정릉의 릉(隆)이 세조(태조왕건의 조부)의 휘였던 것에 의해 이것을 피하여 풍(豊)으로써 이것을 대신하였다'("고려사" 권87·표제1 '年表1'의 예종 10년 조).

금에서는 이해의 10월부터 대정이라고 개원했다. 이것은 세종이 해릉왕을 죽이고 즉위한 것에 의한다.

695d○ 【本朝毅宗卽位十六年也】서기 1161년은 즉위칭원법으로는 예종즉위 16년인데, "고려사"에서는 유년칭원법에 의해 예종 15년이라고 했다.

695○ 【裨補記】덧붙여 채운 기록. 비보(裨補)의 비(裨)만으로도 '덧붙이다', '채우다'의 의미가 있다.

○ 【准】견주다. 의거하다. 준(准)은 회(淮)의 속자인데, 지금 관청의 문서에는 대부분 준(准)을 쓴다.

○ 【戶長】【副戶長】"고려사"(권3) 성종 6년(987) 9월 무진(戊辰) 조에, '改諸村大監·弟監·爲村長·村正'이라는 기사가 보인다. 고려국에서는 성종시대에 지방제도의 개혁이 일어나, 여러 촌(村)의 대감·제감(弟監)이 촌장·촌정(村正)이 되었다. 원래 신라에서는 장군 다음으로 고급무관이었던 대감·제감이, 왜 고려 초에 촌(村)의 수장이라는 칭호가 되었던 것일까. 이곳에서는 지면 사정상 이 문제에 대해서는 할애한다.

이어서 "고려사"(권75) 지(志)(제27) 선거3 '향직(鄕職)' 조의 기사를 정리해서 표를 만들면 다음과 같다.

아래 표를 보면 알 수 있는 것처럼, 고려 초에는 촌락의 수장 층(層)이 여러 갈래로 분화되어 있어, 이것이 표처럼 변화하여 행정기관화되어 갔다. 호장(戶長). 부호장의 명칭은 성종 2년의 개혁에 나타나고, 호장은 지방 세력가의 정점에 서는 것이었다.

등급	성종 2년 이전	성종 2년 이후	현종 9년 이후	문종 5년 이후
1	堂大等	戶長	戶長	戶長
2	大等	副戶長	副戶長	副戶長
3	郞中	戶正	兵正, 倉正	兵正, 倉正
4	員外郞	副戶正	副戶正, 則倉兵	戶正・公須正・倉祿正
5	執事	史	史	副戶正・客舍正・藥店正・司獄正
6	兵部卿	兵正	兵史, 倉史	副兵正・副倉正・副公須正・副食祿正
7	筵上	副兵正	公須史, 食祿史	史・副客舍正・副藥店正・副司獄正
8	雜乃	兵史	客舍史, 藥店史, 司獄史	兵史, 倉史
9	倉部卿	倉正	?	後壇史

이 표는 하다타의, 다음에 보이는 저서 392면을 차용했다.

성종 2년(983 A.D.) 현종 9년(1018 A. D,) 문종 5년(1051 A.D.)

[참고] 末松保和, "新羅史の諸問題" 수록 '(附) 村主について'(486-492면).
旗田巍, "朝鮮中世社會史の研究" 수록 '高麗王朝成立期の"府"と豪族', '高麗の武散階'.

○【禦侮副尉】고려에서는 성종 14년(995)에 무산계를 정했는데, 종일품(驃騎將軍)에서 종구품하(陪戎則尉)까지의 29계이었다. 어모부위는 제24의 어모교위(從八品上) 다음의 25계이며 종팔품하이었다. 또 전(田) 20결(結)이 지급되었다. 더 나아가 이 무산계는 향리・노병・탐라의 왕족・여진(女眞)의 추장・공장・악인에게 하사했던 위계이었다(문무관료의 위계는 문산계이었다). 자세한 것은 "고려사"(권77) 지(志)(제31) 백관2의 무산계 조, 및 하다다 다카시[99] "朝鮮中世社會史の研究" 수록 '高麗の"武散階"'를 참조. 그러나 이 무산계는 몽고군의 침입 이후에는 광범위하게 하사되었기 때문에, 이전과 같은 영예로운 의미는 없어졌다.

---

99) 위(魏)는 위(巍)라고도 표기.

○【致仕上戶長金亮辛】치사(致仕)는 관직을 그만둔 자. 상호장이라고 되어 있는 것으로 보아, 호장에도 계층이 있었던 것으로 보인다. 김양신은 치사상호장이었는데, 무산계에는 받은 자가 없다.

○【致仕戶長旻育】민육(旻育)도 무산계를 받지 못했다.

○【戶長同正尹應】호장동정(戶長同正)은 치사호장보다도 하위이었던 것으로 보인다. 윤응도 무산계를 받지 않았다.

○【前其人珍奇】기인(其人)에 대해서는 "고려사"(권75) 지(志)(제29) 선거3 '其人' 조에 '國初. 選鄕吏子弟. 爲質於京. 且備顧問其鄕之事. 謂之其人. 文宗三十一年判. 凡其人. 千丁以上州. 則足丁. 年四十以下三十以上者許選上. 以下州則半足丁. 勿論兵倉正以下副兵倉正以上. 富强正直者選上. 其足丁限十五年. 半丁限十年. 立役. 半丁至七年. 足丁至十年. 許同正職. 役滿加職. (下略)'이라고 보인다. 고려왕조는 처음부터 향리의 힘을 빌리지 않으면 지방의 지배가 불가능했다. 그것은 향리가 신라말기에 나타난 지방호족의 후신(後身)이며, 각 현군(縣郡)의 실력자였기 때문이다. 그래서 위계·논밭 등을 하사했는데, 한편으로는 향리를 통제할 왕조의 지배력을 지방에 영향을 끼치고 있었다. 이 기인은 향리의 자제를 인질로서 수도에 보내 공무를 맡겼다.

이곳의 진기한 인물은, 기인의 임무를 마치고 향리로 돌아와 살았을 것인데, 상세한 것은 미상.

기인제도의 연원은 이미 신라시대에 있었다. 이것에 대하여 '유' 권제2 '문호왕법민' 조 및 주해 275의 기인 항목을 참조.

○【用成】이곳에만 보인다.

○【太守李思老】이 태수는 청도군 태수일 것이다. 태수는 군의 장관. 이사로에 대해서는 이곳에만 보인다.

696○【三韓亂亡間】후삼국의 난(亂).

○【大鵲岬】【小鵲岬】【所寶岬】【天門岬】【嘉西岬】 대작갑은 대룡갑사. 이하 같다.

○【祖師智識】다음의 할주에 보이듯이, 이곳에서는 보양을 말한다. 지식은 교(敎)를 설법하고 인도하는 덕이 높은 사람을 말한다.

○【大國】중국.

○【次西海中. 龍…】앞장의 '원광서학' 조에도 보인다.

○【璃目】보양(寶壤)의 제자. 이목의 전(傳)은 이곳에 보인다.

696b○【按圓光以陳末入中國. 開皇間東還. 住嘉西岬. 而没於皇隆】앞 절의 '원광서학' 조를 참고.

○【至清泰之初. 無慮三百年】원광이 황룡사에서 서거(630)하고 나서 청태 원년(934)까지는 대략 300년이 된다. 청태에 대해서는 후술한다.

696○【壤】보양을 말한다.

○【太祖統一三國】고려태조(왕건)은, 939년에 신라 경순왕(김부)의 투항을 받아들여 신라를 합치고, 이듬해 936년에는 후백제를 토벌해서 후삼국을 통일했다.

○【清泰四年丁酉】이 정유년은 서기 937년에 해당한다. 청태는 중국 오대의 후당의 마지막 천자, 말제(廢帝 李從珂) 조의 원호. 그 3(936) 10월에, 후당은 석경당(나중의 후진(後晉) 고조)에게 망했다. 그래서 청태는 3년으로 끝난다. 937년을 청태 4년으로 하는 것은, 구려에서는 정권의 교체를 몰랐기 때문일 것이다.

697○【法化】정법(正法)으로써 교화하는 것.

○【不識】비(雨)는 천제가 관장하는 것인데, 이목(璃目)이 비를 내리게 했다. 그래서 천제가 노하여 이목을 죽이려고 했다. 이 불식이라는 것은 이목(璃目)이 자기 본분을 몰랐다는 의미.

○【梨木】이목(梨木)과 이목(璃目)은 음 상통.

698○【推火之奉聖寺】추화현의 봉성사. 추화(推火)는 지금의 경상남도 밀양군 지역. '사' 지리지(1)에, '密城郡. 本推火郡. 景德王改名. 領縣五.'라고 되어 있다. 그리고 고려 공양왕 2년(1390)에 승격하여 밀양부가 되었

다. '유' 권제2 '효소왕대 죽지랑' 조 및 주해 282도 참조.

○ 【易制之述(術)】 역제(易制)는 쉽게 제(制)한다는 의미인가. 술(述)은 다른 사람의 의견을 거듭 적는다는 의미를 나타낸다. 그래서 이곳은 쉽게 제압하는 방법에 대한 의견이라고 봐야 할 것이다.

○ 【二聖】 고려태조와 보양을 말한다.

699○ 【五崛備虛師】 석굴(石崛)은 석굴사(石崛寺). 또 비허(備虛)는 할주(割註)에 있는 대로 비허(毗虛)라고도 적는데, 이 비허(備虛), 비허(毗虛)는 음 상통.

○ 【新羅異傳】 신라 "이수전".

○ 【海東信傳】 "해동고승전". 본서는 고려 각훈이 왕명에 의해, 고종 2년(1215)에 찬술한 것인데, 현존하는 것은 그 잔권으로 권제1과 권제2의 2권뿐이다. 그러나 이 책은 조선 최고(最古)의 승전(僧傳)으로, 조선고대의 불교를 알기 위한 중요한 자료이다.

양지 사석

良志使錫

---

⁷⁰¹釋良志. 未詳祖考鄉邑. 唯現迹於善德王朝. 錫杖頭掛一布帒. 錫自飛
至檀越家. 振拂而鳴. 戶知之納齋費, 帒滿則飛還. 故名其所住. 曰錫杖
寺. 其神異莫測皆類此. 旁通雜譽. 神妙絶比. 又善筆扎.¹⁰⁰⁾ 靈廟¹⁰¹⁾丈六
三尊・天王像幷殿塔之瓦・天王寺塔下八部神將・法林寺主佛三尊・左
右金剛神等皆所塑¹⁰²⁾也. 書靈廟法林二寺額, 又嘗彫磚造一小塔. 幷造三
千佛. 安其塔置於寺中. 致敬焉. 其塑靈廟之丈六也, 自入定. 以正受所
對. 爲揉式, 故傾城士女爭運泥土. 風謠云. 來如來如來如, 來如哀反多
羅. 哀反多矣徒良, 功德修叱如良來如. 至今土人舂相¹⁰³⁾役作皆用之, 蓋
始于此. 像成¹⁰⁴⁾之費. 入穀二萬三千七百碩. ^{a或105)}_{金時祖}¹⁰⁶⁾ 議曰, 師可謂

---

100) 규장각본, 범어사소장본, 고려대본 모두 같다. 고증. 札. DB. 札의 오기. 필벽(筆癖)이다.
101) 고증, 규장각본, 범어사소장본, 고려대본 모두 같다. DB. "신증동국여지승람(新增東國輿地
勝覽)" 권21, 경주부(慶州府) 불우(佛宇) 영묘사(靈妙寺)에는 苗.
102) 규장각본, 범어사소장본, 고려대본. 塑. 고증. 塑(塑). DB. 塑의 오기.
103) DB. 규장각본과 순암수택본에는 글자의 좌변이 木, 우변이 囬인 형태(梱).

才全德充, 而以大方隱於末技者也.

702讚曰. 齋罷堂前錫杖閑, 靜裝爐鴨自焚檀. 殘經讀了無餘事, 聊塑圓

容合掌看.

풀이 **700**양지사석(良志使錫)

701석(釋) 양지의 조상과 고향은 자세히 알 수 없다. 다만 선덕왕 때
자취를 나타냈을 뿐이다. 석장 끝에 포대 하나를 걸어 놓으면, 석장은
저절로 날아가 단월[107]의 집에 이르러 흔들면서 소리를 냈다. (그) 집
에서 이를 알고 재에 쓸 비용을 (여기에) 넣었고, 포대가 차면 날아서
되돌아온다. 이 때문에 그가 사는 곳을 석장사라고 하였다. 그의 신
이함을 헤아리기 어려움이 모두 이와 같은 것들이다.

한편으로는 여러 가지 기예에도 통달하여 신묘함이 비할 데가 없
었다. 또한 (그는) 서화에도 능하여, 영묘사의 장륙삼존상과 천왕상과
전탑의 기와, 천왕사 탑 아래의 팔부신장, 법림사의 주불삼존과 좌우
금강신 등은 모두 (그가) 만든 것들이다. 영묘, 법림 두 절의 현판도 썼
으며, 또 일찍이 벽돌을 다듬어 작은 탑 하나를 만들고, 아울러 3천
불상을 만들어, 그 탑에 모시어 절 안에 두고 공경하였다. 그가 영묘

---

104) 규장각본, 범어사소장본, 고려대본. 戌와 같이 成 위에 획이 하나 더 있다. DB. "삼국유사"
　　권3, 탑상(塔像) 영묘사장육(靈妙寺丈六) 조 세주에는 成 앞에 初 자가 있다.
105) 고증. 或 뒤에 云. □金時習. 범어사소장본, 고려대본에는 或 뒤에 두 칸이 비었다. DB. 규
　　장각본에는 或 뒤로 세 칸이 비어 있으며, 순암수택본에는 惑 뒤에 云 자가 있고 그 뒤로 두
　　칸이 비어 있다.
106) DB. 租의 오기.
107) DB. 단월은 은혜를 베푼 사람 또는 시주의 의미.

사의 장륙상을 만들 때는, 스스로 입정[108]하여 정수(正受)[109]의 태도
로 대하는 것을 법식(揉式)으로 삼으니, 이 때문에 성안의 남녀가 다투
어 진흙을 날랐다.

(그때 부른) 풍요(風謠)[110]는 다음과 같다.

오라. 나의 친구들이여.

가련하다 오지 않는 나의 친구들.

부처를 따라 공덕을 쌓기 위해

오라. 나의 친구들이여[111]

지금도 그곳 사람들이 방아를 찧거나 다른 일을 할 때, 모두 이 노
래를 부르는데, 대개 이로부터 시작되었다. 장륙상을 처음 조성할 때
든 비용은, 곡식 2만 3천 7백 섬이었다. [a]혹은 금으로 도금할 때의 비용이라고도
한다.[112] 평하건대, 스님은 재주가 온전하고 덕이 충족했으나, 대가로
서 하찮은 재주(뒤)에 숨었던 자라고 하겠다.

702찬하여 말한다.

재(齋) 끝난 불당 앞엔 석장 한가로운데

향로엔 전단향 조용히 피어나네

남은 경 다 읽고 나니 더 이상 할 일 없어

불상 조성하여 합장하며 보노라.

---

108) DB. 선정에 드는 것, 또는 삼매의 경지에 드는 것.
109) 고증. 무념무상으로 심안(心眼)에 비치는 부처를 따라서. DB. 어지러운 마음을 버리고 무
  념무상의 상태에서 법을 받아들이는 것, 또는 삼매의 경지에 드는 것.
110) 고증에는 민요(民謠).
111) DB. 오다 오다 오다. 오다 슬픔 많아라. 슬픔 많은 우리 무리여. 공덕 닦으러 오다.
112) DB. "삼국유사" 권3 탑상4 영묘사장륙조(靈妙寺丈六條)에서는, "景德王卽位二十三年 丈六
  改金 租二萬三千七百碩(良志傳) 作像之初成之費 今兩存之"라고 되어 있어, 23,700석은 초성
  시의 비용이거나 개금시의 비용으로 기록되어 있다.

700○ 【良志】석양지의 전(傳)은, 이 기사에 의해 알 수 있을 뿐이다. 한국 명저대전집 "삼국유사"(이병도 역)에는 良志를 '양지'라고 읽고, "완역삼국유사"(김사엽 역)에는, 良志는 '아지'의 차자. 이것은 '바지'[113]의 음 전사로 공(工)·공장(工匠)[114]의 뜻이라고 설명하고 있다. 석양지는 뒤의 글에도 보이듯이, 필찰(筆札)이나 조소(彫塑)에 뛰어난 재능의 소유자였다.

○ 【錫】석장(錫杖). 그래서 사석(使錫)은 석장을 부린다는 것을 말한다.

701○ 【善德王朝】선덕(여)왕은 신라 제27대의 왕으로 김씨, 그 재위기간은 서기 632년부터 646년까지. 자세한 것은 '유' 권제1·기이제1 '선덕왕지기삼사' 조 및 주해 214를 참조.

○ 【布袋】포대(布袋).

○ 【檀越】시주(施主).

○ 【錫杖寺】이 절터는 미상.

○ 【筆札】찰(札)은 옛날 글자를 쓰는 나무 패찰을 말한다. 그래서 필찰(筆札)은 지금으로 말하자면 붓과 종이일 것인데, 이곳에서는 글을 쓰는 것, 서도 혹은 서예를 의미한다.

○ 【靈庙丈六三尊】영묘(靈庙)는 영묘(靈廟)로, 영묘사(靈廟寺), 영묘사(靈妙寺)라고도 했다. 그 절터는 경주 서악리에 있다. 장륙삼존에 대해서는 '유' 권제3·탑상제4 '영묘사장륙' 조 및 주해 555를 참조.

　　또 이 절이 지어질 때에는 영묘사 성전이 놓였다. '사'(권38) 직관지(상)에는 '靈廟寺成典. 景德王十八年改爲修營靈廟寺使院. 後復故. 上堂一人. 景德王改爲判官. 後復稱上堂. 靑位一人. 景德王改爲錄事. 後又改爲大舍. 史二人.'이라고.

　　더 나아가 삼존은 아미타여래(?)[115]의 본존과 좌우의 협시일 것이다.

---

113) 고증. 'パチ'(pati).
114) 물건을 만드는 장인(匠人).

그리고 경덕왕 23년(764)에 장륙상이 금으로 다시 주조되었다.

○ 【天王像】 사천왕상으로 보인다. 그것은 다음과 같은 것이다. 지국천(提頭賴吒天), 중장천(毗樓勤叉天), 광목천(毗樓博叉天), 다문천(毗沙門天).

인도에서는 신화시대부터 호세신으로서 존재했고, 불교시대 이후에는 사방을 수호하는 호법신으로서, 경전 가운데에 종종 나오기에 이르렀다. 원래 이 신은 불교 본래의 신이 아니고, 그 표현에도 특별히 규제가 없었던 만큼, 인도에 있어서는 귀인의 모습으로 표현되었다가, 중앙아시아를 거쳐 중국에 들어가는 동안에 차츰 무인(武人)상으로서의 완성을 보았다. 한편 사천왕은 불교세계관 가운데에서는 수미산 아래의 사방사주(州), ① 승신주, ② 첨부주, ③ 우화주, ④ 신려주를 지키는 천(天)으로서 후세에는 불교세계의 축도로서의 수미단의 사방, 혹은 밀교단이 사방을 수호하는 신으로서, 널리 불교의 모든 영역에서 받아들이게 되었다.

○ 【天王寺】 "제기" 의자왕 2년 조에, 천왕사의 이름이 보이는데, 이곳의 천왕사라는 것은, 사천왕사를 가리키는 것으로 보이며, 현재 경주 내동면 배반리(玉山里)에 유적이 있다.

○ 【八部神將】 팔부중(天龍八部)을 가리키는 것으로 보인다. 이것은 원래 석존에게 교화된 이교의 신들로 그 성립은 오래된다. 불교의 한 무리에 들면서 불법을 수호하기 위하여 재구성되어, 십대 제자와 함께 불교를 지키게 되었다. 이것은 천(天)·용(龍)·야차·건달파·아수라·가루라·긴나라·마후라가인데, 이 명칭에는 여러 설이 있다. 또 이것은 경전에 보여지는 것이 상당히 오래되어, 법화경을 비롯하여 밀교 이전의 여러 경에 다루어졌다. 인왕호국반야경소 제2에는 사천왕의 권속으로서 다루어졌다.

○ 【法林寺主佛三尊】 법림사라는 이름은 이곳에만 보인다. '승람' 제24·안동대도호부 '불우(佛宇)' 조에는 '法林寺'는 보이지만 그저 '在城南'이라고

---

115) 고증. 그대로.

만 주가 달려 있을 뿐으로 상세한 것은 미상. 현재의 안동시 근처 같다. 주불(主佛)에 대해서는 미상.

○ 【金剛神】 집금강신(金剛力士=仁王)을 말한다. 금강저를 들고 항상 석존의 근처에 있으면서, 호신의 임무를 맡는 단독의 존상이었다. 인도에서는 나체 모습, 중앙아시아 동쪽에는 무장한 모습이 많았는데, 중국에서는 절 문 좌우에 안치되어 한 쌍을 이루는 것으로, 사원의 수호신이 되었다. 그리고 중국에서는 무장한 모습보다는 역사(力士)의 모습을 본뜬 나체형이 일반적이었다.

○ 【塑】 소(塑)의 잘못일 것이다.

○ 【三千佛】 과거 · 현재 · 미래에 출생하는 각천불, 합계 삼천의 부처를 말한다. 삼각삼천불명경에 의해 그려진 불화로, 오늘날 보이는 것은 중앙에 과거약사, 현재석가, 미래아미타를 크게 그리고 그 주위에 각천불을 두르게 한 것이다.

○ 【入定】 '관무량수경'에는 '出定入定, 恒聞妙法'이라고 보인다. 선정에 들어가는 것. 삼매(三昧) 경지에 들어가는 것.

○ 【正受】 samādhi의 약어. 선정의 다른 말. '대승의장십삼'에는, '離於邪亂, 故說爲正, 納法稱受'라고 보이며, '관경현의분'에는 '言正受者, 想心都急, 緣慮幷亡, 三昧相應, 名爲正受.'가 보인다.

○ 【揉式】 불상을 만들 때에 흙을 주물러 만드는 방법.

○ 【傾城】 경국과 같다.

○ 【風謠】 중국고전의 "시경"은 대략 3부로 되어 있다. 제1부는 국풍(國風), 제2부는 아(雅)(大雅와 小雅로 나눈다), 제3부는 송(頌)이라고 부른다. 그리고 아(雅)는 뛰어난 궁정시 · 귀족사회의 시이며, 국풍은 지방색이 풍부한 제후국의 노래라고 할 수 있다. 이것에 의해 이곳의 풍요는 지방의 노래, 혹은 민요를 가리킨다.

○ 【來如來如來如】 【來如哀反多羅】 【哀反多矣徒良】 【功德修叱如良來如】 오구라 신페이는 '오다, 오다, 오다', '오다, 가련하다.', '가련하다, 나의 동

무여', '공덕을 닦으러 오다.'라고(小倉進平博士著作集 (1) "鄕歌及び吏讀 の硏究"(京大國文學會編) 수록 '제4장 향가연구'에 의한다). 이어서 나카 무라 다모쓰는 '오라, 나의 동무 오게나', '불쌍한지고, 나의 동무 와서', '부처님 모시고 공덕을 쌓기 위해 나의 동무 오시게나.'(나카무라 다모쓰 "新羅殘夢")라고 역독하고 있다. 위는 '유'에 보이는 신라향가의 하나이다.

○ 【春梱役時】116) 梱은 김사엽은 상(相)으로, 노무라 요쇼는 곤(梱) 혹은 거 (秬)의 방언인가라고 하고 있다.

○ 【像成之費】상(像)과 성(成) 사이에 초(初)를 넣어야 할 것이다. '유' 권제 3·탑상제4 '영묘사장육' 조에 보이는 할주(割註)에는 '良志傳作像之初成 之費. 云云'이라고 보이기 때문이다.

70la ○ 【惑云. □金時租】위의 '영묘사장육'의 조의 본문에는 '改金租'라고 되어 있는 것으로 보아 탈자 부분에는 개(改)를 보충해야 할 것이다.

701 ○ 【大方】훌륭한 도(道). 그것을 갖춘 사람. 또 세상의 식자라는 의미.

702 ○ 【爐鴨】압로(鴨爐)라고 해야 할 것이다. 압로는 향로를 말한다.

---

116) 고증의 본문에는 春梱役作.

⁷⁰³귀 축 제 사

歸竺諸師

⁷⁰⁴廣函, 求法高僧傳云. 釋阿離那^a一作耶跋摩^b一作□新羅人也. 初希正¹¹⁷⁾
敎. 早入中華. 思覿聖蹤勇銳彌增, 以貞觀年中. 離長安. 到五天. 住那蘭
陁寺. 多閱律論. 抄寫具¹¹⁸⁾英. 痛矣歸心, 所期不遂. 忽於寺中無常. 齡七
十餘. 繼此有惠業, 玄泰, 求本, 玄恪, 惠輪, 玄遊, 復有二亡名法師等, 皆
忘身順法. 觀化中天. 而或夭於中途, 或生存住彼寺者, 竟未有能復雞貴
與唐室者, 唯玄泰師克返歸唐, 亦莫知所終. 天竺人呼海東. 云矩矩吒醫
說羅, 矩矩吒. 言雞也, 醫說羅. 言貴也. 彼土相傳云, 其國敬雞神而取尊,
故戴翎羽而表餙也. ⁷⁰⁵讚曰. 天竺天遥萬疊山, 可憐遊士力登攀. 幾回月
送孤帆去, 未見雲隨一杖還.

---

117) 고증, 규장각본, 범어사소장본, 고려대본. 正. DB. 순암수택본에는 王 옆에 正 자가 가필되
어 있다.
118) 규장각본, 범어사소장본, 고려대본. 具. 고증. 具(貝)英. DB. 貝의 오기로 보인다.

703귀축제사(歸竺諸師)

704광함119)의 "구법고승전"120)에 말한다. "석아리나 **ᵃ**혹은 야(耶)라고도 쓴다. 발마 **ᵇ**혹은 □라고도 쓴다.121)는 신라인이다. 처음 불법을 구하고자 일찍이 중국에 들어왔다. 석가모니의 자취를 찾아뵐 생각하니, 의욕이 더욱 커져서, 정관 연간 중에 장안을 떠나 오천축국122)에 이르렀다. 나란타사123)에 머물며 율(律)과 논(論)을 많이 보고 패협124)에 베꼈다. 고국으로 돌아오고 싶은 마음이 간절하였으나, 기약한 바를 이루지 못하였고 갑자기 절에서 죽으니 나이가 70여 세였다. 그의 뒤를 이어서 혜업,125) 현태,126) 구본,127) 현각,128) 혜륜,129) 현유130)가 있고 또 두 명의 이름이 일실된 법사 등이 있으니, 모두 자신을 잊고 법을 따라 석가의 교화를 보려고 중천축에 간 것이다. 그러나 혹은 중도에서 죽고, 혹은 생존해서 그 절에 주석한 자도 있지만 결국 신라와

---

119) DB. 광자(廣字)의 함으로, 대장경을 천자문의 글자 순서로 정리할 때 광자(廣字)에 해당하는 함을 의미.

120) DB. 당(唐)나라의 승려 의정(義淨)(635-713)이 저술한 "대당서역구법고승전(大唐西域求法高僧傳)".

121) DB. 혹은 마(磨)라고도 쓴다.

122) DB. 오천축(五天竺)을 말하는 것으로, 인도를 동, 서, 남, 북, 중의 다섯으로 나눈 것.

123) DB. 중인도의 마갈타국 수도의 북방에 있었던 사찰로, 5세기의 굽타왕조의 샤크라디티아(帝日王)가 창건했다.

124) DB. 패엽(貝葉), 즉 패다라엽(貝多羅葉)의 준말. 인도에서는 종이 대신에 다라나무의 잎에 불경을 필사하였는데, 여기에서의 패엽(貝葉)은 불전을 의미한다.

125) DB. 신라 선덕여왕 때의 구법승.

126) DB. 신라의 구법승.

127) DB. "구법고승전(求法高僧傳)"에 기록이 없다.

128) DB. 신라의 승려로 당(唐)의 현조(玄照)와 같이 중인도의 대각사(大覺寺)에서 널리 배우고 닦아 대스승이 되었지만, 40세가 조금 넘어 그곳에서 입적하였다.

129) DB. 신라 승려로 산스크리트어에 능통하였으며, 구사론(俱舍論)의 연구에 밝았다.

130) DB. 고구려 승려로 당(唐)의 승철선사(僧哲禪師) 문하에서 불교를 깊이 연구하였다.

당으로 돌아올 수 있었던 자는 없고, 오직 현태법사만 겨우 당으로 돌아왔는데, 또한 그 마친 바를 알 수 없다.

천축인은 신라를 구구타예설라(矩矩吒臀說羅)라고 하는데 구구타는 계(雞)를 말하고, 예설라는 귀(貴)를 말한다. 그 나라는 서로 전하여 말하기를 "그 나라(신라)는 계신(雞神)을 공경하여 높이기 때문에 관에 깃을 올려서 장식한다."라고 한다.

705찬하여 말한다.

천축은 아득히 멀어 만첩산인데,

가련하다, 유사(遊士)[131]들은 애써 올랐구나.

몇 번이나 외로운 배를 떠나보냈는데[132]

아직 일장(一丈)을 따라 돌아오는 것 보지 못하네.[133]

주해 **703**○ 【歸竺】 축(竺)은 천축(天竺)의 약어. 그래서 귀축제사(歸竺諸師)는 인도에 갔던 여러 법사(승려)를 말하는 것.

704○ 【廣函】 고려판대장경의 함질(函帙) 번호.

○ 【求法高僧傳】 "대당서역구법고승전"(이하, '구법고승전'이라고 약칭한다)를 말한다. 이 책은 당의 의정이, 그와 전후해서 동남아시아, 인도에 불교연구를 위해 유학했던 승려들의 전기(傳記)를 모은 것이다. 이 책은 의정이 수공 3년(687)에 인도에서 실리불서로 돌아와 그곳에서 체재 중에 찬술한 것이기 때문에, 역시 같은 곳에서 찬술한 "남해기귀내법전"과 함께, 천수 2년(691)에 귀국한 대율사에게 맡긴 것이었다. 여기에 수록된

---

131) 고증에는 순례자(巡禮者).
132) DB. 몇 번이나 저 달은 외로운 배를 떠나보냈는가.
133) DB. 아직 한 사람도 구름 따라 돌아오는 것 보지 못했네.

전기는, 거의 대부분 의정의 24년간에 걸치는 해외유학 중에, 스스로 견문한 자료에 근거를 둔다. 그래서 내용은 매우 신뢰성이 높으며, 동시에 문장도 매우 사실적이다(天理圖書館善本叢書 "西域求法高僧傳集" 수록, 日比野丈夫 '大唐西域求法高僧傳' 해제 참조).

또한 상세한 것은 아다치 기로쿠 "大唐西域求法高僧傳"(譯註)(昭和 17년간) 등을 참조.

704, 704a, 704b○【釋阿離那一作耶跋摩一作□】 Arya-Varma, '구법고승전'(上)의 항목 이름에는, '신라아리나발마법사', 그 본문에는 '아난야발마'라고 적고 있다. 그리고 그 전(傳)은 이 책의 4명째이며, 또 '해동' 권제2ㆍ유통일지이에도 실려 있다.

704○【正教】 성(聖)과 정(正)이 같은 음[134]이기 때문에 성교를 정교라고 적은 것일까. 성교(聖敎)라는 것은 인도의 성인, 불타의 가르침, 즉 불교에 관한 것을 말한다. 본래는 중국 성인의 가르침, 즉 유교를 의미했는데, 여산의 혜원이 불문을 성문, 불전을 성전, 불도를 신도라고 불렀던 것처럼, 이윽고 불교도 성교(聖敎)라고 부르게 되었다.

○【貞觀年中】 627-649년. 정관(貞觀)은 당 태종의 원호.

○【離長安】 '구법고승전'에는 '出長安之廣𧘂王城山城 玉城城二'라고 되어 있다.

○【五天】 인도의 호칭인 오천축의 약어.

○【那蘭陁寺】 아란타(阿爛陀)는 산스크리트어 Nālandā의 음 전사. 인도의 비할주(州), 파트너의 남동 약 88km, 라지길Rajgir, 즉 고대 마가다국의 수도 라쟈그리하(王舍城)의 북쪽 11km에 해당하는 발가온촌(村)에 있다. 5세기부터 12세기에 걸쳐, 불교교학의 중심이었던 대학의 소재지로서 유명하다. 그 아육(아소카)왕은, 이곳에 있던 샤리프트라의 사묘를 공양해서 절을 세웠다고 하며, 용수로부터의 초기대승불교의 여러 논사도 이 자리에서 배웠다고 한다. 그러나 이 지역이 불교사 위에, 또 인도문화사 위

---

134) 일본한자음에서 성(聖)과 정(正)은 せい, せい(しょう)로서 같은 음.

에 매우 중요한 의미를 가지게 된 것은, 굽타왕조에 들어 구마라굽타 1세(재위, 414-455)가 이곳에 사원을 세우고, 그 후계자가 연이어 증축 확대하여 인도 최대의 대학을 완성했기 때문이다. 현장(玄奘)은 인도 체류 중, 나란다 대학에서 5년간 연학(硏學)을 했는데, 당시 이 대학은 크게 발전했다. 5세기에 창건된 나란도사원은, 할샤조(朝)·파라조(朝)의 두터운 보호 아래 12세기 말까지 번영했다. 그 교학은 불교의 연구를 주로 했는데, 뷰다학, 논리학, 문법학, 의학, 수학, 천문학 등의 넓은 분야에 걸쳐, 다수의 권위자를 모으고 있었다. 그리고 이곳에 유학한 현장, 의정 등이 전하는 바에 의하면, 백여 촌(村)의 수입이 모두 이 사원의 유지에 충당되어, 수천 명의 학승은 아무 염려 없이 학문연구에 전념할 수 있게 되었고, 매일 백여 강좌가 열려, 주야에 걸쳐 의논이 벌어져 호학(好學)의 기풍이 일어남과 함께 규율도 엄정하게 지켜졌다. 그래서 인도는 애초부터 멀리 중국, 조선에 이르기까지 아시아 각국에서 학도가 모였다. 그 교학의 수준도 매우 높아, 인도대승교의 저명한 학자의 다수가, 이 사원의 출신자였다("아시아역사사전"(7)(平凡社) 수록, '나란다'(가지야마 유이이치(梶山雄一)) 참조). 난(爛)과 난(蘭)이 동음이기 때문에 '유'는 아난타(阿蘭陀)라고 적었던 것일까.

○ 【多閱律論. 抄寫具莢】 '구법고승전'에는 '多閑律論. 抄寫衆經.'이라고 보인다.

○ 【具莢】 패엽(貝葉)을 말한다. 협(莢)과 엽(葉)은 음 상통. 패다라엽의 약어. 불전을 말한다. 옛날 인도에서는 다라수의 잎을 불교경전을 베끼는 데에 사용했다.

○ 【忽於寺中無常】 '구법고승전'에는 '出鷄貴之東境. 没龍泉之西裳. 即於此寺無常.'이라고 적고 있다.

○ 【齡七十餘】 '구법고승전'(上)에는 '年七十餘矣'라고 되어 있는데 '해동'에는 보이지 않는다.

○ 【惠業】 '구법고승전'(上)의 항목에는 '新羅慧業法師'라고 있으며, 전(傳)

은 아리야발마 다음에 실려 있다. '해동'에도 마찬가지로 전(傳)이 실려 있다. 나이 육십세로 죽었다.

○【玄泰】'구법고승전'(上)에는 '현태(玄太)'라고 되어 있다. 법명은 '薩婆愼菩提婆唐云一切智天'. 또한 '해동'에도 전(傳)이 있다.

○【求本】미상. 두 전(傳) 모두 보이지 않는다.

○【支恪】'구법고승전'(上) '해동' 모두 전(傳)을 싣고 있다.

○【惠輪】혜륜(慧輪), 범명(梵名)은 반야발마唐云惠甲. '구법고승전'(上) '해동' 모두 전(傳)이 있다. 전자에는 나란타사에 대하여 상세한 기재가 있다.

○【玄遊】고구려인. '구법고승전'에는, 이 이름이 보이지 않는데, '해동' 권제2·유통-1의2에 석현유 전(傳)이 있다.

○【復有二亡名法師】'구법고승전'(上)의 항목에는, '신라현각법사' 다음에 '신라복유법사인'이라고 있으며, 본문의 현각전에 이어서, '莫ㄴ知二其緯一. 發ㄴ自二長安一. 遠之二南海一. 汎ㄴ船至二室利佛逝國西婆魯師國一. 遇ㄴ疾俱亡.'이라고 있다.

○【雞貴】鷄林. 즉 신라를 말한다. 뒤에 나오는 구구타반설라 항을 참조.

○【唐室】당나라를 가리킨다.

○【天竺人呼海東. 云矩矩吒醫說羅. 矩矩吒, 言雞也. 醫說羅, 言貴也. 彼上相傳云. 其國敬雞神而取尊. 故戴翎羽而表飾也】앞서 말한 당 의정 찬 "남해기귀내법전" 권제1의 분주(分注)에 '雞貴者西方名高麗國. 爲俱俱吒毆說羅羅. 俱俱吒是雞. 毆說羅是貴. 西方傳云. 彼國敬雞神而取尊. 故載翎羽而表飾矣. 言象尊者西國君王以象爲冣. 五天幷悉同然.'이라고 되어 있으며, 또 앞서 말한 '구법고승전' 아리야발마전 마지막 부분의 분주(分注)에는, '雞貴者梵云矩矩吒醫說羅. 矩吒是雞. 醫說羅是卽貴. 高麗國也. 相傳云. 彼國敬神而取尊. 故載羽而表飾矣. 那爛陁有池. 名曰龍泉. 西方復高麗爲矩矩矩矩吒醫說羅之域也.'라고 되어 있다. 본문의 '해동'은 조선을 말한다.

이어서 '계귀'는 앞서 말한 본문에는 신라를 의미하는데, 위 두 가지 분주에서는 고려(고구려를 말한다)라고 적고 있다.

고구려인이 꿩(雉)의 꼬리깃털을 관모에 장식으로 붙였던 예는, 고구려 고분 벽화에 보인다. 또 '서기' 유랴쿠기 8년 조에, '신라국내에 주둔하던 고구려병을 몰아냈을 때에, 신라왕이 "집에서 키우는 장닭을 죽여라." 라고 영을 내렸다. 그 의미를 아는 나라사람은, 국내에 있는 고구려인을 모두 죽였다.'라는 기사가 있다. 신라왕의 영(令)에 쓴 계(雞)를, 신라어의 계(雞, tark)가 군대를 의미하는 tar, tak과 통하기 때문에, 그 의미를 담아 계운운(雞云云)이라고 했다고, 따지고 들기보다는 문자 그대로 고구려병이 닭 꼬리깃털을 달고 있었다고 봐야 할 것이다. 그러나 고구려인이 계신을 숭상했는지 아닌지는 불명하다.

그러면 신라는 어떤가라는 것인데, 우선 생각할 수 있는 것은, 김씨의 시조 김알지의 출생전설이다. 이것에 대해서는 '나기'(제1 · 탈해니사금 9년 춘3월), '유'(권제1 · '김알지탈해왕대')에 모두 적혀 있는데 '유'에 따르면, '(탈해왕의 대보) 호공이 밤에, 월성 서쪽 마을에 갔을 때, 시림 속에 크게 빛나는 빛을 보았다. 그리고 자색 구름이 하늘에서 땅에 내려왔다. 그 구름 가운데에 금궤가 있었는데, 그것이 나뭇가지에 걸린 큰 빛이 궤짝에서 나오고 있었으며, 또 하얀 닭이 나무아래에서 울고 있었다. …'라고 되어 있다. 이 금궤에서 김씨의 시조가 되는 아이가 나타나는 것인데, 금궤의 강하를 알린 것은 닭(雞)이다. 신라의 역사에서는 왕통이 박씨에서 석씨(昔氏)로 석씨에서 김씨로 옮겨 가는데, 처음 박씨의 시조 역거세가 출현할 때는, 닭의 역할을 백마가, 석씨의 시조 탈해가 출현할 때에는 닭의 역할은 까치(鵲)가 하고 있다. 그래서 말은 박부족(朴部族)의, 까치는 석부족(昔部族)의, 닭은 김부족(金部族)의 토템이었을 것이라고 하는 논자도 있는데, 어쨌든 신라에서는 일찍부터 말 · 까치 · 닭을 신앙의 대상으로 했다고 봐도 좋을 것이다. 특히 신라의 역사시대에 들어가고부터는, 김씨의 왕통이 이어졌기 때문에 닭에 관한 전승이 서방으로 전해져 있었던 것일지도 모르겠다. 한층 더 검토를 요하는 문제이다.

노무라 요쇼는 '雞'는 범어로 Kukkuta, 음을 옮기면 '구구타(矩矩吒)'라고 한다. 또 '貴'는 범어에서는 중요(重要)를 의미하는 Viśala를 '의설라(医說羅)[135]'라고 음역한 것일까. 혹운 귀중(貴重)을 의미하는 issara를 음역한 것일까라고 말하고 있다(國譯一切經本 "三國遺事" 229면).

---

135) 원문대로.

⁷⁰⁶이혜동진

二惠同塵

⁷⁰⁷釋惠宿. 沉光於好世郞徒. 郞旣讓名黃卷.¹³⁶⁾ 師亦隱居赤善村. ^a今安康

縣有赤谷村. 二十餘年. 時國仙瞿旵公嘗迋其郊. 縱獵一日. 宿出於道左. 攬

轡而請曰,¹³⁷⁾ 庸僧亦願隨從. 可乎. 公許之. 於是縱橫馳突. 裸袒相先. 公

旣悅. 及休勞坐. 數炮烹相飼, 宿亦與啖嚼. 略無忤色. 旣而進於前曰, 今

有美鮮於此. 益薦之何. 公曰善. 宿屛人割其股. 實盤以薦. 衣血淋漓. 公

愕然曰, 何至此耶. 宿曰, 始吾謂公仁人也. 能恕己通物也. 故從之爾. 今

察公所好, 唯殺戮之耽.¹³⁸⁾ 篤害彼. 自養而已. 豈仁人君子之所爲. 非吾

徒也. 遂拂衣而行. 公大慚. 視其所食盤中. 鮮胾不減. 公甚異之. 歸奏於

朝, 眞平王聞之. 遣使徵迎, 宿示臥婦床而寢. 中使陋焉. 返行七八里. 逢

師於途. 問其所從來. 曰. 城中檀越家赴七日齋. 席罷而來矣. 中使以其語

---

136) DB에는 釋惠宿沉光於好世郎徒郎, 旣讓名黃卷.
137) DB에는 二十餘年時國仙瞿旵公嘗迋其郊縱獵, 一日宿出於道左攬轡而請曰.
138) 규장각본, 범어사소장본, 고려대본. 耽. 고증. 耽.

達於上. 又遣人撿檀越家. 其事亦實. 未幾宿忽死, 村人轝葬於耳峴[b]一作硐

峴東. 其村人有自峴西來者. 逢宿於途中. 問其何徃. 曰, 久居此地. 欲遊

他方爾. 相揖而別, 行半許里. 躡雲而逝. 其人至峴東. 見葬者未散, 具說

其由. 開塚視之, 唯芒鞋一隻而已. 今安康縣之北有寺名惠宿, 乃其所居

云. 亦有浮圖焉. [708]釋惠空. 天眞公之家傭嫗之子, 小名憂助[a]盖方言也. 公

嘗患瘡濱於死. 而候慰塡街. 憂助年七歲. 謂其母曰. 家有何事賓客之多

也. 母曰, 家公發惡疾將死矣. 爾何不知. 助曰, 吾能右之. 母異其言告於

公. 公使喚來. 至坐床下. 無一語, 湏臾瘡潰. 公謂偶爾. 不甚異之. 既壯

爲公養鷹. 甚愜公意. 初公之弟有得官赴外者, 請公之選鷹歸治所. 一夕

公忽憶其鷹. 明晨擬遣助取之. 助已先知之. 俄頃取鷹. 昧爽獻之. 公大驚

悟. 方知昔日救瘡之事. 皆匹[139]測也. 謂曰, "僕[140]不知至聖之托吾家.

狂言非禮汚辱之, 厥罪何雪. 而後乃今願爲導師. 導我也. 遂下拜. 靈異既

著. 遂出家爲僧, 易名惠空. 常住一小寺. 每猖狂大醉. 負簣歌舞於街巷,

號負簣和尚. 所居寺因名夫蓋寺, 乃簣之鄕言也. 每入寺之井中. 數月不

出, 因以師名名其井. 每出有碧衣神童先湧. 故寺僧以此爲候. 既出. 衣裳

不濕. 脫[141]年移止恒沙寺. [b]今迎日縣吾魚寺. 諺云, "恒沙人出世故名恒沙[142]洞." 時元

曉撰諸經疏, 每就師質疑. 或相調戲. 一日二公沿溪. 掇魚蝦而啖之, 放便

於石上, 公指之戲曰, 汝屎吾魚. 故因名吾魚寺. 或人以此爲曉師之語. 濫

也. 鄕俗訛呼其溪曰芼矣川. 瞿旵公嘗遊山. 見公死僵於山路中, 其屍膖

---

139) 고증. 匹(叵), DB. 순암수택본에는 匹 옆에 叵 자 가필.

140) DB. 순암수택본에는 僕 옆에 僕 자 가필.

141) 고증. 만(晚). 규장각본, 범어사소장본, 고려대본. 脫의 月 대신 目. 晚의 이체자로 보인다.
　　DB에는 순암수택본에는 脫 옆에 晚 자 가필.

142) DB. 규장각본과 만송문고본에는 少.

　　　　　　　　　　　　　　　　　　　　　　　　　삼국유사 권제4

脹. 爛生虫蛆. 悲嘆久之. 及迴轡入城. 見公大醉歌舞於市中. 又一日將草索綯入靈廟寺, 圍結於金堂與左右經樓及南門廊廡. 告剛司. 此索湏三日後取之. 剛司異焉而從之, 果三日. 善德王駕幸入寺, 志鬼心火出燒其塔. 唯結索處獲免. 又神卽[143]祖師明朗新創金剛寺. 設落成會. 龍象畢集. 唯師不赴. 朗卽焚香虔禱. 小選[144]公至. 時方大雨. 衣袴不濕. 足不沾泥. 謂明朗曰, 辱召懃懃. 故兹來矣. 靈迹頗多. 及終. 浮空告寂, 舍利莫知其數. 嘗見肇論曰, 是吾昔所撰也, 乃知僧肇之後有也.

709讚曰. 草原縱獵床頭臥. 酒肆狂歌井底眠. 隻履浮空何處去. 一雙珍重火中蓮.

풀이 **706**이혜동진(二惠同塵)

707석 혜숙은 호세랑의 관직에서 물러난 뒤,[145] 법사 또한 적선촌에 은거하였다. [a]지금 안강현에 적곡촌이 있다. 은거한 지 20여 년이 되었다. 그때 당시 국선[146]인 구참공이 일찍이 그 부근에 와서 하루 종일 사냥을 하는데,[147] 혜숙이 길가에 나와 고삐를 잡고 청하여 말하기를, "비천한 승 또한 따르기를 원하는데 괜찮습니까?"라고 하니 공이 허락하였다. 이에 종횡으로 달리며 옷을 벗고 서로 앞서니 공이 기뻐하였

---

143) 고증, 규장각본, 범어사소장본, 고려대본. 卽. DB. 규장각본에는 卯으로 되어 있고, 순암수택본에는 卽 옆에 卯 자 가필.
144) 고증에는 요(遶).
145) DB. 화랑도의 명부. 곧 사임. 호세랑의 무리에서 자취를 감추자, 황권에서 이름을 지웠고라고 표현.
146) DB. 화랑의 다른 이름.
147) DB. 이 뒤에 '어느 날'이 들어 있는데, 원문에 '하루(一日)'가 있으니 필요 없을 것이다.

다. 쉬려고 앉자 누차 고기를 구워 서로 먹고, 혜숙 또한 더불어 뜯어 먹으며 거의 싫어하는 기색이 없었다.

이윽고 앞에 나아가 말하기를 "지금 여기에 맛있는 고기가 있으니, 더 드리려 하는데 어떻습니까?"라고 하니 공이 좋다고 하였다. 혜숙이 사람들을 가리어 막고, 자기의 넓적다리를 잘라 쟁반에 담아서 바치니 옷에 피가 뚝뚝 떨어졌다. 공이 놀라서 말하길, "어찌 이러는가."라고 하자, 혜숙이 "처음 제가 공은 인인(仁人)이라 능히 자기를 헤아려 만물에 통할 수 있으리라 생각하였습니다. 따라서 뒤를 따랐습니다. 지금 공이 좋아하는 바를 살펴보니, 오직 살육을 즐겨 그것을 죽여 스스로 즐길 뿐입니다. 어찌 인인(仁人)과 군자의 하는 바이겠습니까. 나의 무리가 아닙니다."라고 하였다. 드디어 옷을 치켜올리고 갔다. 공은 크게 부끄러워하고 그 먹은 것을 보니 쟁반 안의 고기가 없어지지 않았다.

공은 심히 이상하게 여겨 돌아가서 조정에 아뢰니, 진평왕이 그것을 듣고 사신을 보내어 맞아들이게 하였는데, 혜숙이 부인의 침상에 누워서 자고 있는 것이 보였다. 중사[148]는 저급하게 생각하여 돌아서서 7-8리(里)를 가는데 혜숙을 길에서 만났다. 그가 어디서 오는지를 물으니 말하기를, "성(城) 안 단월가의 7일재에 갔다가 끝나고 왔다."라고 하였다. 중사가 그 말을 왕에게 아뢰고, 또 사람을 보내 단월가를 조사하니 그 일 또한 사실이었다. 얼마 지나지 않아 혜숙이 갑자기 죽자, 마을 사람들이 이현[b]형현이라고도 한다. 동쪽에 장사 지내었다. 고개 서쪽에서 오는 그 마을 사람이 있었는데 도중에 혜숙을 만나 그에게

---

148) DB. 궁중에서 왕명을 전하는 내시나 사자.

"어디로 가느냐."고 물으니 답하기를 "오래 이 땅에 머물렀으니 다른 곳으로 유람하고자 한다."라고 하였다. 서로 읍(揖)하고 헤어졌는데 반리쯤 가다가 구름을 타고 떠났다. 그 사람이 고개 동쪽에 이르러 장례를 치르는 사람들이 아직 흩어지지 않은 것을 보고. 그 이유를 다 설명하고 무덤을 열어 그것을 들여다보니, 오직 짚신 한 짝만 있을 뿐이었다. 지금 안강현의 북쪽에 혜숙이라는 절이 있는데, 곧 그가 살던 곳이라고 하고, 또한 부도(浮圖)가 있다.

708승 혜공은 천진공 집의 고용살이하는 노파의 아들로, 어렸을 때의 이름은 우조[a]대개 방언인 듯하다.이다. 공이 일찍이 종기로 거의 죽음에 임박하자, 병문안하는 사람이 길을 메웠다. 우조는 나이 7살로서 그 어머니에게 말하였다. "집에 무슨 일이 있어 손님이 많습니까?" 어머니가 말하기를 "주인이 심한 병이 나서 장차 돌아가시려 한다. 너는 어찌 몰랐느냐?"라고 하였다. 우조가 "제가 도울 수 있습니다."라고 하였다. 어머니가 그 말을 이상하게 여겨 공에게 알렸다. 공이 불러 오게 하니 좌상(坐床) 아래에 이르러 말 한마디 없었는데, 얼마 지나지 않아 종기가 터졌다. 공은 우연이라 생각하고 별로 이상하게 여기지 않았다.

우조가 장성하자 공을 위하여 매를 길렀는데 공의 마음에 들었다. 처음 공의 동생이 관직을 얻어 지방에 부임하는 자가 있었는데, 공에게 매를 골라 달라 청하여 치소(治所)로 돌아갔다. 어느 날 밤 공이 문득 그 매를 기억하고, 다음 날 새벽에 우조를 보내어 그것을 찾아오게 하려 했다. 우조가 이미 먼저 그것을 알고, 조금 있다가 매를 가져와서 새벽에 바쳤다. 공이 크게 놀라며 깨달아, 바야흐로 지난날의 종기를 구한 일이, 모두 헤아릴 수 없는 것임을 알게 되었다.

공이 우조에게 말하였다. "나는 지성(至聖)이 우리 집에 의탁하고 있는지 몰라서, 광언과 비례로 모욕하였으니 잘못을 어찌 씻겠는가. 이후에 도사가 되어 나를 인도해 주길 원한다." 마침내 내려서서 절을 했다.

신이함이 이미 나타나서 마침내 출가하여 중이 되었고, 이름을 혜공으로 바꾸었다. 작은 절에 상주하면서 언제나 미친 것처럼 술에 취하여, 거리에서 삼태기를 지고 노래하며 춤을 춰서 부궤화상이라 불렀다. 살고 있는 절은 그로 인하여 부개사라 이름하였는데, 곧 궤(簣)의 향언[149]이다. 매양 절의 우물 안에 들어가 수개월 동안 나오지 않았는데, 인하여 법사의 이름을 그 우물 이름으로 불렀다. 우물에서 나올 때마다 푸른 옷의 신동이 먼저 솟아나왔으므로, 절의 중이 이로써 기다리게 되었고, 이미 나오면 옷은 젖어 있지 않았다.

만년에 항사사[b]지금 영일현 오어사이다. 민간에 이르기를 "항하사 같은 많은 사람이 출세하였으므로 항사동이라 이름하였다."라고 한다.로 옮겨 머물렀다. 이때 원효가 여러 경소를 찬술하고 있었는데 매양 법사에게 와서 질의하거나 혹은 서로 농담을 하였다. 어느 날 두 사람이 개울을 따르며 물고기와 새우를 잡아먹고 돌 위에 변을 보고 있었는데, 혜공이 그것을 가리키며 희롱하여 말하기를 "너의 변은 내 물고기이다.[150]"라고 하였다. 그러므로 인하여 오어사라 이름하였다. 어떤 사람은 이를 원효의 말이라고 하나 잘못이다. 향속(鄕俗)[151]에 그 개울을 모의천이라고 잘못 부른다.

구참공이 일찍이 산에 유람을 갔다가 혜공이 산길에 죽어 쓰러져

149) 고증에는 '신라어'라고 덧붙였다.
150) DB. 너의 변은 내가 먹은 물고기이다.
151) 고증에는 지방에서.

있었는데, 그 시신이 부어오르고 문드러져 구더기가 생긴 것을 보고 오랫동안 슬퍼하였다. 고삐를 돌려 성에 들어가니 혜공이 저잣거리에서 만취하여 노래를 부르고 춤을 추는 것을 보았다. 또 어느 날 풀을 가지고 새끼를 꼬아 영묘사에 들어가, 금당과 좌우 경루 및 남문의 회랑을 둘러 묶고, 강사에게 알렸다. "이 줄은 모름지기 3일 후에 풀어라." 강사가 이상하게 생각하면서 따르니, 과연 3일에 선덕왕이 가마를 타고 절로 들어왔는데, 지귀[152]의 가슴에서 불이 나서 그 탑을 태웠으나 오직 줄을 묶은 곳만은 면하게 되었다.

또한 신인종 조사 명랑[153]이, 새로이 금강사를 창건하여 낙성회를 열었을 때, 덕이 높은 스님들이 다 모였으나, 오직 법사만 이르지 않았다. 명랑이 향을 태우고 정성껏 기도를 하자 조금 뒤에 공이 왔다. 이때 마침 큰 비가 왔으나 옷은 젖지 않았고, 신발에는 진흙이 묻지 않았다. 명랑에게 일러 말하기를 "부름이 정성스러워서 여기 왔습니다."라고 하였다. 이와 같이 영적이 자못 많았다. 죽음에 이르러서는 하늘에 뜬 채 입적하였고, 그의 사리는 셀 수 없이 많이 나왔다. 일찍이 "조론"[154]을 보고 "이는 내가 예전에 찬술한 것이다."라고 하였는데 곧 승조[155]의 후신임을 알 수 있다.

709찬하여 말한다.

(혜숙은) 밖으로는 초원에서 사냥을 하고 안에서는 (부인의) 침상에

---

152) DB. 신라 사람으로 선덕여왕(善德女王)을 사모하다 죽어서 화귀(火鬼)가 된 사람이라고 한다.
153) DB. 신라 문무왕대의 고승으로 신라 신인종(神印宗)의 개조. 왕족출신. 지장율사의 외조카.
154) DB. 후진(後秦)의 승조(僧肇)의 논을 모아 놓은 것.
155) DB. 중국 후진(後秦)대의 승려로 구마라집(鳩摩羅什)의 제자 중 한 사람.

몸을 누인다.

(혜공은) 밖에서는 술집에서 취하여 노래하고 들어와서는 우물 속에서 잔다.

(혜숙은) 짚신 한 짝을 남기고, (혜공은) 공중에 떠서 어디론가 사라진다.156)

한 쌍의 귀중한 불꽃 가운데 연꽃이었다네.157)

706○ 【二惠】 신라 진평왕대에서 선덕왕에 걸쳐, 민중교화에 활약한 혜숙(惠宿)과 혜공(惠空) 두 승려를 말한다. 이 이혜(二惠) 즉 혜숙·혜공의 전(傳)은 이곳에만 보이는데, 경주 흥륜사 금당에, 십성으로서 제사를 지냈던 것을 감안하면, 신라불교발전의 공헌자로서 추앙받았던 것을 증명하는 것으로 보인다.

○ 【同塵】 혜숙·혜공 두 승려가, 속진(俗塵)에 들어가 민중교화에 힘썼다는 것을 말한다.

707○ 【釋惠宿】 위에 말한 대로인데, '유' 권제3·홍법제3 '동경흥륜사금당 십성(金堂十聖)' 조도 참조.

○ 【沉】 침(沈)의 속자.

○ 【好世郎】 진평왕대의 화랑이었는데, 그 이름은 이곳에만 보인다.

○ 【黃卷】 【書言故事】 서사류(書史類)에 '書名黃卷. 有所自. 古人寫書. 皆用黃紙. 用黃蘗染之. 以辟蠹, 故曰黃卷.'이라는 서적을 의미하는 황권(黃卷)의 유래를 설명하고 있다. '유' 권제2 '효소왕대 죽지랑' 조에, '隷名於風流黃卷'이라고 적고 있다. 또한 주해 282를 참조.

---

156) DB. 짚신 한 짝(혜숙)과 공중에 뜬 것(혜공)은 어느 곳으로 갔는가.
157) 본문에 '火中蓮'이니, '불꽃 속의 연꽃'일 것이다. DB. 한 쌍의 귀중한 연꽃 속의 불꽃이여.

707, 707a○ 【赤善村】【安康縣】【赤谷村】 현재의 경상북도 월성군에 안강읍(경주시 북쪽) 근처에 있었다. '승람'(권21) 경주부·소속현인 '안강현' 조에는 '在府北三十里. 本新羅比火縣. 景德王改今名. 爲義昌郡領縣. 高麗顯宗時來屬. 恭讓王置監務. 本朝太祖朝. 復屬之'라고 있다.

707○ 【國仙】 화랑을 말한다. '유' 권제3·탑상제4 '미륵선화 미시랑 진자사' 조에는, '王敬愛之. 奉爲國仙. …風流耀世. 幾七年.' 등으로 되어 있다.

○ 【瞿旵公】 호세랑과 마찬가지로 진평왕대의 화랑이었는데, 이곳 기사 이외의 사적(事績)은 미상.

○ 【宿】 혜숙(惠宿)을 말한다.

○ 【攬】 남(拏)의 이체(異體). 집다, 손에 쥐다의 뜻.

○ 【中使】 국왕이 개인적으로 파견한 사자. 원래는 궁궐로부터의 사자라는 뜻.

708○ 【釋惠空】 이미 주해 706, 707에서 말했다.

○ 【天眞公】 이곳에만 보인다. 다른 것은 미상.

○ 【恔】 협(協)인가.

○ 【匹測】 노무라 요쇼는 필(匹)은 파(叵)라고 보고, '헤아리기 힘들다'라고 읽고 있다. 서울대본 '유'의 두주(頭註)에도 匹은 叵의 잘못이라고 적고 있다.

○ 【常住一小寺】 혜숙·혜공 두 승려는 수도의 큰절에는 살지 않고, 늘 작은 절에 살며 널리 민중의 교화에 힘썼다는 것은 특필할 만하다.

○ 【負簣 … 號負簣和尙. 所居寺因名夫蓋寺, 乃簣之鄕言也.】 혜공사가 살던 절 이름. 부개는 혜공이 늘 삼태기(簣)[158]를 쓴 것에 기인한 것인데, 부개(夫蓋)와 부궤(負簣)는 같은 음으로 보았던 것일까.

○ 【碧衣紳】 파란 옷(천한 사람의 옷)을 입은 신(神)이라는 뜻.

○ 【恒沙寺】 '유'가 찬술되었을 때는 다음의 분주(分注)에 있는 것처럼, 오어

---

158) 흙이나 쓰레기, 거름 따위를 담아 나르는 도구.

사(吾魚寺)라고 한 것 같은데, 이 항사사(恒沙寺)라는 절 이름은 이곳에만 보인다.

708b○ 【迎日縣】 '승람'(권23) 영일현의 '건치연혁' 조에는 '本新羅斤烏支縣(一作, 烏良友). 景德王改臨汀. 爲義昌郡領縣. 高麗改今名. 顯宗屬慶州. 恭讓王置監務. 以管軍萬戶兼之. 云云'이라고 되어 있다. 현재의 경상북도 영일군 지역인데, '유' 권제1 '제2 남해왕' 조 및 주해 132b, 나아가 '유' 권제1 '연오랑 세오녀' 조, 주해 168도 참조.

○ 【吾魚寺】 위의 '승람' 영일현 '불우(佛宇)' 조에는, 처음에 원효사(元曉寺), 오어사(吾魚寺)라는 절 이름이 보이며 그곳에 주(注)를 달고, '俱在雲梯山東恒沙洞'이라고 있으며, 이어서 '世傳新羅釋元曉. 與惠空捕魚而食. 遺失水中. 魚輒[159]活. 指之曰吾魚. 構寺因名.'이라고 있다. 오어사(吾魚寺)의 절 이름의 유래는 '유'에 이어지는 뒷글에 있다.

○ 【諺云 恒沙人出世. 故名恒沙洞】 항사동(恒沙洞)의 이름의 유래가 적혀 있는데, 이곳은 위의 '승람'의 주에 있듯이, 운제산(雲梯山) 동쪽에 있었던 것을 알 수 있다. 이어서 '恒沙'는 항하사(恒河沙)의 역어인가. 항하는 갠지스강(Gaṅgā mahā nadi)을 말한다. 항하사는 갠지스강에 있는 모래와 같이 많다는 뜻. 무수한 것을 비유한 말이다. 그래서 항하사라는 절 이름은 이것에 기인한 것일까.

708○ 【元曉】 신라의 명승. 뒤에 나오는 '원효불패' 조를 참조.

○ 【二公】 이곳에서는 혜공과 원효를 가리킨다.

○ 【公指之戲曰. …故因名吾魚寺】 공(公)은 혜공을 말한다. 오어사라는 절 이름의 유래가 이곳에 적혀 있다.

○ 【曉師】 원효사를 말한다.

○ 【芼矣川】 신라시대에 안강현 북쪽에 모혜현이 있었다. '사' 지리지(1)·의창군 양주(良州) 관할현의 '기계현' 조에 '本芼兮縣(一云化鷄), 景德王

---

159) 첩(輒)의 이체자.

改名, 今因之'라고 있다. '승람'도 이것을 이어받고 있는데, 그 (권21) 경주부 속현 조에는, '杞溪縣. 在府北五十里. 本新羅芼兮縣. 一云化雞. 景德王改今名. 爲義昌郡領縣. 高麗顯宗時來屬'이라고 있다.

위의 모혜현의 모혜와 모의천의 모의는 동음에 의한 전사로 보인다. 그래서 모의천은 모혜현(나중의 기계현)을 흐르기 때문에 이름을 지은 것으로 보인다. 또한 신라시대에 모혜현이 또 하나 있었다. '사' 지리지(1) 숭선군(상주관할) 조에는 소속현에 고령 · 이동 · 군위 3현이 있었다는 것을 적고, 그 '효령현'에 대해서는, '本芼兮縣. 景德王改名, 今因之'라고 있고, '승람'(권25) 군위현의 소속현 조에는 '孝靈縣(靈, 一作令). 在縣西南三十五里. 本新羅芼兮縣. 景德王改今名. 爲嵩善郡領縣. 顯宗屬尙州. 仁宗還屬一善. 恭讓王時來屬. 本朝因之.'라고 있는데, 이 모혜현은 지리적으로도 너무 떨어져 있기 때문에 비정(比定)하기 힘들다.

○ 【公】 혜공을 가리킨다.

○ 【靈庙寺】 앞서 나온 '양지사석' 조(주해 701 '靈庙丈六三尊' 항목) 참조.

○ 【剛司】 망사(網司)를 말한다. 강(剛)이 망(網)과 같은 음이기 때문에 강사(剛司)라고 했을 것이다.[160] '유' 권제3. 탑상 제4 '천룡사'에는 강사(剛司)라고 있고, 뒤에 나오는 '승전촉루' 조에는 망사(網司)라고 있다.

나아가 앞서 나온 '보양이목' 조에, 삼강전주인이라는 말이 있다. 주해 695에서 이것도 삼망전주인을 지적했다. 그래서 망사(網司)는 삼망(三網)의 아래에 있는 사원의 승려직으로 보인다.

○ 【果三日. 善德玉駕幸入寺. 志鬼心人出燒其塔. 唯結索虛獲免】 영묘사가 준공된 것은, 선덕왕 4년(635)인데, '나기'(제5)에는, 이 준공 이외의 것은 아무것도 보이지 않는다. 물론 화재가 일어난 것도 있다. 문무왕대에는 3번이나 불이 났다는 것이 '나기'(제6)에 보인다. 즉 2년(662) 2월, 6년 4월, 8년 12월의 각 조에서이다.

---

160) 자체(字體)에 이끌린 것이지, 음에 이끌린 것은 아닐 것이다.

○【神印祖師明朗】명랑은 신인종의 개조. 상세한 것은 '유' 권제5 · 신주 제6 '명랑신인' 조로 미룬다. 명랑법사에 대해서는 이미 '유' 권2 '문호왕법민' 조(주해 268)에도 보인다.

○【金剛寺】이 절 이름은 이곳 이외, 권제2 '원성대왕' 조, 권제5 · 감통(感通) 제7 '선율환생' 조에도 보이는데, 이 절은 이 조의 글에 의해 명랑이 창건한 것은 알 수 있지만, 상세한 것은 불명.

○【龍象】학덕이 뛰어난 승려.

○【師】명랑을 말한다.

○【公】혜공을 말한다.

○【舍利】산스크리트어 Śarira의 음을 옮긴 것. 특히 성자의 신골을 가리킨다.

○【肇論】【僧肇】승조(384-414)는 장안 사람이며, 후진(後秦)대의 학승. 나집문하사철의 한 사람으로, 구마라집이 아직 고장(涼州)에 있을 때, 그 명성을 듣고 서쪽으로 가서 그 문하에 들어가, 후에 나집이 후진요흥을 맞이하자, 그는 스승과 함께 장안에 와서 번경을 도왔다. 그는 31세의 젊은 나이에 요절했는데 신지명민하여, 삼장(三藏)[161]에 달하지 않는 것이 없었으며, 특히 '유마', '열반'을 잘하였는데, 그 저서 "주유마"는 지금도 이 방면 연구자의 좋은 동반자이며, 나아가 그 "반야무지론"은 혜원, 유유민으로 하여금 감탄을 자아내게 하는 것이었다. 그 외 "불진공론", "열반무명론"을 비롯하여 많은 경서(經序)[162]를 지었는데, 현재 조론(肇論)으로서 남아 있는 것에 의해 그의 사상을 알 수 있다. '조론'이라는 것은 승조의 저서라고 하는, "반야무지론", "물불천론", "불진공론", "열반무명론"의 사론(四論)에, 나중에 "종본의"를 더한 것이다.

○【後有】후신(後身). 다시 태어남.

709○【隻履】혜숙(惠宿)이 세상을 떠날 때에 구름을 타고 갔다. 무덤을 파

---

161) 경장(經藏), 율장(律藏), 논장(論藏).
162) 원문대로.

삼국유사 권제4

보니 망혜(芒鞋) 한 짝뿐이었다고 한 것을 말한다.

○ 【浮空】 혜공이 공중에 떠서 입적을 알렸다는 것을 말한다.

⁷¹⁰자장정률

慈藏定律

⁷¹¹大德慈藏金氏, 本辰韓眞骨蘇判 ^a_{三級爵名茂}¹⁶³⁾林之子. 其父歷官清要.

絶無後胤, 乃歸心三寶. 造于千部觀音. 希生一息. 祝曰, 若生男子. 捨作

法海津梁. 母忽夢星墜入懷. 因有娠. 及誕. 與釋尊同日, 名善宗郞. 神志

澄睿. 文思日贍. 而無染世趣. 早喪二親. 轉猒塵譁. 捐妻息. 捨田園爲元

寧寺. 獨處幽險. 不避狼虎, 修枯骨觀微. 或倦弊. 乃作小室. 周障荊棘,

裸¹⁶⁴⁾坐其中. 動輒箴刺, 頭懸在梁. 以祛昏暝. 適臺輔有闕, 門閥當議. 累

徵不赴. 王乃勑曰, 不就斬之. 藏聞之曰, 吾寧一日持戒而死, 不願百年破

戒而生. 事聞, 上許令出家. 乃深隱岩叢. 粮粒不恤, 時有異禽. 含菓來供.

就手而喰. 俄夢天人來授五戒. 方始出谷, 鄕邑士女. 爭來受戒. ⁷¹²藏自嘆

邊生. 西希大化. 以仁平三年丙申歲^a_{即貞觀十年也.}受勑, 與門人僧實等十餘

---

163) DB. 고려 2대 임금인 혜종(惠宗)의 이름 武를 피휘.

164) 규장각본, 범어사소장본, 고려대본. 裸. 고증. 裸. DB. 裸의 오기.

輩西入唐. 謁清涼山. 山有曼殊大聖塑相, 彼國相傳云, 帝釋天將工來彫也. 藏於像前禱祈冥感, 夢像摩頂授梵偈. 覺而未解. 及旦有異僧來釋云, ^b已出皇龍塔篇. 又曰 雖學萬敎. 未有過此.165) 又以袈裟舍利等付之而滅. ^c藏公初匿之, 故唐僧傳不載. 藏知已166)蒙聖莂, 乃下北臺. 抵太167)和池. 入京師, 太宗勅使慰撫. 安置勝光別院. 寵賜頻厚. 藏嫌其繁. 擁啓表入終南雲際寺之東崿. 架嵒爲室. 居三年. 人神受戒. 靈應日錯. 辭煩不載. 旣而再入京, 又蒙勅慰. 賜絹二百疋. 用資衣費. 貞觀十七年癸卯本國善德王上表乞還, 詔許引入宮. 賜絹一領. 雜綵五百端, 東宮亦賜二百端. 又多禮貺. 藏以本朝經像未充, 乞齎藏經一部. 泊諸幡幢・花蓋. 堪爲福利者皆載之. ⁷¹³旣至. 泊擧國欣迎, 命住芬皇寺^a唐傳作王芬. 給侍稠渥. 一夏請至宮中. 講大乘論, 又於皇龍寺演菩薩戒本. 七日七夜, 天降甘澍. 雲霧暗靄. 覆所講堂. 四衆咸服其異. 朝廷議曰, 佛敎東漸. 雖百千齡. 其於住持修奉. 軌儀闕如也. 非夫綱理. 無以肅淸. 啓勅藏爲大國統, 凡僧尼一切䂓168)猷. 摠169)委僧統主之. ^b按北齊天寶170)中. 國置十統,171) 有司宜甄異之, 於是宣帝以法上法師爲大統. 餘爲通統. 又梁・陳之間有國統・州統・國都・州都・僧都・僧止172)・都維乃等名, 摠173)屬昭玄曺, 曺卽領僧尼官名. 唐初又有十大德之盛. 新羅眞興王十一年庚午. 以安藏法師爲大書省. 一人, 又有小書省二人. 明年辛未174)以高麗惠亮法師爲國統. 亦云寺主, 寶良法師爲大都維那. 一人, 及州統九人. 郡統

165) 고증에는 뒤에 문(文)이 추가되어 있다.
166) 규장각본, 범어사소장본, 고려대본. 已. 고증에는 기(已) 옆에 괄호 이(已)가 붙어 있다.
167) DB. 순암수택본에는 太 옆에 大 자가 가필되어 있다. 太의 오기로 보인다
168) 고증에는 규(規).
169) 고증에는 총(總).
170) DB. "북제서(北齊書)"에는 문선제(文宣帝)의 연호가 天保. 고증에는 天寶(保).
171) DB. 按北齋天寶中國置十統. 이하 구절(句節)의 상이(相異) 언급은 생략.
172) DB. 正의 오기로 보인다.
173) 고증에는 총(惣)으로 표기. 총(總)의 이체(異體). 이하 같다.

十八人等. 至藏更置大國統一人. 蓋非常職也. 亦猶夫禮郞爲大角干, 金庾信大[175]大角干. 後至元聖大

王元年. 又置僧官名. 政[176]法典, 以大舍一人, 史二人. 爲司, 揀[177]僧中有才行者. 衆之有故即替.

無定年限. 故今紫衣之徒. 亦律寺之別也. 鄕傳云. 藏入唐. 太宗迎至式乾殿. 請講華嚴, 天降甘露. 開爲

國師云者妄矣. 唐傳與國史皆無文. 藏値斯嘉會. 勇激弘通. 令僧尼五部各增奮學.

半月說戒, 冬春惣試. 令知持犯. 置貟管. 維持之. 又遣巡使歷撿外寺. 誡

礪僧失. 嚴餙經像. 爲恒式. 一代護法於斯盛矣. 如夫子自衞返魯. 樂正雅

頌各淂[178]其冝. 當此之際. 國中之人. 受戒奉佛. 十室八九, 祝髮請度. 歲

月增至. 乃創通度寺. 築戒壇. 以度四來. [c]戒壇事已出上. 又改營生緣里第亢

寧寺. 設落成會. 講雜花萬偈, 感五十二女. 現身證聽. 使門人植樹如其

數. 以旌厥異, 因號知識樹. 嘗以邦國服章不同諸夏, 擧議於朝. 簽允曰

藏. 乃以眞德王三年己酉. 始服中朝衣冠. 明年庚戌又奉正朔. 始行永徽

號. 自後每有朝覲. 列在上蕃, 藏之功也. [714]暮年謝辭京輦. 於江陵郡[a]今

冥[179]州也創水多寺居焉. 復夢異僧狀北臺所見. 來告曰, 明日見汝於大松

汀. 驚悸而起. 早行至松汀. 果感文殊來格, 諮詢法要. 乃曰, 重期於太伯

葛蟠地, 遂隱不現. [b]松汀至今不生荊刺, 亦不棲鷹鸇之類云. 藏徃太伯山尋之. 見巨蟒

蟠結樹下. 謂侍者曰, 此所謂葛蟠地. 乃創石南院[c]今淨岩寺. 以候聖降. 粤有

老居士. 方袍襤縷. 荷葛簀. 盛死狗兒來. 謂侍者曰, 欲見慈藏來爾. 門者

曰, 自奉山[180]等未見忤犯吾師諱者, 汝何人斯爾狂言乎. 居士曰, 但告汝

174) DB. 순암수택본에는 木 옆에 未 자 가필.
175) 고증에는 대(大) 옆에 태(太)를 보충.
176) DB. 규장각본은 판독이 어렵고, 순암수택본은 판독이 어려운 글자 옆에 政 자 가필.
177) 고증에는 동(棟) 옆에 간(揀) 보충.
178) DB. 得의 오기로 보인다.
179) DB. 溟의 오기로 보인다.
180) DB. 순암수택본에는 山 옆에 巾 자를 가필.

師. 遂入告. 藏不之覺曰, 殆狂者耶. 門人出詬逐之, 居士曰, 歸歟. 歸歟.
有我相者. 焉得見我. 乃倒簣拂之. 狗變爲師子寶座, 陞坐放光而去. 藏聞
之. 方具威儀. 尋光而趍登南嶺, 已杳然不及, 遂殞身而卒. 茶毗安骨於石
穴中. 凡[181)藏之締搆[182)寺塔十有餘所, 每一興造必有異祥. 故蒲塞供塡
市. 不日而成. 藏之道具·布襪. 幷太[183)和龍所獻木鴨枕. 與釋尊由衣等.
合在通度寺. 又巘陽縣^d今彦陽有鴨遊寺, 枕鴨嘗於此現異. 故名之. 又有釋
圓勝者, 先藏西學. 而同還桑梓. 助弘律部云.

⁷¹⁵讚曰. 曾向淸涼夢破迴. 七篇三聚一時開. 欲令緇素衣慚愧, 東國衣
冠上國裁.

⁷¹⁰자장정률(慈藏定律)

⁷¹¹대덕[184) 자장은 김씨이고, 본래 진한 진골 소판 ^a3급의 관작명이다.무
림[185)의 아들이다. 그 아버지는 역관 청요[186)였으나, 후사를 이을 아
들이 없었다. 그래서 삼보에게 귀심하여 천부관음을 조성하고[187) 자
식 하나 낳기를 빌었다. 기원하여 말하기를 "만약 남자를 낳으면 내놓

---

181) 凡(凡)의 이체(異體).

182) DB. 構의 오기로 보인다.

183) 고증. 大(太). DB. 규장각본은 大, 순암수택본에는 太 옆에 大 자 가필.

184) 고증. 고승(高僧). DB. 본래 부처님을 일컫던 말인데, 뒤에 지혜와 덕망이 높은 승려의 존
칭으로 사용되었다.

185) 고증. 茂林(武林). DB. "삼국유사" 권1 기이 진덕여왕조(眞德女王條)에는 '虎林'으로 나와
있다.

186) DB. 청요직(淸要職)을 지냈으나. 청요(淸要)는 관직(歷官)을 나타내는 명사로 봐야 할 것.

187) 고증. '千部觀音을 찾아가(참배하고)'. 원문에 造(于千部觀音)가 있으니, '千部觀音을 조성
(造成)하고'가 맞을 것이다.

아서 법해진량[188]으로 만들겠습니다."라고 하였다. 어머니가 문득 별이 떨어져서 품속으로 들어오는 꿈을 꾸고 인하여 임신하게 되었다. 태어나니 석가세존과 같은 날이었으므로 선종랑이라 이름하였다. 정신과 마음이 맑고 깊으며, 문사(文思)가 날로 넉넉해졌으나, 세속의 추구에 물들지 않았다.

일찍이 양친을 여의고 속세의 어지러움을 꺼려서, 처자를 버리고 전답을 내놓아, 원령사[189]를 만들었다. 홀로 깊고 험준한 곳에 살면서, 이리와 호랑이를 피하지 않고, 고골관[190]을 닦았는데 조금도 게을리하지 않았다. 곧 작은 집을 지어 주변에 가시덤불로 막고, 알몸으로 그 안에 앉아서, 움직이면 쉽게 찔리게 하고, 머리는 대들보에 매달아서 혼미함을 없앴다.

마침 태보[191] 자리가 비어서, 그가 문벌이기 때문에[192] 논의에 올라 누차 불렀으나 가지 않았다. 왕이 이에 명하여 "나오지 않으면 목을 베어 버리겠다."라고 하였으나 자장은 그것을 듣고 "나는 차라리 하루 동안 계를 지키고 죽지, 백 년 동안 계를 어기고 살지 않는다."라고 하였다. 일을 듣고, 왕이 허락하여 출가하게 하였다. 이에 바위산에 깊이 은거하고 양식을 돌보지 않았는데, 이때 이상한 새가 과일을 물어다 와서 바치니, 손을 내밀어 먹었다. 갑자기 천인(天人)이 와서 5계(戒)를 주는 꿈을 꾸고, 바야흐로 처음으로 속세로 나오니, 향읍의

---

188) DB. 여래의 가르침을 이어 갈 재목의 의미.
189) DB. 이 글의 뒷 부분에는 당(唐) 귀국 후 살던 마을의 집을 개조하여 지은 것으로 되어 있다.
190) DB. 고골관(枯骨觀)은 무상을 깨닫기 위해 살점이 떨어져 나가고 피류을 다 드러내어 백골만 앙상하게 남게 되기까지의 수행과정을 말한다.
191) 고증에는 (조정에서는) 臺輔(宰相) … 라고 적었다.
192) DB. '문벌이 선택되기 마땅하여'로 풀었다.

사녀(士女)들이 다투어 와서 계를 받았다.

712자장은 스스로 변방에서 태어난 것을 한탄하여, 서쪽에서 불교의 교화를 배우기를 바랐다. 인평193) 3년 병신ª곧 정관194)에 칙명을 받아, 문하의 중인 실(實) 등 10여 명과 함께 서쪽으로 당에 들어가 청량산을 찾아갔다. 산에 만수대성195)의 소상이 있는데, 그 나라에 서로 전하여 말하기를, "제석천이 석공을 이끌고 와서 조각한 것이다."라고 한다. 자장이 소상의 앞에서 기도하며 명감(冥感)을 하고는, 소상이 정수리를 쓰다듬고 범게(梵偈)를 주는 꿈을 꾸었다. 깨어나도 뜻을 알지 못했다. 아침이 되자 이상한 중이 와서 풀이해 주고 ^b이미 황룡사탑 편에 나왔다.196) 또 말하기를 "비록 만교를 배우더라도 아직 이를 뛰어넘는 것이 없다."라고 하였다. 또한 가사와 사리 등을 주고 사라졌다. ^c자장은 처음에 그것을 숨겼기 때문에 "당고승전"에는 수록되지 않았다.

자장은 자신이 이미 성인의 기별197)을 받은 것을 알고,198) 이에 북대199)를 내려가 태화지로 갔다. 장안에 들어가니, 태종이 칙사를 보내 위로하여, 승광별원에 안치하고 총애하여 베푼 것이 자못 후하였다. 자장은 그 번잡함을 싫어하여 표를 올리고, 종남산 운제사의 동쪽 벼랑에 들어가 바위 사이에 짚으로 집을 짓고 3년을 거하였다. 사람

---

193) DB. 선덕여왕의 연호로 634-646년.
194) DB. 당 태종(太宗)의 연호로 정관 연간은 627-649년.
195) DB. 문수보살, 普賢菩薩과 함께 부처의 협시보살로 지혜를 맡고 있다. .
196) DB. "삼국유사" 탑상 황룡사구층석탑조(皇龍寺九層塔條)에는 사구게(四句偈)를 해석해 주는 내용이 안 나온다.
197) DB. 성별(聖莂)은 문수대성의 기별(記莂), 이는 성불할 수 있다는 예언을 말한다.
198) 고증에는 '장(藏)은 이미 성별(聖莂)을 받았다는 것을 알고…'
199) DB. 오대산에는 동대·서대·남대·북대·중대가 있는데, 그중 북대는 가장 높은 곳으로 해발 3,058m.

과 신(神)이 계를 받고 신령의 응함이 매양 많았는데, 말이 번거로워 싣지 않는다. (자장은) 다시 장안으로 가니 또한 칙명으로 위로하고 견(絹) 200필을 주어 의복과 비용으로 쓰게 하였다.

정관 17년(643) 계묘에, 신라 선덕왕이 표를 올려 돌아오기를 청하니, (당 태종은) 조서를 내려, 허락하고 불러 궁으로 들어오게 하고, 견 1령(領)과 각종 비단 500단(端)을 하사하였고, 동궁(東宮) 또한 200단을 주었으며 또한 예물도 많이 주었다. 자장은 신라에 경전과 불상이 아직 충분하지 않기 때문에, 대장경 1부 및 여러 번당[200]·화개[201] 등 복리[202]가 될 만한 것을 요청하여 모두 실었다.

[713]귀국하자 온 나라가 환영하였다. 왕은 분황사에 주석하도록 명하고, [a]당전에는 왕분사라 쓰여 있다. 급여와 시중을 넉넉하게 충당하게 하였다. 어느 여름 궁 안에 이르러 대승론을 강의하게 청하였고, 또한 황룡사에서 "보살계본"[203]을 일곱 낮, 일곱 밤을 강연하게 하였는데, 하늘에서 단비가 내리고 운무가 자욱하게 끼어 강의하는 법당을 덮어 사중(四衆)[204]이 그 신이함에 감복하였다.

조정에서 의논하여 "불교가 동쪽으로 점점 퍼진 것이 비록 오래되었으나,[205] 그 주지(住持) 수봉함에 규범이 없다. 무릇 통제하여 다스리지 않으면 바로잡을 수 없다."라고 하였다. 상계하니 칙서를 내려

---

200) DB. 불전을 장엄하게 꾸미는 깃발.

201) DB. 일산의 뚜껑.

202) 고증에는 '포교에 유익한 것'을 추가.

203) DB. "보살계본"은 "보살계본경"이라고도 하며, 출가자들의 생활을 규제하는 금계(禁戒)를 묶은 책.

204) DB. 4종류의 신도, 즉 출가자인 비구·비구니와, 재가자인 우파새·우파이.

205) 고증에는 원문에 충실하게 '동점(東漸)하고 나서 백천 년'.

자장을 대국통(大國統)[206]으로 삼고, 무릇 승니(僧尼)의 일체 법규를 승통(僧統)에게 모두 위임하여 주관하게 했다. [b]살펴보건대, 북제(北齊) 천보 (天保)[207] 연간에 나라에서 십통을 설치하였는데, 유사(有司)가 분명한 구별이 있어야 한다고 주청하여 이에 문선제는 법상법사[208]를 대통으로 삼고 나머지는 통통[209]으로 삼았다. 또한 양 (梁)·진(陳) 사이에 국통[210]·주통·국도·주도·승도·승정·도유내 등의 명칭이 있었고, 모두 소현조[211]에 속해 있었는데 소현조는 곧 승니를 다스리는 관명이다. 당초(唐初)에는 또한 10 대덕(大德)이 성하였다. 신라 진흥왕 11년 경오에 안장법사를 대서성으로 삼았는데 1인을 두었고, 또한 소서성 2인을 두었다. 다음해 신미년(551)에 고구려 혜량법사[212]를 국통으로 삼았는데 또한 사주(寺主)라고도 하였고, 보량법사(寶良法師)를 대도유나(大都維那)로 삼아 1인을 두었고 주통 (州統) 9인, 군통(郡統) 18인 등을 두었다. 자장 때에 이르러 다시 대국통 1인을 두니 대개 상설직 이 아니었다. 역시 부례랑을 대각간으로, 김유신을 태대각간으로 삼은 것과 같은 것이다. 후에 원 성대왕 원년(785)에 이르러서는 또 승관(僧官)을 설치하였는데 이름이 정법전으로 대사 1인, 사 (史) 2인을 관리로 삼았는데 승려 중에 재행(才行)이 있는 사람을 뽑아 삼았고 유고시에는 곧 교체 하였으며 연한은 정해져 있지 않았다. 그러므로 지금 자의의 무리는 또한 율종을 구별한 것이다.

향전에서 자장이 당에 들어가자 태종이 식건전에 이르러 맞이하고 "화엄경"[213]을 강의하기를 요 청하니 하늘에서 감로가 내려 비로소 국사로 삼았다고 운위하였는데 이것은 잘못이다. "당전"과

206) DB. 신라 때 승관 중 제일 높은 자리. 대각간이나 태대각간처럼 국통 위에 둔 비상설직이 었던 듯.
207) DB. 북조(北朝) 제(齊) 문선제(文宣帝)의 연호로 550-559년.
208) DB. 중국 남북조시대의 고승.
209) DB. 북제(北齊)의 승관제(僧官制)인 10통제에서 최고직인 대통 밑의 승직.
210) DB. 신라시대에 승려에게 주던 관직으로 승통(僧統)·사주(寺主)라고도 하였다.
211) DB. 중국 남북조시대 북조에 설치되었던 불교교단을 관할하는 관청.
212) DB. 혜량법사는 고구려의 승려로 거칠부를 따라 신라 불교 최초의 승통이 되었다.
213) DB. 원래는 '부처의 화엄(華嚴)이라고 이름하는 대방광(大方廣)의 경'으로 한역하여 대방 광불화엄경. 법화경과 함께 한국 불교사상 확립에 크게 영향을 끼친 경전.

"국사"에는 모두 그러한 문장이 없다.

　자장은 이 좋은 기회를 만나 과감히 나가서 불교를 널리 퍼뜨렸다. 승니 5부(部)로 하여금 각각 구학(舊學)을 늘리고, 반달마다 계(戒)를 설명하고, 겨울과 봄에 모두 시험하게 하여, 지계와 범계를 알게 하였으며, 관원을 두어 이를 유지하게 했다. 또한 순사(巡使)214)를 보내 외사(外寺)를 돌며 검사하고, 승려들의 잘못을 살피며 경전과 불상을 엄중하게 정비하여 규정형식을 만들었다. 한 시대의 불법을 보호함이, 이때에 가장 융성하였다. 공자가 위(衛)나라에서 노(魯)나라로 돌아가, 악(樂)을 바로잡아 아송215)이 각각 그 마땅한 바를 얻은 것과 같은 것이다.

　이때에 이르러 나라의 사람들이 계를 받고 부처를 받드는 것이, 열 집에 여덟아홉이었고, 머리를 깎고 출가하기를 청하는 것이, 시간이 지날수록 늘어났다. 이에 통도사를 창건하여 계단216)을 짓고서, 사방에서 오는 것을 받아들였다. ᴄ계단의 일은 이미 위에 나왔다. 또한 (자장이) 태어난 마을의 집을 고쳐 원녕사를 조영하고, 낙성회를 베풀어 "잡화경"217)의 만개의 게(偈)를 강연하니, 오십이녀의 현신이 감동하여 들었다. 문인(門人)으로 하여금 그 수만큼 나무를 심어서 그 기이함을 나타나게 하고, 인하여 지식수라고 불렀다.

　일찍이 나라의 복장(服章)이 중국과 같지 않으므로, 조정에 건의하

---

214) 고증에는 순회사(巡廻使).
215) DB. "詩經"의 雅와 頌을 말하는 것으로, 雅는 正樂인 궁중의 음악이며 頌은 조상의 공덕을 찬미하는 노래로서 종묘의 제사에 사용.
216) DB. 통도사는 불교 曹溪宗 제15교구 본사로, 자장에 의해 창건.
217) DB. "雜花經"은 "華嚴經"의 다른 이름. 萬行을 꽃에 비유하고, 이 萬行이 佛果로 장엄하게 나타난 것을 華嚴, 이 萬行이 서로 섞인 것을 雜花.

니 허락하여 좋다고 하였다. 이에 진덕왕 3년 기유에 중국의 의관을 입기 시작했다. 다음해 경술년(950)에 또한 정삭(正朔)을 받들어 처음으로 영휘 연호를 썼다. 이후 매번 조공할 때마다 반열이 상번에 있었는데, 자장의 공로이다.

714만년에 서울을 떠나, 강릉군^a지금의 명주이다.에 수다사를 창건하고 살았다. 다시 이상한 스님이 나오는 꿈을 꾸었는데, 북대(北臺)에서 본 모습이었다. 와서 말하기를 "내일 대송정에서 너를 볼 것이다."라고 하였다. 놀라서 깨어나 아침 일찍 송정에 가니, 과연 문수보살이 온 것에 감응하여[218] 법요(法要)를 물으니, 이에 말하기를 "다시 태백산 갈반지(葛蟠地)에서 만나자."라고 하고 마침내 사라져 나타나지 않았다. ^b송정은 지금 가시나무가 나지 않고 또한 매·새매 종류가 살지 않는다고 한다.

자장은 태백산에 가서 그를 찾았는데, 큰 구렁이가 나무 아래에 똬리를 틀고 있는 것을 보고 시종에게 일러 "이곳이 이른바 갈반지이다."라고 말하고, 이에 석남원^c지금의 정암사이다.을 창건하고서 문수대성이 내려올 것을 기다렸다. 어떤 늙은 거사(居士)가 남루한 방포[219]를 입고 칡으로 엮은 삼태기에 죽은 강아지를 담고 와서, 시종에게 "자장을 보려고 왔다."고 하였다. 문인이 말하기를 "스승님을 받들면서부터 아직 우리 스승님의 이름을 부르는 자는 보지 못했는데, 너는 어찌된 사람이길래 이렇게 미친 말을 하는가."라고 하니 거사가 "다만 너희 스승에게 고하기만 해라."라고 하였다. 마침내 들어가 고하니 자장은 그것을 깨닫지 못하고 말하였다. "아마 미친 자인가." 문인이 나

---

218) 고증에는 '문수보살이 감응하여 왔다.'
219) 가사(袈裟).

가서 그를 내쫓으니 거사가 "돌아간다. 돌아간다. 아상(我相)²²⁰⁾에 얽매인 자가 어찌 나를 볼 수 있겠는가."라고 말하고, 이에 삼태기를 뒤집어 터니 개가 사자보좌로 변하였고, 거기에 올라타고 빛을 발하며 사라졌다.

자장이 그것을 듣고 비로소 예법에 맞는 몸가짐을 갖추고, 빛을 찾아 남쪽 고개로 쫓아 올라갔으나, 이미 묘연하여 미치지 못하고 드디어 쓰러져서 죽었다. 유골을 다비하여 굴속에 안장하였다.²²¹⁾

무릇 자장이 세운 절과 탑이 10여 곳인데, 매양 하나를 일으켜 만들 때 반드시 기이한 상서가 있었다. 따라서 우바새들이 공양하는 것이, 저자거리를 가득 채우므로, 며칠 지나지 않아 완성되었다. 자장의 도구·포말과 태화지 용이 바친 목압침과 석존의 가사 등은 모두 통도사에 있다. 또한 헌양현ᵈ지금의 언양이다.에 압유사가 있는데, 목압침의 오리가 일찍이 이곳에서 놀면서 이상한 일을 나타냈으므로 그렇게 이름한 것이다.

또한 석원승이라는 사람도 있었는데, 자장보다 먼저 중국으로 유학하였다가 함께 고향으로 돌아와서 율부를 널리 펼치는 것을 도왔다고 한다.

⁷¹⁵찬하여 말한다.

일찍이 청량산으로 가서
꿈에서 깨어 돌아오니,
칠편삼취²²²⁾가 일시에 열렸다.

---

220) DB. 자기의 학문, 지위 등을 자랑하여 다른 사람을 몹시 업신여기는 태도.
221) DB. 자장이 문수보살을 만나지 못한 태백산에 의상이 浮石寺를 세우고(676), 신라에 화엄종을 전파("儀鳳元年 湘歸太伯山 奉朝旨創浮石寺").

승려와 속인의 옷을 부끄럽게 여겨,

동국(신라)의 의관을

상국(중국)의 것으로 만들었다.

주해 **710**○ 【慈藏】원광(圓光) 이후, 원효·의상보다 앞서 나타나, 선덕여왕시대
에 활약한 신라의 고승으로, 도선(道宣)으로부터 호법의 보살이라고 일
컬어졌다. 그는 사람들에게 대승계(大乘戒)를 전함과 함께, 불교교학에
도 정통하여, 원광에 이어 신라불교를 발전시켰는데, 그의 생몰년은 불명
(에다 도시오는 607-676년?이라고 추정)이다.

　자장의 전기에 대해서는 그와 같은 시대의 당의 도선(596-667)이 찬술
한 "속고승전"과 이곳 '유', '자장정률' 조를 기본으로 하는데, '유' 권제3·
탑상제4의 '황룡사장륙', '황룡사구층탑', '대산오만진신', '명주오대산보질
도태자전기', '태산월정사오류성중'이나 '유'보다도 백년 이전에 나온 원
(元)의 "육학승전"에도 보인다.

　또한 자장전(傳)의 개요를 간추리면,

　A 입당(入唐) 이전

　(가) 그 근거와 출생

　그는 왕족인 진골 김씨였는데, 불교와의 인연에 의해 상서롭게 탄생했
다. 그래서 어려서부터 영준(英俊)했다.

　(나) 출가. 불도 수업(修業)

　부모의 죽음을 계기로 처자와 이별하고 출가하여, 단독으로 산골 험준
한 곳에서 좌선하여, 백골관을 닦으며 게으르지 않았다. 마침 조정에

---

222) DB. 칠편삼취(七篇三聚)는 계(戒). 七篇은 戒를 波羅夷·僧殘·波逸提·波羅提舍尼·偸
　　蘭遮·突吉羅·惡說의 7부분으로 나눈 것, 三聚는 3種의 淨戒로 大乘菩薩의 戒法.

서는 재상이 비어, 명문출신인 그는 진평왕의 부름을 받았지만, 거절하고 수행의 길을 택하여, 깊은 산속으로 숨었다.

(다) 하산. 포교

꿈에 도리천(忉利天)에서 내려온 천인(天人)을 보다. 그 사명을 받고 하산하여, 민중에 포교를 했는데, 만족을 못 했다. 그래서 636년(정관 10년)에 선덕왕의 윤허를 받고 입당을 한다.

B 입당(入唐) 후

(가) 당에 있을 때

(1) 우선 신앙의 영장(靈場), 오대산에 들어가 문수(文殊)의 성스러운 사적을 찾았다.

(2) 이어서 장안에 들어가, 당태종으로부터 예우총애를 받았는데,

(3) 계학의 중심인 종남산 운제사로 가 수행했다.

(나) 귀국

본국 여왕의 청에 의해, 643년에 대장경을 비롯하여 불구, 불사리를 배에 싣고, 조정과 백성의 환영을 받으며 귀국했다.

C 귀국 후

(가) 강경(講經)

왕명에 의해 분황사에 살면서, 궁중에서 '섭대승론'을 강의하기도 하고, 황룡사에서 '보살계본'을 강의하기도 했다.

(나) 경률의 소석(疏釋)

사분율계마사기, 십송률목차기, 아미타경소 등 6부를 헤아린다(불서목록). 또한 "관행법"을 저술했다.

(다) 사탑의 건립

호국을 위해 황룡사의 구층탑을 세우고, 또 통도사를 비롯하여 십여 개의 절을 세웠다.

(라) 승려의 통제

대국통(大國統)이 되어 계율을 세우고 승려 풍기를 숙청(肅清)했다.

(마) 통도사에 계단을 짓고 사중(四衆)을 득도했다.

(바) 율종의 조(祖)

계율의 학문에 중점을 두었기 때문에, 조선율종의 조(祖)로 추앙받았다.

(사) 당제(唐制) 채용에 관해 건의

신라는 진덕왕 3년(649)에 중국의 의관을 받아들여, 다음 해에는 당의 정삭을 받들어 영휘 연호를 사용했다. 이 때문에 당 조정에서 신라의 반열(班列)은 상위에 놓였다. 이것은 그의 공적이 되었다.

또한 에다 도시오, '新羅の慈藏と五臺山'("朝鮮佛敎史の硏究" 수록). 가마다 시게오, "朝鮮佛敎史". '慈藏の括躍'("新羅佛敎史序說" 수록)도 참조.

○ 【定律】 이곳의 '정률(定律)'은 '자장이 승려의 규율을 정했다'는 것이다. 율(律)은 한마디로 말하면, 집단생활을 하는 승려의 생활규칙을 말하는데, 일반적으로 계율이라고 한다. 계(戒)는 자발적으로 규칙을 지키려는 마음의 움직임을 말하고, 율(律)이라는 것은 타율적인 규범을 의미하기 때문에, 계율은 인간완성을 향한 수행생활의 규칙, 일반적으로는 도덕적인 덕(德)을 실현하기 위한 수행상의 규범을 말한다. 앞서 말했듯이 자장은 사람들에게 대승계를 전했는데, 통도사를 창건하자, 이곳에 계단을 짓고 많은 사람을 득도하게 했다. 또 대국통으로서 승니(僧尼)를 다스렸는데, 이것에 대해서는 뒤에서 말하겠다.

711○ 【大德】 덕이 있는 자라는 의미로, 장로(長老)·부처·보살·고승에 대한 존칭이 되었다. 자장은 도선으로부터 ("속고승전"에서) '호법의 보살'로 일컬어졌다.

○ 【辰韓】 신라는, 소위 진한 12국 가운데의 사려국(斯盧國)을 중심으로 통합·발전했기 때문에 신라시대가 되어도 신라라고 하지 않고 옛 명칭을 사용했던 것이다. 미사여구이다.

○ 【眞骨】 '나기'(권5) 진덕왕 조의 말미에 '國人謂, 自始祖赫居世至眞德二十八王. 謂之聖骨. 自武烈至末王. 謂之眞骨. 唐令狐澄新羅記曰. 其國族謂之第一骨. 餘貴族第二骨.'이라고 보인다.

신라에서는 중앙집권적인 귀족국가가 형성되는 과정에서 골품제도가 확립되었다. 이것은 혈통의 존비(尊卑)를 기준으로, 정치적인 지위에서 일상생활에 이르기까지, 여러 특권과 제약이 있었다. 골품에는 성골과 진골의 두 가지 골(骨)과 육두품(得難)에서 일두품까지 여섯 가지 두품이 있었다. 성골은 김씨 왕조 가운데에서도, 왕이 되는 자격을 가진 최고의 골품이었는데, 나중에 없어졌다. 진골도 왕족이지만 왕이 될 자격이 없었기 때문에 성골이 없어진 뒤에 왕위에 오르게 되었다. 또 일찍부터 왕족이며 당시 왕비족이기도 한 박씨, 금관국(金官國)의 왕실인 신김씨도 진골에 들어가게 되었다. 나아가 같은 왕족이면서 성골과 진골로 나누어진 이유는, 정확하게는 불명하지만, 모계(母系)에 의한 것으로 보인다. [참고] 이기백 저·개정신판 "韓國史新論"(다게다 유기오 외 역, 학생사, 1979년) 및 미시나 아키히데, '新羅骨品制社會'("古代史講座"7, 1963년) 등.

○ 【蘇判】 잡찬·잡판·잡간·제한지 등으로도 적는데, 신라의 관위 17등 가운데에 3등으로, 왕족인 진골 신분이 아니면 오를 수 없었다. 김사엽은 '성(城)의 장관'이라는 뜻인 čas-han의 음을 옮긴 čap-han이라고 한다.

○ 【茂林】 "속고승전"(자장전)에는 '藏父名武林'이라고 있다. '유'는 고려 혜종의 휘인 무(武)를 피해, 무(武)를 호(虎), 무(茂), 무(㊀) 등으로 적고 있다. 그래서 이 무림(茂林)은 원래 무림(武林)이었던 것이다.

○ 【歷官清要】 청요(清要)는 봉급에 관계없이, 한직이기는 하지만 중요한 격식의 높은 관을 말한다. 자장의 아버지인 김무림은, 국가의 요직을 역임했다고 하지만, 그 이름은 '사'에는 보이지 않는다. '유'에서도 이곳에만 보인다.

○ 【三寶】 불(佛)·법(法)·승(僧)을 말한다. 이곳의 '마음을 삼보에게 귀의하고'라는 것은 깊이 불교를 믿었다는 것이다.

○ 【法海津梁】 이 법해는 법계(法界)라고 생각한다. 해(海)와 계(界)가 같은 음이라는 것으로부터 법계를 법해라고 적은 것일까 한다. 그래서 법계의 진량(津梁)이라는 것은 부처 길로의 징검다리 즉 승려를 의미하는 것일까.

○ 【夢星墜人懷】 해몽 점술의 하나로 이러한 '별이 떨어져서 여성의 품속으로 들어가는 꿈을 꾸었다.'라는 것은 귀자(貴子)가 출생할 길조를 나타내는 설화이다. 즉 자장은 이러한 길조와 함께 태어났다는 것이다.

○ 【與釋尊同日】 자장이 태어난 날이 소위 석가탄신일 4월 8일이었다.

○ 【善宗郞】 이 이름으로 보아 자장은 어렸을 때는 화랑대원이었던 것으로 보인다.

○ 【捨田園爲旡(元)寧寺】 신라의 귀인이 자기 집을 희사하여 절로 한 것에 관한 사료는 적기 때문에 이것은 귀중하다.

○ 【旡(元)寧寺】 '정덕간본'의 '유'에는 항녕사라고 있는데, '사' 등에 의해 원령사라고 고쳐야 할 것이다.

○ 【臺輔】 대(臺)는 대각(臺閣)을 말한다. 보(輔)는 재보 혹은 보정. 그래서 대보[223]는 재상을 말하는 것일까.

○ 【五戒】 불살생, 불투도, 불사음, 불망어, 불음주의 다섯 가지 속세 신자가 가져야 할 계(戒, 습관)를 말한다.

712○ 【藏】 자장을 말한다. 이하 같다.

712, 712a○ 【仁平三年丙申歲云云】【卽貞觀十年也】 이해는 신라 선덕왕 5년, 당태종 정관 10년이며, 또 서기 636년이다. 그래서 인평은 선덕왕대의 원호이며, 선덕왕 3년이 인평 원년이다. 정관은 당태종대의 원호. '나기'(권5) 선덕왕 5년 조에는 '慈藏法師入唐求法'이라고 있다. 그러나 "속고승전"(자장전)에는 정관 12년에 입당했다고 적고 있다. 즉 '以貞觀十二年. 將領門人僧實等十餘人. 東辭至京.'이라고 보인다.

712○ 【門人僧實】 승실(僧實)이라는 것은 이곳에만 보인다. 미상.

○ 【淸涼山】 중국 산서성 태원부 오대현의 동북에 있는 오대산을 말한다. 이곳에는 동, 서, 남, 북, 중의 5봉(峯)이 솟아 있고, 산정상에는 나무가 적어 누상의 대(臺) 같은 곳이기 때문에 이러한 이름이 생겼다. 서늘하여

---

223) 옛 중국에서 천자를 보좌하던 삼공(三公)을 일컫는 말.

여름에도 더위를 느끼지 못할 정도로, 별도로 청량산이라고도 일컬어진 것이다.

동진(東晉) 때, 불타발타라에 의해 번역된 "대방광불화엄경"의 보살주 처품 제27에, '東北方有菩薩住處. 名清涼山. 過去諸菩薩. 常於中住. 彼現 有菩薩. 名文殊師利. 有一萬菩薩眷屬. 常爲說法.'에 바탕을 두어, 오대산을 화엄의 청량산에 빗대고 양자를 일치시켜, 오대산을 문수지주의 영장 (靈場)으로 보는 신앙이 차츰 성해져, 북위(北魏)의 효문제(471-499)가, 이 산에 대부사, 불광사 등을 사탑을 건립했다. 특히 수말에서 당초에 걸쳐 화엄불교가 선해짐에 따라, 문수에 기인한 각종의 영험담이 널리 세상에 선전되어, 오대산을 참배하려는 순례는 중국 각지뿐만 아니라, 널리 인도, 서역, 만주, 몽고, 조선, 일본에서도 모이는 풍조를 이루었다. [참고] 에다 도시오, '新羅の慈藏と五臺山'("朝鮮佛敎史の硏究" 수록).

○【曼殊大聖】 만수(曼殊)는 문수(文殊)를 말한다. 문수는 문수사리 (Mañjuśri의 음 전사)의 약어. 문수대성은 문수보살을 말한다.

○【塑相】 소상(塑像). 상(相)과 상(像)이 같은 음이니까 소상(塑相)이라고 한 것일까.

○【帝釋天】 원래는 인도신이었는데, 범천(梵天)과 함께 불교에 받아들이게 되었다. 도리천(忉利天)의 주인으로 수미산 산정상의 희견성(喜見城)에 살며, 아수라와 싸워 굴복시키고 천하에 사신을 보내 만민의 선행을 기뻐 하고, 악행을 응징하는 위덕이 있는 신이다.

712b○【已出皇龍塔篇】 자장이 중국의 오태산에서 문수를 감응했다는 것은 '유' 권제3 · 탑상제4 '황룡사구층탑' 조에 보인다.

712c○【藏公初匿之. 故唐信傳不載】 장공(藏公)은 자장을 말한다. 당승전은 "당고승전" 즉 "속고승전"을 말한다. "속고승전"에는 분명히 자장이 오대산을 참예(參詣)했다는 것을 적지 않고 있다. 그러나 자장의 오대산 입산은 부정할 수 없다. 그가 당에 있던 7년간 가운데, 종남산에 있던 3년을 제외한 나머지 어느 기간은 이 산에서 지냈던 것으로 보인다. 그것은

이 산이 단순한 영장에 머물지 않고, 화엄이나 천태(天臺)의 학승도 살면서, 중국북방의 불교중심을 이루고 있었기 때문이다. [참고] 에다 도시오(江田俊雄)의 전게서.

712○ 【聖莂】 별(莂)은 기별(記莂). vyākarana 기별(記別)은 기별(記莂)이라고도 적었다. 그리고 기(記)는 미래를 예언하는 것. 그래서 성별은 부처가 자장에게 내세에 관한 예언(聖莂)을 받았다는 것을 보이는 것이다.

○ 【北臺】 앞서 말한 것과 같이 오대산은 다섯 개의 봉우리로 되어 있는데, 북쪽에 있는 북대(北臺)가 최고(最高)로 그 표고는 3,040m이다.

○ 【大(太)和池】 오대산 북대를 내려와 장안으로 향하는 도중에 있는 것 같다.

○ 【太宗】 당의 제2대 황제 태종(이세민)(재위, 627-647년)을 말한다.

○ 【終南雲際寺】 종남산 운제사를 말한다. 종남산은 중국 섬서성 서안시의 남쪽 50화리(華里)에 있어, 남산이라고도 한다. 도선(596-667)·선도·종밀 등은 모두 이 산에 은둔했다.

○ 【貞觀十七年癸卯. 本國善德王上表乞還】 정관 17년 계묘(643)은, 선덕왕 12년. '나기'(권5) 선덕왕 12년 조에는 '三月, 入唐求法高僧慈藏還.'이라고 있다.

○ 【絹一領】 견(絹)은 "속고승전"에는 납(納)이라고 되어 있다. 그다음의 일령(一領)이라는 것과 합쳐 생각하면, 노무라 요쇼가 말하는 납의(衲衣)(납(衲)과 납(納)은 같은 음)이라고 해야 할까.

○ 【藏經】 대장경. '유' 권제3·탑상제4 '전후소장사리' 조, 주해 603, 604, 605를 참조.

713○ 【芬皇寺】 자장은 칙(勅)에 의해 분황사에서 살았다. 분황사에 대해서는 '유' 권제3·흥법제3 '아도기라' 조 및 주해 483e를 참조.

713a○ 【唐傳作王芬】 당전은 "당고승전" 즉 "속고승전"을 말한다. 분명히 왕분(王芬)이라고 하고 있다.

713○ 【大乘論】 대승(大乘)은 범어 māhayāna의 역(譯). 마하연나(摩訶衍

那), 마하연(摩訶衍)이라고 음사하며, 상연(上衍), 상승(上乘)이라고도 한다.

① 아함경(阿含經)에서는, 부처의 가르침을 존중하여 대승이라고 한다. ② 대승·소승이라는 말은 붇다(佛陀)가 죽은 후, 그 언행의 전승을 중심으로(원시불교) 했으므로, 그 주석적 연구의 불교(부파불교)가 전개됨과 동시에, 보살도를 설법하는 불교(대승불교)가 발달하여, 후자(後者)의 교도가 스스로 신봉하는 가르침이 훨씬 우월하다고 하여 대승(大乘)이라고 부르고, 전자(前者)를 낮추어 소승이라고 이름을 붙인 데에서 시작된다. ③ 소승은 자기 해탈만을 목적으로 하는 자조자도(조(調)는 번뇌를 눌러 이기는 것, 도(度)는 깨달음에 이르는 것)의 성문연각의 길이고, 대승은 열반에 적극적인 의의를 인정하여, 자리, 이타의 양면을 채우는 보살의 도(道)라고 한다. ④ 소승에는 아함경, 사분율, 오부율 등의 율(律), 파사론, 육족론, 발지론, 구사론, 성실론 등의 논(論)이 있으며, 대승에는 반야경(般若經), 법화경, 화엄경 등의 경(經)이나 중론, 섭대승론 등의 논(論)이 있다. [참고] "總合佛敎大辭典·下" 法藏館.

○ 【菩薩戒本】 ① 계본(戒本)을 말한다. Prātimokṣa의 한역. 원어는 바라제목차(婆羅提木叉)라고 음사(音寫)하며, 별해탈계(別解脫戒)라고도 한역된다. 승니에 대하여 어떤 행위를 금지한 조문만을 정리한 것. 출가교단에 있어서 출가자의 생활을 규제하는 금계(禁戒)의 각종 집록이며, 개별 기록의 금지조례를 모은 문헌을 말한다.

② 대승계에서는 십중사십팔경계(十重四十八輕戒)의 조문을 말하는 "범망교(梵網敎)"(하권)를 '보살계본(菩薩戒本)'이라고 한다.

○ 【甘澍】 감주(甘澍)는 비가 잘 내려 만물을 윤택하게 하는 것을 말한다. 그러나 "속고승전"에는 감로(甘露)라고 되어 있다. 그래서 감로라고 고쳐야 할 것이다.

○ 【四衆】 4종류 신도라는 뜻. ① 비구(比丘), ② 비구니, ③ 우파새, ④ 우파이의 4종. 즉 불교교단 가운데 출가중(衆)과 재가중(衆).

○ 【軏(軓)儀】 월의(軏儀)로는 의미가 통하지 않으므로, 월(軏)은 궤(軓)로 고쳐야 할 것이다. 그래서 궤의(軓儀)는 규칙이나 법칙을 말하는 것이 될 것이다.

○ 【大國統】 자장은 칙령에 의해 대국통에 임명되었는데, 이것은 신라 최고의 승관, 국통 위에 놓인 비상한 자리였다. 이것은 마치 최고 관위인 각간(이벌찬) 위에 대각간, 더 나아가 대각간 위에 태대각간이 놓인 것과 같은 것이다. 또 대국통의 직무는 본문에 있듯이, '무릇 일체 승니의 규율은 모두 승통에게 일임하고 이것을 관장한다.'라는 것이었다.

713b○ 【北齋天寶[224]中. 國置十統,[225] 有司卷冝甄異之, 於是宣帝以法上法師爲大統. 餘爲通統】

○ 【北齊】 중국 남북조시대에서 북조인 북제(北齊)(550-577)는 고제라고도 한다. 550년에 북조(北朝) 동위(東魏)의 실력자, 고양이 효정 황제에게 황제자리를 양보하게 하여 자리에 올라, 나라를 제(齊)라고 부르고, 동위(東魏)와 같이 업(鄴)(하북성 자현)을 도읍으로 했다. 이 고씨는 원래 선비족이라고 생각되는 씨족으로, 북족 출신자의 무력을 배경으로 하여 정권을 획득했던 것이다. 이 고씨의 북제도 577년에 북주(北周)에게 병합되어 오주(五主), 27년으로 망했다. [참고] "북제서" 본기(本紀), 그 외.

○ 【天寶(保)】 이 천보(天寶)는 고양 즉 문선 황제조의 원호(550-558). 그러나 "속고승전"(권8) 법상전, 정사(正史)인 "북제서"에는 천보(天保)라고 기록되어 있다. 천보(天寶)라고 한 것은 보(保)와 보(寶)의 음이 가까운 것에 의한 것일까.

○ 【有司卷】 권(卷)은 주(奏)의 잘못. "속고승전"(권8) 법상전을 참조.

○ 【宣帝】 동위(東魏)의 재상으로, 사실상 최고권력자인 고환이 547년에 죽고, 그 아들 고징이 뒤를 이었는데, 49년에 살해당했다. 그래서 징(澄)의

---

224) DB. "북제서(北齊書)"에는 문선제(文宣帝)의 연호가 天保. 고증에는 天寶(保).
225) DB. 按北齋天寶中國置十統으로 나타냈다. 이하 구절(句節)의 상이(相異) 언급은 생략.

동생인 양(洋)이 이를 대신하여 권력을 쥐고, 이윽고 황제 자리에 올랐다. 이 고양이 북제 초대 현조 문조 황제이며, 또 일반적으로 문선제라고한다. 이곳의 본문 주기의 선제(宣帝)는 문선제를 말하는 것이다. 문선제는 남방 양무제(梁武帝)에 대응하여 크게 불교 융흥에 힘을 다하고, 천하의 도살을 금지하고, 칙(勅)을 내려 각 주(州)마다 선원을 건립하게 하고, 법상·승조·법상 등에게 불교를 배우며 그들을 국사로 했다. 소현대통 법상이 입제(入弟)할 때에는 황제 스스로 땅에 머리를 깔고 맞이할 정도였다. 또 국저226)를 셋으로 나누어 하나를 삼보로 할 정도였기 때문에, 당시의 사원 4만, 승니 300만이라고 할 정도였다. "속고승전" 저자 도선으로 하여금, '불화동류하여 이곳에 꽃을 피우다.'라고 감탄하게 했다. 이렇게 불교에 귀의하고, 불교의 중흥에 힘을 쏟았으나, 나중에 포악해졌다. 그것은 생략하는데, 그가 주조한 전화(常平五銖)는 정교했다.

○ 【法上法師】 남북조시대에 특히 유명한 고승으로서 들 수 있는 것은, 담란, 혜광, 법상, 영유 들이었다. 법상(495-580)(劉氏)은 혜광 제1의 제자로, 동위북제 2대 약 40년간에 걸쳐 대통이 되어, 교계에 군림, 승도 300만을 이끌어, 그 위세를 떨쳤다고 한다. 북제 문선제 경우는 그를 계사로서 존경하는 것이 두터웠다는 것은 이미 말한 대로이다.

또 양의 무제가 도교를 금지할 때에, 도사 육수정 등 대부분은 도망쳐 북제로 들어가, 문선제에게 주상하여 도교의 부흥을 도모했다. 이때에 대통 법상은, 담현 및 승조로 하여금 대론(對論)으로, 혹은 방술로 어느 것으로든 이를 타파하여, 마침내 문선제로 하여금, 폐(廢)도교의 조서를 내리게 할 정도에 이르렀다.

그는 열반(涅槃), 능가(楞伽) 등의 학자로서 유명하며, "불성론", "대승의장" 그 외 여러 경론의 소(疏)227)가 있다. 또 북주(北周) 무제의 불교

---

226) 황태자.
227) 경전이나 논서(論書)의 글귀를 풀이하여 적어 놓은 글.

탄압 때에도 그 절, 합수사만은 파괴를 면했다고 한다. 나아가 법상의 제자에게는 유명한 장안 정영사의 혜원(528-592)이 있다. [참고] 道端良秀, "槪說支那佛教史"(法藏館). "속고승전"(권제8) 齊大統合水寺釋法上傳六.

○【國置十統. …以法上法師爲大統. 餘爲通統】"속고승전"(권8) '법상전'에는, 初天保之中. 國置十統. 有司聞奏, 事須甄異. 文宣乃手注狀云. 上法師. 可爲大統. 餘爲通統.이라고 있으며, "수서"(권27) '백관지'의 북제의 제도를 기록한 가운데에는 昭玄寺. 掌諸佛敎. 置大統一人. 統一人. 都維那三人. 亦置功曹主簿員. 以管諸州郡縣沙門曹.라고 되어 있다. 전자의 '십통'에 대하여 후자의 '통일인'은 의문을 가진다. 혹은 '통일십인'의 잘못일까.

○【梁陳之間】중국남조의 양(梁)(502-557년), 진(陳)(557-589)의 시대. 북조에서는 이때는 북위의 거의 후반기, 동위(東魏), 서위(西魏), 북제(北齊), 북주(北周), 수초(隋初)에 해당한다.

중국에서 불교계를 통제하는 승관의 설치는, 이미 동진(東晉)시대에 있었는데, 남북조시대에 들어가 남북 모두 완비하기에 이르렀다. 북조에서는 대무제의 폐불(廢佛)(446년 이후), 사현이 우선 도인통이 되었고, 승현, 담요 등이 이를 이었고, 나중에 혜광, 법상, 영유 등의 사문(沙門)대통, 혹은 사문통 등에 임명된 것은 유명하다. 이와 같은 승관은 처음에는 홍려사에 속했는데, 나중에 감복조가 되었고, 북위 담요 때에는 이것을 고쳐 소현사, 나중에 또 숭현서, 동문사가 되었다. 보통 북조에서는 소현사에서, 사문통을 소현사문통, 혹은 소현사문도통등으로 불렀다. 그리고 이 소현사에는 대통 1인, 도유나 3인의 정부(正副)의 승관이 있었고, 그 아래에 공조, 주부원을 두어 천하의 여러 주군현의 사문조를 다스리게 했다. 또 지방 주현(州縣)에는 각각 주통, 군통, 현통, 혹은 주도 이하 도유나 등의 관직이 설치되어, 각 소재의 승려들을 통섭(統攝)했다. 순서는 통(統), 도(都), 유나(維那)이었다. 북제에서는 소현십통이 설치되어, 법상이 대통으로 임명된 것은 위에서 말한 대로이다.

남조의 승관은 북조와 달리, 승정, 열중, 도유나, 승주 법주 등의 이름으로 나타나 있다. 남송 초에 지빈은 승정, 승근은 천하승정, 혜거는 경읍 도유나가 되었고, 도온은 도읍 승주가 되었다. 승정의 아래에 도유나 혹은 열중이 있어, 이를 도왔다. 이들은 중앙에 천하승정, 도유나가 있어 전국을 통제하고, 이 아래에 도읍승정, 도읍도유나를 비롯해, 각 지방에 각지의 승정 및 유나가 설치되어 승계를 다스렸다.

○ 【昭玄曹】 "위서(魏書)" 석노지(釋老志)의 북위 효문제시대 불교에 대하여 적은 곳에,

先是, 立監福曹豊. 又改爲昭玄. 備有官屬, 以斷僧務.

라고 있다. 이 글은 '이보다 앞서 감복조를 두고, 또다시 소현조를 두었다. 자세하게 관속(官屬)을 두어 불교교단에 관한 사무를 처단했다.'라는 것이다("塚本善隆著作集" 제1권·魏書釋老志の研究).

감복조("책부원구"에는 건복조라고 보인다)는, 불교교단을 통제감독하는 관청으로, 긍려인 도인통(나중에 사문통)을 장관으로 하고, 조정의 불교적 복선의 사업, 즉 조사, 조상, 법회, 도승 등을 중흥하는 것을 관장하는 관청의 의미에서 이름이 지어진 것인데, 중국적 아명(雅名)을 좋아하는 효문제에 의해 소현조라고 개칭되었다. 중앙의 소현조 장관은 사문대통, 차관은 도유나라고 했다. 이 승려를 장관으로 하는 소현조의 조직은, 수(隋)까지 북조에 계승되었다. 북제에서는 이 소현조가 확대된 것인데, 이것은 불교의 성행(盛行)에 따라 문제도 많이 축적된 것에 바탕을 두는 것이다.

○ 【唐初又有十大德之盛】 당에 대해서는 그 승관은 수의 제도를 답습하지 않고, 당 초기의 고조 무덕 연간 초에 십대덕을 두어 승니를 통섭했다. 이 십대덕은 승관이다. 이것이 당 중기에는 승록(僧錄) 제도가 설치되었다.

○ 【新羅眞興王十一年庚午. 云云】 진흥왕십일년경오(眞興王十一年庚午)는 서기 550년(북제 문선제 원년)에 해당한다. 이것을 잇는 '유'의 글은 '나기'(권제4) 진흥왕 11년 조에는 보이지 않는다. 이것은 같은 '사'(권40)의

직관지(하)에,

　　國統一人(一云寺主). 眞興王十二年. 高句麗惠亮法師爲寺主. 都唯那娘
　　一人. 阿尼大都唯那一人. 眞興王始以寶良法師爲之. 眞德王元年. 加一人.
　　大書省一人. 眞興王以安藏法師爲之. 眞德王元年加一人. 少書省二人. 元
　　聖王三年以惠英, 梵如二法師爲之. 國統九人. 郡統十八人.

이라고 있기 때문에, 다음해 진흥왕 12년의 일이라고 해야 하는데, 혹은
다른 사료(史料)에 의한 것일까.

○ 【安藏(臧)法師】 진흥왕대에 대서성(大書省)에 임명된 것은 위 '사' 직관
　지(하)에 보이는 대로이다.

○ 【明年辛未】 진흥왕 12년(551).

○ 【以高麗惠亮 云云】 진흥왕 12년(551)은 개국 원년인데, 거칠부(居柒夫)
　등 8장군이 이끄는 신라군은, 백제군(백제왕은 일본에 불교를 전한 성왕
　(聖王))과 연합하여, 고구려를 공격하고, 신라는 죽령이북 고현 이내에
　10군의 땅을 얻었다. 이때 장군 거칠부는 일찍이 은사 혜량법사를 모시
　고 와, 왕에게 면회를 시켰다. 거칠부는 일찍이 고구려에 잠입하여 혜량
　의 설교를 청강했다. 혜량은 거칠부의 비범한 재능을 알고, 다른 날 장군
　이 될 것을 예언했다.

　　혜량이 고구려에서 신라로 온 것은, 드디어 다가올 고구려의 운명을 알
　고 망명한 것이다. 그래서 진흥왕은 혜량을 국통으로 하고, 나아가 불교
　행사로서 중요한 백좌강회와 팔관회를 시작한 것이다('사'(권44) 열전4 ·
　거칠부 조).

　　다음으로 원광법사가 세속오계를 말한 것은, 이미 '원광서학' 조에서
　본 대로이다. 이것은 혜량법사가 강조한 '8조의 계'에 바탕을 둔 것이다.
　조명기 풀이('한일고대문화의　유동성', "中吉先生喜壽記念朝鮮の古文化論
　讚")를 아래 열거하면,

　　① 살아 있는 것을 죽이지 말라.

　　② 남의 것을 훔치지 말라.

③ 거짓말을 하지 말라.

④ 술을 마시지 말라.

⑤ 음란한 짓을 하지 말라.

⑥ 높고 너른 상(床)에 앉지 말라.

⑦ 화려한 옷을 입지 말라.

⑧ 혼자 보고, 듣는 것을 즐기지 말라.

○ 【國統】 앞서 '사' 직관지(하)에 있듯이, 진흥왕 12년에 혜량이 최고 승관인 국통(寺主)에 임명되었다.

○ 【寶良法師爲大都維那, 一人】 앞서 '사' 직관지(하)에 있는 대로이다.

○ 【州統九人, 郡統十八人】 신라에서는 지방에도 승관을 두었는데, 주(州)에는 주통, 군에는 군통을 두었다는 것을 알 수 있지만, 이것이 언제 놓였는지는 미상. '사'의 직관지(하)에도 '州統九人・郡統十八人'이라고 한 것은 앞서 본 대로이다. 신라에 있어서 구주(九州)가 갖추어진 것은 통일 후의 신문왕대였다. 그래서 주통구인은, 각 주에 한 명씩 놓인 것을 알 수 있다. 또 군통18인이라는 것은 아마 각 주에 2명씩 군통이 놓여졌던 것으로 보인다. 이 사료는 반도통일[228] 후의 것으로 보인다. 그래서 군통은 각 군에 놓인 것은 아니다.

○ 【夫禮郞爲大角干】 부례랑(夫禮郞)은 효소왕대에 국선(화랑)이 되었다. 또 부례랑이 대각간이 된 것은 '유' 권제3・탑상제4 '백률사' 조를 참조.

○ 【金庾(庾)信】 신라의 반도통일의 대공로자였던 김유신에 관한 것은 '유'의 도처에 보이는데, 특히 권제1 '김유신' 조, 및 주해 227, 나아가 권제1 '대종춘추공' 권제2 '가락국기' 조 및 주해 223의 도표, 주해 444, '사'(권41・42・43) 김유신전(상・중・하)을 참조.

○ 【大角干】 【大(太)大角干】 '사'(권38) '직관지 상'에는 '大角干(或云大舒發翰) 太宗王七年, 滅百濟論功, 授大將軍金庾信大角干, 於前十七位之上加

---

228) 삼국통일. 원저서대로.

之. 非常位也.'라고 있다. 처음 대각간을 받은 것은 김유신이었다. 이어서 김인문이 받았기 때문에, 장춘랑이 처음은 아니다. 다음으로 태대각간에 대해서는 '太大角干(或云太大舒發翰) 文武王八年, 滅高句麗, 授留守金庾信以太大角干, 賞元謀也. 於前十七位及大角干之上加位, 以示殊尤之禮.'라고 있다.

○【至元聖大王元年. 又置僧官名. 攻(政)法典 … 爲司. 棟僧中有才行者, 衆之. 有故卽替. 無定年限】원성대왕 원년은 서기 785년, '사', '직관지 하'에는 '政官(或云政法典) 始以大舍一人・史二人爲司. 至元聖王元年, 初置僧官. 簡僧中有才行者充之. 有故則遞. 無定年限.'이라고 있다. 그리고 정법전(政法典)은 절이나 승려를 통제하는 민간 관리이다.

또한 '사', '직관지 상'에 예부 소속관인 대도서에 대해서, '大道署(或云寺典 或云內道監). 屬禮部. 大正一人. 眞平王四六年(六二四)置. 景德王改爲正. 後復稱大正. 位自級湌至阿湌爲之. (一云大正. 下有大舍二人.) 主書二人. 景德王改爲主事. 位自舍知至奈麻爲之. 史八人.'이라고 있다. 즉 대도서는 사전, 내도감이라고도 하여, 궁궐 소속의 사원을 관장하기 위하여 예부에 속해 있었다. 그리고 대정(大正) 아래에 대사(혹은 주서)가 2인, 사(史)가 8인 있었는데, 이것은 민간인 관직이었고, 귀족 집단이 왕권과 승니의 지나친 결합을 견제하기 위하여 설치된 관직으로도 보인다.

다음으로 진흥왕대에 설치된 국통 이하의 승관은 명예적인 면도 강했는데, 진덕왕대 이후의 승관은 실질적으로 통제기관화되어 갔다. 그래서 승관이 정관(政官)의 이름으로 불리게 되었다. 신라의 불교통제기관, 승관에 대해서는, 나카이 신코 '新羅における佛教統制機關について―特にその初期に關して'("朝鮮學報" 第五九輯) 및 가마다 시게오(鎌田茂雄) '新羅の佛教統制'("朝鮮佛教史" 수록)를 참조.

○【大舍】신라의 관위17등 가운데 제12위의 관위를 말하는데, 이곳의 대사(大舍)는 중앙관청의 장관・차관을 잇는 제3등의 관직으로, 오직 행정사무를 담당했다. 관청에 따라서는 어느 시기에 낭중・주부・관관・녹

사·주사 등으로 불렀다. 그리고 대사가 받은 관위는 사(제13등)에서 나마(11등), 때로는 대나마(제10등) 사이였다.

○【史】관청의 말단에 위치하는 관직으로, 오로지 기록을 담당했다. 수여받은 관직은 선저지(先沮知)(造位)(제17등)에서 대사(大舍)(제12등) 사이였다.

○【棟(揀)僧中有才行者, 衆(兼)之】동(棟)은 간(揀)의 잘못으로 보인다. 앞서 인용한 '사', '직관지'와 같은 문장 가운데에는, 동(棟)에 해당하는 문자는 간(簡)[229]이었다. 또 중(衆)은 이마니시 류의 말(昭和 49년 3월, 國書刊行會復刊第三版 "朝鮮史學會編·三國遺事")과 같이 겸(兼)으로 해야 할 것이다.

○【太宗迎 … 開爲國師】태종(太宗)은 당 태종(이세민). 이곳에 있는 글은 "속고승전"에는 보이지 않는다.

○【唐傳】"속고승전" 즉 "당고승전"을 말한다.

○【國史】'사'를 말한다.

713○【僧尼五部】출가(出家)의 오중(五衆)을 말하는가. 즉 비구·비구니·식차마야(式叉麻耶)·사미(沙彌)·사미니(沙彌尼)를 말한다.

○【半月】보름마다 동일 지역의 승려가 모여, 자기반성을 하고 죄를 고백, 참회하는 모임으로, 매월 15일, 30일(보름날과 초하루)에 행한다. 출가 승려는 한곳의 불당에서 만나 계율을 읽고 죄를 참회하고, 속세 신자는 팔계를 지키는 설법을 듣고 승려에게 음식을 공양한다.

○【惣試】오중(五衆)에게 가르침을 주며 15일 동안 계(戒)를 설법하고, 봄 겨울에 총 시험을 행하여 그 성과를 검토하는 일이다.

○【夫子】중국 춘추시대의 사상가, 공자(기원전 551-479)를 말한다. 공자는 이름은 구(丘), 자(字)는 중니(仲尼)로 노국(魯國) 사람. 유학의 개조로, 또는 성인으로서 추앙받고 있다.

---

229) 고증에는 뒤에 'えらぶ', 즉 '고르다'를 덧붙였다.

○ 【衛】 중국고대의 주 왕조 초기에, 무강록부의 난을 평정한 주공(周公)은, 성왕의 명을 받고 동생 강숙을 위(衛)의 임금으로 하고, 은(殷)의 옛 수도 조가(河南省湯陰縣)에 봉(封)하여, 은의 백성을 통합시켰다. 나중에 주(周)의 유왕이 견융에게 살해당하고 서주가 망했을 때(기원전 771년)에, 위(衛)의 제11대 무공(武公)은 군사를 이끌고 견융을 평정하여 무공(武功)을 세웠다. 이때가 이 나라의 최전성기로, 춘추시대에 들어가자 계승을 둘러싸고 내란이 일어나고, 또 주변의 강국으로부터의 압박이나, 적(狄)의 침입을 받아 도읍을 세 번이나 옮겼다. 그리고 기원전 660년에는 적(狄)의 침입을 받아 멸망했다. 위(衛)의 땅은 일찍부터 상공업이나 문화가 발달한 중원으로, 위의 음악은 정(鄭)의 음악과 더불어 신성(新聲)이라고 일컬어지며, 음란한 가곡이 유행했다고 한다.

그 후 유민에 의해 위국 부흥을 도모하여, 기원전 658년에는, 제(齊)의 환공의 지원으로 초구(하남성 활현의 동쪽)에 성을 쌓고 그곳으로 옮길 수 있었지만, 국세를 떨치지 못하고, 전국시대에는 겨우 복양(산동성 옛 복양현)을 소유했을 뿐이었고, 기원전 209년에 진(秦)에게 멸망당했다.

○ 【魯】 주(周) 무왕의 동생으로, 주 건국의 대공로자였던 주공(周公) 단(旦)을 시조로 했다. 무왕은 은을 멸망시킨 후, 일족이나 공신을 각지에 봉건했는데, 주공은 곡부에 책봉되어 노공(魯公)이라고 부르게 되었지만, 주공은 도읍에 머물며 무왕을 도왔고, 이어서 성왕(成王)도 보좌했기 때문에, 대신에 맏아들 백금(伯禽)이 노(魯)에 부임했다. 이 나라는 기원전 249년에 초(楚)의 고열왕에 의해 멸망할 때까지 존속했는데, 춘추시대 노국(魯國)은 경제적으로도 문화적으로도 선진지역이었다.

공자가 태어난 춘추말기에는, 주왕조의 귀족제도가 무너지고, 노국에서도 군왕권이 쇠퇴하여, 동족인 삼환, 가신 양호에게 정권이 옮겨져, 하극상의 형세가 나타났다. 공자는 삼환의 과두 정치를 타파하고, 군주로 주공(周公)의 이상 정치를 회복하려고 했지만, 이 개혁운동은 실패하여 국외로 쫓겨 나가야 했다(기원전 498년). 공자는 제자들과 중원의 각국을 찾아가 그의 정치이상을 도모했지만, 당시의 정치정세로 인해 뜻을 이루지 못하고 오히려 세 번이나 생명의 위기를 맞았고, 13년간의 여행도 허무하게 유랑하다가, 기원전 484년, 고국에 닿았다. 현실 정치에 실패한 공자는, 그 여생을 제자들의 교육과 "서경", "시경" 등의 고전 정리와 "춘추" 편찬 등에 전력을 다하고, 기원전 479년, 73세로 죽었다.

○【樂正雅頌各得其宜】 앞서 말한 것과 같이, 위(衛)와 정(鄭)의 음악은 모두 신성(新聲)이라고 하여, 음란한 가곡이 유행했다. 그래서 공자는 그러한 음악을 배척하고, 음악 본연의 자세로 바로잡았다. 또 공자는 군자의 교양으로서 시(詩)(시경)를 중시하고, 젊은 문인들에게 시의 학습을 열심히 권했다("논어").

"시경"은 대략 다음의 3부로 되어 있다. 제1부는 국풍, 제2부는 아(雅)라고 하여 대아와 소아로 나누고, 제3부는 송(頌)이라고 한다. 그래서 아(雅)는 궁정의 음악으로, 송(頌)은 종묘의 제사에 사용한 것으로, 분명 춤을 동반한 것이라고 한다. 공자는 앞서 말한 것과 같이 "시경"을 정리하여, 아(雅), 송(頌)을 각각, 그 좋은 점을 남긴 것이다.

○【通度寺】 경상남도 양산군 취서산 아래, 하북면 지산리에 있는 큰 절로 '영취산통도사'라고 하며, 예부터 계단(戒壇)이 있는 것으로 유명하다. 이 통도사는 고산 제일이라고 하는 오대산 월정사에 대하여, 야산 제일이라고 하는 평원이 끝나는 산골에 위치한다. 이 절은 선덕왕대(632-647)에 입당하여, 불법을 구한 자장법사가 귀국 후, 통도사 및 그 외 절을 세우고, 중국의 오대산에서 꿈에서 받은 석존의 두골(頭骨), 지절(指節), 사리(舍利)를 돌함에 넣고, 40척(尺)의 계단을 통도사에 세웠다고 한다.

통도사의 창건에 대해서는, '사', '유' 모두 분명하게 하지 않고 있는데, "통도사창인유서"("朝鮮寺刹史料(上)" 수록)에 의하면, '자장은 입당 후, 종남산 운제사로 가서, 이곳에서 불정골 및 사리 백 개, 가사 한 장, 패엽경 1권을 가지고 본국으로 돌아왔다. 그리고 병오년(646)에 선덕왕과 함께 취서산 아래 구룡연에 가서, 그 연못에 사는 용을 위하여 설법을 하고,

연못을 메워 그 위에 금강 계단(戒壇)을 쌓고, 그 속에 삼색 사리 4개, 치아 하나, 두개골, 지절(指節) 수십 조각, 파엽경문을 안치했다.'라고 하고 있다. 즉 이 절의 창건은 선덕왕 15년(646)(정관 20)의 일이다. 그러나 이 절은 고려 말 1377년(신우 3)과 1592년(조선 선조 25)의 거듭되는 해적에 의해 절은 타 버리고 계단도 피해를 입어, 지금의 건축은 숙종대(재위 1647-1720)의 재건이다.

금강계단의 앞에 있는 대웅전(금당에 해당)의 기단(基壇)이 되어 있는 석단은, 신라의 것이라고 하고 있으며, 석단의 판벽(羽目石)에는 하나하나 다섯 잎 혹은 여섯 잎의 아름다운 연꽃이 각인되어 있다. 나아가 이 대웅전의 특징은 부처님이 모셔져 있지 않은 것에 있다. 이것은 배후에 있는 사리탑이, 통도사 대웅전의 부처님일 수밖에 없기 때문이다. 또한 고려 말의 연호 명(銘)인 은(銀) 상감 대향로를 안치하는 향로전(殿)이 있고, 또 남동 4㎞ 남짓한 길에 금(金)의 대안 2년(1210) 연호명(銘)이 있는 통도사 국장생의 석표(石標)가 주목을 받는다.

○ 【戒壇】 계율을 수수(授受)하기 위해 설치된 특정의 단(壇)을 말한다. 현재 통도사의 중심을 이루는 것은, 금강계단(戒壇), 대웅전, 불사리 탑인데, 통도사 창건 때에 가장 중요한 것은 자장에 의한 금강계단의 설치였다. 이것은 석조물로 둘러싸인 단(壇)으로, 그 네 귀퉁이에는 사천왕상이 새겨져 있고, 그 가운데에는 사리탑이 있다. 이 사리탑은 종(鐘)과 같은 모양을 하고 있으며, 그 표면에는 사리부도(浮圖)의 조각이 있다. 이 사리탑에 모셔져 있는 불사리야말로 자장이 오대산 문수보살로부터 받은 것이라고 한다.

○ 【改營生緣里第元寧寺】 이미 주해 711에서 말했다.

○ 【講雜花萬偈】 화엄교를 강연했다. 화엄은 다양한 색채의 아름다운 화(華)에 의해 엄(嚴)(꾸미는 것)된 것(雜華嚴飾)이라는 의미에서 왔다. 경전 이름의 원어 Gaṇ ḍayyūha는 '잡화(雜華)의 장식'이라는 의미이다.

○ 【以眞德王三年己酉. 始服中朝衣冠】 진덕왕 3년 기유(己酉)는 서기 649

년, 당의 정관 23년. '나기'(권5) 진덕왕 3년 조에, '春正月. 始服中朝衣冠.'이라고 되어 있다.

○【明年庚戌又奉正朔. 始行永徽號】명년경술(明年庚戌)은 서기 650년, 당의 영휘 원년. '나기' 진덕왕 4년 조의 말미에 '是歲始行中國永徽年號'라고 되어 있다.

당에서는 정관 23년(649) 5월에, 태종이 죽고, 제9자(子)인 이치가 자리를 이었으며 이것이 고종(高宗)이다. 고종은 650년에 영휘라고 개원했다.

다음으로 '정삭을 봉(奉)한다.'는 신민이 되는 것. 옛 중국에서는 제후가 매년 천자로부터 책력(曆)을 받고, 그것에 의해 정치를 했다. 천자의 역(曆)을 쓰는 것은, 천자의 통치권 아래에 있다는 것이기 때문이다. 또한 정삭의 정(正)은 정월(正月), 삭(朔)은 1일에서 나온 다른 말.

○【自後每有朝觀. 列在上蕃】 "續日本紀"(권19) 고겐덴노 덴표쇼호 6년(754) 정월 병인(30일), 부사(副使) 오토모노수구네 고마로, 당에 이르러, 고마로가 말하기를 '대당(大唐)의 천보 12재(載)(753), 계사(癸巳)년 정월 초하루 계묘에 여러 제후가 하례를 올리고, 천자 봉래궁의 함원전에서 칙을 받는다. 이날, 우리는 서반제이토번의 다음에, 신라사신에게는 동반제일대식국의 위에 위치한다. 고마로가 논하여 말하기를 예부터 지금에 이르기까지, 신라가 일본에 조공하는 것 소홀하다. 그런데 지금 동반(東畔) 위에 줄서고, 우리는 오히려 그 아래에 있다. 의미를 알 수 없다, 그때에 장군 오회실(吳懷實)이 고마로가 수긍할 수 없다는 안색을 알고, 즉 신라 사신을 내려 서반제이토번의 다음에 내리고, 일본의 사신을 동반제일대식국의 위에 놓았다.'라고(今泉忠義譯, "訓讀續日本紀", 쇼와 61년, 臨川書店).

위 사료는 일본의 견당부사 오토모노 고마로가, 당 궁정에서 조공을 할 때에 신라와의 자리 순서를 둘러싸고 다툰 이야기이다. 이것으로 보더라도, 당 궁정에서는 신라는 높은 자리가 주어졌다는 것을 엿볼 수 있다.

714, 714a○【江陵郡今溟州也】현재의 강원도 강릉시 및 명주군 지역은, 옛

하서량, 하슬라 · 명주 등으로 일컬어졌는데, 이 땅의 연혁에 대해서는 이미 주해 28에 상세하게 되어 있는데, '승람'(권44) 강릉대도호부의 '건치연혁' 조에는 '本濊國(一云鐵國. 一云蘂國). 漢武帝元封二年. 遣將討渠. 定四郡時, 爲臨屯. 高句麗稱河西良(一云何瑟羅州). 新羅善德王. 爲小京置仕臣. 武烈王五年. 以地連靺鞨. 改京爲州. 置都督以鎭之. 景德王十六年改溟州. 高麗太祖十九年號東原京. 成宗二年稱河西府. 五年改溟州都督府. 十一年改爲牧. 十四年爲団練使. 後又改防禦使. 元宗元年. 以功臣金供就之鄕. 陞爲慶興都護府. 忠烈王三十四年改今名爲府. 恭讓王元年陞爲大都護府. 本朝因之. 世祖朝置鎭.'이라고 있다.

이것에 의하면 강릉이라는 명칭은, 충렬왕 34년(1308년)의 개명 이후의 일이다. 이것에 대해서는 "고려사" 지리지(3)(溟州 조), 나아가 "세종실록지리지"(강원도 · 강릉대도호부 조)도 같다.

이들은 모두 '유'의 찬술자 일연이 죽은 후(1284)에 1308에 강릉이라고 개명하여 강릉부가 된 것이라고 적고 있다. 그런데 '유'에는 강릉군(江陵郡)이라고 되어 있고, 게다가 '今溟州也'라고 주를 달고 있다. 지금(今)이라는 것은 일연이 이 자장전(傳)을 적을 때의 일이기 때문에, 이 땅이 명주라고 개명되기 이전의 어느 시기일까. 이것은 위의 지리지 종류가 빠진 것일까. 혹은 일연이 죽은 후의 '유' 간행시(1308년 이후)에 잘못 새긴 것일까. 의문이 남는다.

○ 【水多寺】 이 절 이름은 이곳에만 보인다.

○ 【北臺】 이 북대(北臺)는 조선 오대산의 북대가 아니고, 중국 오대산의 북대이다.

○ 【大松汀】 현재 강릉시에서 오대산 부근의 땅으로 보인다.

○ 【太怕】【太伯山】 신라 오악(五岳)의 하나로, 북악에 비유된다. '승람'(권44) 삼척도호부 · 산천 조에는, '太白山, 在府西一百二十里. 新羅時爲北岳, 載中祀, 又見慶尙道安東府及奉化縣.'이라고 있다.

태백산은 표고 1,561m, 강원도와 경상북도 경계선에서 솟아올라, 태백산맥의 남단 가까이의 높은 산으로 예부터 영험한 산(靈山)으로 알려져 있다.

714, 714C ○ 【石南院今淨嚴寺】 '승람'(권23) 언양현의 '山川' 조에 '石南山. 在縣西二十七里'라고 있다. 현재, 경상남도의 언양 서쪽의 산 위에 석남사가 있다. 이곳의 석남원과 관련이 있는지는 불명. 그러나 자장이 태백산에 가서 문수(文殊)를 만났다는 것으로 보아, 석남원은 태백산에서 창건된 것으로 보이기 때문에, 언양(彦陽)은 부적절하다.

○ 【逐殞身而卒】 '이마니시본(今西本)' 계통의 '유'는 '身' 자 부분의 글자가 마멸되어서인지, 혹은 결락되어 결자(缺字)가 되어 있는데, '서울대본'의 '유'에는 '身'이 각인되어 있다. 그래서 이곳은 (자장이) 모습을 잃고 서거했다라고 읽을 수 있다.

○ 【荼毗】 범어 Jahapita의 음역. 화장(火葬)을 의미한다.

○ 【葡塞】 범어 Upaska 우파색(優婆塞), 출가하지 않고 부처 제자가 된 남자. 재가신자.

○ 【太和龍】 태화지(太和池)의 용. '유' 권제3 탑상제4 '황룡사구층탑' 조 및 '대산오만진신' 조에 상세하게 적혀 있다. 그것을 참조.

714, 714d ○ 【巘陽縣今彦陽】 양산에서 경주로 가는 길목의 거의 중간지점에 위치한다. 경상남도 울주군 언양읍 지역에 해당한다. '승람'(권23) 언양현의 '건치연혁' 조에는 '本新羅居知火縣. 景德王改巘陽. 爲良州領縣. 高麗顯宗屬蔚州. 仁宗置監務. 後改今名. 本朝因之爲縣監.'이라고 있다.

○ 【鴨遊寺】 이곳에만 보여 미상.

○ 【釋圓勝】 "속고승전"(권24) 석자장전의 말미에 석원승의 이야기가 있다. 그는 자장보다도 일찍 정관 연간 초에 입당하여 삼학(계학·정학·혜학)에 정통하고, 귀국 후에는 율부를 개강하여 널리 퍼트리는 데 공헌했다.

○ 【律部】 불전은 경(經), 율(律), 강(講)의 삼장(三藏)으로 나누는데, 이 가운데 율장(律藏)을 가리킨다.

715 ○ 【清凉】 청량산을 말한다.

○ 【七篇三聚】 '七篇'은 계(戒)를 파라이 · 승잔 · 파일제 · 파라제사니 · 투란차 · 돌길라 · 악설로 일곱으로 분류한 것이다. '삼취(三聚)'는 삼종정계의 약어.

삼종정계는 약어로 삼취계, 삼취, 또는 삼종계장(三種戒藏)이라고도 한다. 취(聚)는 모으다는 뜻. 대승의 보살이 지녀야 할 계법으로 크게 나누어 2종의 설이 있다.

1. "범망경", "영락경" 등에서 말하는 대승 독자의 것. 섭률의계 · 섭선법계 · 섭중생계를 말한다.

① 섭률의계. 일체 모든 악을 모두 끊어 버리는 것. 부처가 만든 계(戒)를 지키고 악을 방지하는 것이며, 즉 생명을 살해하는 것(不殺戒), 도둑(不盜戒), 음욕(不婬戒), 거짓말(不妄語戒), 술 매매(不酤酒戒), 다른 사람의 죄나 잘못을 말하는 것(不說過罪戒), 자신을 칭찬하고 남을 욕하는 것(不自讚毀他戒), 재물이나 법을 베푸는 것을 아끼는 것(不慳戒), 화가나서 남이 사과를 해도 용서하지 않는 것(不嗔戒), 불법, 승려를 헐뜯는 일(不謗三寶戒) 등을 그만두게 하는 10종의 무거운 금제(십중계)와 48종(種)의 계(戒)를 비롯해, 일체 과악으로부터 벗어나는 계(戒)를 수지(受持)하는 일이다.

② 섭선법계. 적극적으로 일체 모든 선을 실행하는 일이다.

③ 섭중생계. 일체 중생을 모두 하나하나 섭취하여 골고루 이익을 나누는 것. 자비심에 바탕을 두고 중생을 위하여 일체의 이타행을 말한다.

위의 ①②는 자리(自利), ③은 이타(利他). 자리 가운데 ①은 파악, ②는 행선이다.

그리고 모든 일체 계법은 모두 이 세 가지 가운데에 드는 것이기 때문에 섭(攝)이라고 하며, 그 계법은 모두 청정하므로 정계라고 이름한다. 모든 면으로 본 불교의 생활을 모은 것인데, 이것을 일정한 의식으로 받고 또한 배우는 것이다.

2. 생략.[230]

[참고] 中村元著, "佛敎語大辭典"(上卷).

○ 【緇素衣】묵염의, 일반 승려를 말한다.

---

230) 고증. 그대로.

⁷¹⁶원효불기

元曉不羈

⁷¹⁷聖師元曉. 俗姓薛氏. 祖仍皮公. 亦云赤大公. 今赤大淵側有仍皮公廟.
父談㮈乃末. 初示生于押梁郡南 ^a_{今章山郡.} 佛地村北. 栗谷娑(娑)羅樹下.
村名佛地. 或作發智村. ^b_{俚云弗等乙村.} 娑羅樹者. 諺云. 師之家本住此谷西
南, 母旣娠而月滿. 適過此谷栗樹下, 忽分産. 而倉皇不能歸家, 且以夫衣
掛樹. 而寢處其中, 因號樹曰娑羅樹. 其樹之實亦異於常. 至今稱娑羅栗.
古傳, 昔有主寺者. 給寺奴一人. 一夕饌栗二枚. 奴訟于官. 官吏怪之. 取
栗撿之. 一枚盈一鉢. 乃翻判給一枚. 故因名栗谷. 師旣出家. 捨其宅爲
寺. 名初開, 樹之旁置寺曰娑羅. ⁷¹⁸師之行狀云. 是京師人. 從祖考也, 唐
僧傳云. 本下湘州之人. 按麟德二年間. 文武王割上州·下州之地. 置歃
良州, 則下州乃今之昌寧郡也, 押梁郡本下州之屬縣. 上州則今尙州. 亦
作湘州也. 佛地村今屬慈仁縣, 則乃押梁之所分開也. 師生小名誓幢, 第
名新幢. ^a_{幢者俗云毛也.} 初母夢流星入懷. 因而有娠, 及將産. 有五色雲覆地.
眞平王三十九年. 大業十三(八)年丁丑歲也. 生而穎異. 學不從師. 其遊方

始末. 弘通茂跡. 具載唐傳與行狀. 不可具載, [719]唯鄉傳所記有一二段異事. 師嘗一日風顛唱街云, 誰許没柯斧. 我斫支天柱. 人皆未喻, 時太宗聞之曰, 此師殆欲得貴婦産賢子之謂爾. 國有大賢利莫大焉. 時瑶石宮[a]今學院是也. 有寡公主. 勅宮吏覓曉引入. 宮吏奉勅將求之, 已自南山來過蚊川橋[b]沙川, 俗云年川又蚊川, 又橋名楡橋也. 遇之. 佯墮水中濕衣袴, 吏引師於宮. 裙(褫)衣曬晀, 因留宿焉. 公主果有娠. 生薛聰. 聰生而睿敏. 愽[231]通經史. 新羅十賢中一也. 以方音通會華夷方俗物名. 訓解六經文學, 至今海東業明経者. 傳受不絶. 曉旣失戒生聰. 已後易俗服. 自號小姓居士. 偶得[232]優人舞弄大瓠. 其狀瓌奇. 因其形製爲道具, 以華嚴經'一切無导(碍)人一道出生死', 命名曰無导仍作歌流于世.[233] 嘗持此. 千村萬落且歌且舞. 化詠而歸, 使桑樞瓮牖玃猴之輩. 皆識佛陁之號, 咸作南無之稱. 曉之化大矣哉.[720]其生縁之村名佛地, 寺名初開, 自稱元曉者. 蓋初輝佛日之意爾. 元曉亦是方言也, 當時人皆以鄉言稱之始旦[234]也. 曾住芬皇寺. 纂華嚴疏, 至第四十迴向品. 終乃絶筆. 又嘗因訟分軀於百松, 故皆謂位階初地矣. 亦因海龍之誘. 承詔. 於路上撰三昧經疏, 置筆硯於牛之兩角工.[235] 因謂之角乘, 亦表本始二覺之微旨也. 大安法師排來而粘紙. 亦知音唱和也. 旣入寂, 聰碎遺骸. 塑眞容. 安芬皇寺, 以表敬慕終天之志. 聰時旁禮. 像忽廻顧, 至今猶顧矣. 曉嘗所居穴寺旁. 有聰家之墟云.[721]讚曰. 角乘初開三昧軸, 舞壷終掛萬街風. 月明瑶石春眠去, 門掩芬皇顧影空. 廻顧至.[236]

---

231) 고증. 박(愽).
232) DB. 규장각본과 만송문고본은 판독이 어렵다.
233) 고증. 以華嚴經一切無导(碍)人, 一道出生死命名. 曰無导(碍). 仍作歌流于世.
234) 규장각본, 범어사소장본, 고려대본. 旦. 고증. 旦. DB. 旦의 오기로 보인다.
235) 규장각본, 고려대본. 工. 범어사소장본은 上에 가깝다. 上의 필벽, 또는 이체자로 工이 나왔을 것이다. DB. 上의 오기로 보인다.

716 원효불기(元曉不羈)

717 성사(聖師) 원효의 속성은 설(薛)씨이다. 할아버지는 잉피공으로 또는 적대공이라고도 한다. 지금 적대연 옆에 잉피공의 사당이 있다. 아버지는 담내[237] 내말이다. 처음에 압량군[238]의 남쪽 ^a_{지금의 장산군[239]} 불지촌 북쪽의 율곡 사라수[240] 아래에서 태어났다. 마을 이름은 불지로 또는 발지촌이라고도 한다. ^b_{속어로 불등을촌이라고 한다.} 사라수에 관해서는 민간에 이런 이야기가 있다. 성사의 집은 본래 이 골짜기의 서남쪽에 있었는데, 어머니가 아이를 가져 만삭이 되어, 마침 이 골짜기 밤나무 밑을 지나다가 갑자기 해산하고, 당황하여 집으로 돌아가지 못하고, 우선 남편의 옷을 나무에 걸고 그 안에 누워 있었으므로, 지금도 (그) 나무를 사라수라고 한다. 그 나무의 열매도 보통 나무와는 달랐으므로, 지금도 사라밤(娑羅栗)이라고 한다.[241]

또 예부터 전하기를, (사라사의) 주지가 절의 종 한 사람에게 하루 저녁의 끼니로 밤 두 개씩을 주었다. 종은 관가에 소송을 제기하였다. 이를 이상하게 생각한 관리가 (그) 밤을 가져다가 조사해 보았더니 한 개가 하나의 그릇에 가득 찼다. 이에 도리어 한 개씩만 주라는 결정을 내렸다. 이 때문에 이름을 율곡이라고 하였다.

---

236) DB. 廻顧至는 衍文으로 보인다. 고증. 廻顧至□□□□.
237) DB. 담내는 "삼국사기"에 談捺로 기록되어 있는 것으로 미루어 誤記 또는 誤角으로 추정된다. 내말은 신라 17관위 중 제11위인 奈麻이다. 고대한자음에 의한 한국어 음차 표기이므로 이표기 가능성도 있다.
238) DB. 지금의 경상북도 경산시 일대.
239) DB. 지금의 경상북도 경산시 일대.
240) 고증에는 娑(裟)라고 표기. 규장각본, 범어사소장본, 고려대본. 裟.
241) DB. 원효의 출생은 부처가 사라쌍수 아래에서 출생한 것에 비견되고 있다. 또한 불등을촌이 불지촌으로 불리고, 그 밤나무를 사라수라고 했던 것도 주목된다.

성사는 출가하고 나서, 그의 집을 희사하여 절을 짓고 이름을 초개라고 하고, 밤나무 옆에도 절을 지어 사라라고 하였다. [718]성사의 행장에는 서울 사람이라고 되어 있으나 (이것은) 할아버지와 아버지를 따른 것이고, "당승전"에서는 본래 하상주 사람이라고 하였다. 살펴보면 다음과 같다. 인덕[242] 2년(665) 중에 문무왕이 상주[243]와 하주[244]의 땅을 나누어 삽량주[245]를 두었는데, 즉 하주는 지금의 창녕군이고, 압량군은 본래 하주의 속현이다. 상주는 곧 지금의 상주(尙州)로 혹은 상주(湘州)라고도 한다. 불지촌은 지금의 자인현에 속해 있으니, 곧 압량군에서 나누어진 곳이다.[246]

성사가 태어나서 아명은 서당이라 하고, 제명은 신당[a]당(幢)은 속어로 털이다.이다. 처음에 어머니가 유성(流星)이 품속으로 들어오는 꿈을 꾸고 태기가 있었는데, 해산하려고 할 때는 오색구름이 땅을 덮었다. (곧) 진평왕 39년 대업 13년[247] 정축년이었다. 태어날 때부터 총명이 남달라 스승을 따라서 배우지 않았다. 그가 사방으로 다니며 수행한 시말(始末)과 널리 교화를 펼쳤던 크나큰 업적은, "당전"과 행장에 자세히 실려 있다. 여기서는 자세히 기록할 수 없고, [719]다만 향전에 실린 한두 가지의 특이한 사적만을 쓴다.

---

242) DB. 당나라 고종(高宗)의 연호로 664-665년.
243) DB. 신라 지방행정조직의 하나로 525년 진흥왕이 尙州에 軍主를 두고 上州를 설치하였다.
244) DB. 555년 진흥왕이 比斯伐에 설치하였으며 그 뒤 치소가 大耶와 押梁으로 이동하였다.
245) DB. 삼국통일 직후에 완성된 9州의 하나로, 문무왕 때에 下州의 동쪽 지역인 梁山을 중심으로 설치.
246) DB. 원효의 출생지에 대해서는 "宋高僧傳"과 "삼국유사"의 기록이 다소 차이를 보인다. 이에 대해 일연은 본 조를 통해 "송고승전"의 오류를 지적하여 잘못된 부분은 세밀하게 고증한 뒤 분명히 밝히고, 또 所傳이 다른 경우에는 분명히 병기하는 등 매우 신중히 다루었다.
247) 고증. 三(八). DB. 수(隋) 煬帝의 연호로 605-617년.

성사는 일찍이 어느 날 상례에서 벗어나 거리에서 노래를 부르기를, "누가 자루 빠진 도끼를 빌려주시오.[248] 나는 하늘을 받칠 기둥을 다듬고자 한다."고 하였다. 사람들이 모두 (그) 뜻을 깨닫지 못했는데, 이때 태종(太宗)이 그것을 듣고서 말하기를, "이 스님께서 아마도 귀부인을 얻어 훌륭한 아들을 낳고 싶어 하는구나. 나라에 큰 현인이 있으면 그보다 더한 이로움이 없을 것이다."고 하였다. 그때 요석궁[a]지금의 학원(學院)이 이곳이다.에 홀로 사는 공주가 있었다. 궁중의 관리를 시켜 원효를 찾아서 (궁중으로) 맞아들이게 하였다. 궁중의 관리가 칙명을 받들어 그를 찾으려고 하는데, 벌써 (그는) 남산에서 내려와 문천교[b]사천(沙川)은 세간에서는 연천(年川)[249]또는 문천(蚊川)이라고 하고, 또 다리 이름을 유교(楡橋)[250]라고 한다.를 지나고 있어 만나게 되었다. (그는) 일부러 물에 떨어져 옷을 적셨다. 관리는 스님을 궁으로 인도하여 옷을 벗어 말리게 하니, 이 때문에 (그곳에서) 묵게 되었다. 공주가 과연 태기가 있어 설총을 낳았다.

설총은 나면서부터 명민하여 경서와 역사서에 두루 통달하니, 신라 10현(十賢)[251] 중의 한 분이다. 우리말로써 중국과 외이의 각 지방 풍속과 물건 이름에 통달하고, 6경(六經) 문학을 풀어 적었으니, 지금까지 우리나라에서 경학을 공부하는 이들이 전수하여 끊이지 않는다.

원효는 이미 파계하여, 설총을 낳은 이후로는 속인의 옷으로 바꾸어 입고, 스스로 소성거사라고 하였다. 우연히 광대들이 놀리는 큰 박

---

248) DB. 여성의 생식기를 상징하며 이 노래에서 괴승의 면모가 있고 파계승의 암시.
249) 고증. 年(牟)川.
250) DB. 楡는 느릅나무. 이 다리가 느릅나무로 되어 楡橋라고 한 듯하다.
251) DB. 薛聰, 崔承祐, 崔彦撝, 金大問, 朴仁範, 元傑, 巨仁, 金雲卿, 金乘訓, 崔致遠.

을 얻었는데 그 모양이 괴이하였다. 그 모양대로 도구를 만들어, "화엄경"의 '일체 무애인[252]은 한 길로 생사를 벗어난다.'는 (문구에서 따서) 이름을 무애(無㝵)라고 하고, 노래를 지어 세상에 퍼뜨렸다. 일찍이 이것을 가지고 천촌만락에서 노래하고 춤추며 교화하고 음영하여 돌아오니, 가난하고 무지몽매한 무리들까지도 모두 부처의 호를 알게 되었고, 모두 나무(南舞)를 칭하게 되었으니 원효의 법화가 컸던 것이다. [720]그가 태어난 마을 이름을 불지(佛地)라고 하고, 절 이름을 초개(初開)라고 하며, 스스로 원효라고 부른 것은 대개 부처를 처음으로 빛나게 하였다(初輝佛日)는 뜻이다. 즉 원효라는 이름도 방언(신라어)이니, 당시 사람들은 모두 향언으로 그를 첫새벽이라고 불렀다.

일찍이 분황사에 살면서 화엄소를 짓다가 제4 십회향(十廻向) 품에 이르자 마침내 붓을 놓았다. 또 일찍이 소송으로 인해서, 몸을 백 그루의 소나무[253]로 나누었으므로 모두 (그의) 위계(位階)를 초지(初地)[254]라고 하였다.

또 해룡(海龍)의 권유에 따라 길에서 조서를 받아, 삼매경소[255]를 지으면서 붓과 벼루를 소의 두 뿔 위에 놓아두었으므로, 이를 각승(角乘)[256]이라고 했는데, 또한 본각과 시각 두 각[257]의 숨은 뜻을 나타낸

---

252) DB. 장애가 없다는 말이다.
253) 고증. 다망(多忙)하기 그지없어. DB. 육신이 변화하여 100그루의 소나무에 몸을 나누었다는 것. 보살수행의 단계에서 제41위에서 50위까지를 10地라고 하며 10지 중의 첫 번째인 歡喜地를 初地라 한다. 10信에서 10回向까지는 범부이며, 초지 이상부터 성자의 위치에 들어간다.
254) DB. 보살이 수행하는 계위인 527위 중 10地位의 첫 계단. 즉 歡喜地.
255) DB. 삼매경이란 "金剛三昧經"을 의미한다. 그 내용은 부처님이 영축산에서 금강삼매에 들어 일승의 진실한 법을 설한 것을 말한다.
256) DB. 覺과 角이 음이 같기 때문에 소의 두 角으로써 二角을 표시한 것이다. 乘은 불법을 말

것이다. 대안법사가 배열하여 종이를 붙인 것임을 알고 화창한 것이다.

(성사께서) 입적하자 설총이 유해를 갈아, (그의) 진용을 빚어 분황사에 봉안하고, 공경·사모하여 지극한 슬픔의 뜻을 표하였다. 설총이 그때 옆에서 예배를 하니 소상이 갑자기 돌아보았는데, 지금도 여전히 돌아본 채로 있다. 원효가 일찍이 있었던 혈사(穴寺) 옆에 설총의 집터가 있다고 한다.

⁷²¹ 찬하여 말한다.

각승(角乘)은 비로소 삼매경을 열고

표주박 가지고 춤추며 온갖 거리 교화하며 불법을 퍼트렸네

달 밝은 요석궁에서 봄잠에서 깨어나 가니

문 닫힌 분황사에는 돌아보는 소상만 남아 있구나.

주해 **716**○ 【元曉】원효(617-686)는 의상과 나란히 일컬어지는 신라의 고승으로, 속세 이름은 설씨(薛氏). 진평왕 39년(617)에, 현재의 대구특별시에 가까운 경상북도 경산군 경산읍, 당시의 압량군 내의 불지촌(佛地村)에서 태어났다. 그 후 그가 출가한 것은 15세경이다. 그의 청년기 신라에서는, 불교는 눈부신 세력으로 일어나, 18세 때에는 분황사가 준공되고, 약 15년 후에는 황룡사구층탑이 완성되었다. 중국 당에서는 오랫동안 인도에서 불교의 심오한 뜻을 구한 현장이, 645년에 귀국하자, 태종의 두터운 신임 아래, 상좌(上座)가 되어 역경 사업에 종사하여, 중국불교계에 새로운 바람을 불었다. 곧바로 해동에도 이것이 들려왔다고 생각된다. 그는

한다.
257) DB. 본각과 시각. 자각과 타각.

의상과 함께 650년에 당나라로 배움을 구하려고 출국했는데, 도중에 난(難)을 만나 귀국했다. "송고승전"(제4) 의상전(傳)에는 이러한 경위에 대해 상세하게 전하고 있는데, 원효는 만법유일의 도리를 깨달았기 때문에, 귀국 후에는 국내에 머물면서 일체의 경론을 연구하여, 위대한 불교학자가 되었다. 게다가 그의 독창적 사상은 중국불교에도 다대한 영향을 끼쳤다.

현재 원효의 저작이라고 알려진 것은, 86부로 현존하는 것은 22부이다(일본에는 나라시대에 60부 남짓하게 전해졌다). 이 가운데 그의 여래장, 불성 사상을 알기에 가장 중요한 것은, "금강삼매경론", "기신론소", "열반경종요"라고 하는데, 그 가운데에도 당 화엄종의 완성자인 법장의 교학에, 가장 큰 영향을 끼친 것은 "기신론소"("해동소"라고도 한다)이다.

그리고 원효의 불교는 해동종 · 중도종 · 법성종 · 분황종 · 화엄종 등으로 불리는데, 그 가르침의 근본은 일종일파에 치우치지 않고, 융회(和會)의 사상에 있다. 즉 화쟁이라는 말로 표현된다. 나아가 그의 사상은 의적이나 대현으로 계승되는데, 나중에 중국의 송대에서는 화엄의 스승으로서 존경받으며, 중세 일본에서도 명혜에게 큰 영향을 끼친다. 또 "유심안악도"는 법념 등의 정토교가에 의해서도 다루어진다. 한편 원효는 민중불교의 길을 열었다고도 특필할 만한데, 이것에 대해서는 후설한다

○ 【不羈】 기(羈)는 기(羈)의 속자. 불기(不羈)는 두말할 것도 없이, 속박되지 않는 것을 말한다. '유'에도 보이듯이 원효는 계(戒)를 어기고, 요석궁의 과(寡)공주와 정을 통하여 설총을 낳고, 이후에는 승려 옷을 속세 옷으로 바꿔, 소성거사라고 했다. 그리고 큰 표주박(瓢)을 손에 넣고, 화엄경 문구를 따서 무애(無碍)라고 이름을 짓고, 노래를 만들어 천촌만락에 들어가, 이 표주박으로써 노래 부르고 춤을 추며, 관심 없는 사람에게도 부처를 알게 하고, 남무(南無)를 외우게 했다. 이와 같이 절 바깥으로 나가 민중에게도 불교를 설법하는 새로운 운동이, 원효에 의해서 시작된 것이다. 원효258)는 원광이 죽은 후, 얼마동안 원안에게 가 있다가, 이어서

혜숙, 나아가 혜공을 따라 여러 경(經)을 배웠다. 또 스승을 따라 여행을 거듭하던 중에, 한층 더 스승을 넘어 행동영역을 넓혀 불교뿐만 아니라 도교, 유교 혹은 신라고유의 천신신앙 등에 흥미를 가지고, 당시 적대국인 백제, 고구려에 들어가 고승을 찾기도 하여, 도교를 배우기도 했다.

또한 원효의 생활은 자유분방하여 계율에 얽매이지 않고 술집, 기루에 출입하며, 속세 집에 머물기도 하며, 산중에 좌선을 하는 등 마음대로였다. 이것은 신라 화랑의 생활태도가 원효의 행동에 반영되었다고도 해석되는 것이다. 사실 원효는 신라의 삼국통일의 대공로자인 김유신과 친분을 가지고, 또한 유신의 둘째 아들 원술의 낭도(郎徒)였다고도 보이기 때문이다.259)

원효의 사적(事績)을 짚으면, 정말 불기(不羈)라는 말에 잘 어울린다. 또 앞서 말한 불교교학에서의 업적을 통하여, 원효는 완전히 불기(不羈)의 재(才)의 주인공이었다고 할 수 있을 것이다. 그리고 위에서 다 말하지 못한 점에 대해서는 아래 주해에 남긴다. [참고] "송고승전"(제4) 원효전, "송고승전"(제4) 의상전, '유'(권제4·의해 제5) 이혜동진, 원효불기, 의상전교. 鎌田茂誰 '元曉元曉-和諍思想の成立', "朝鮮佛敎史" 수록(동경대학출판회, 1987년 2월). 鎌田茂雄 "新羅佛敎史序說"(大藏出版, 1988년 2월) 수록, 제2부·新羅義湘の研究. '사'(권47, 열전제7) 설총전. 葛城末治 '新羅誓幢和上碑に就いて', "朝鮮金石政"(국서간행회, 1974년 5월). 田村圓澄 '元曉, ウォンヒョ', "世界傳記大事典"〈日本·朝鮮·中國編〉2(호르부출판, 1978년 7월) 등.

717○ 【俗姓薛氏】 신라의 귀인이 성을 부르게 된 것은 7세기에 들어가서이다. 이 설씨(薛氏)는 상층(上層)이 아니고 중층(中層)의 귀족이었다. 다음 두 가지 주해를 참조.

---

258) 고증. 원효(元曉)를 현효(玄曉)라고 하고 있다. 이후 다수 보인다.
259) 고증. 원문대로이다.

○ 【祖仍皮公】【赤大公】 조부의 공(公)이라는 존칭은 후세에 붙였을 것이다.

○ 【談㮈乃末】 내말(乃末)은 나말(관위, 12등)을 말한다. 원효의 아버지. 담 내가 나마이었던 것으로 보아, 오두품의 집안이었던가. 아니면 사두품이 었다고 한다면 젊어서 죽었을 것이다.

717, 717a○ 【押梁郡】【今章山郡】 지금의 경상북도 경산군 경산읍 지역. '승람'(권27) 경산현의 '건치연혁' 조에, '本押梁小國(一云押督) 新羅祇味 王. 取之置郡. 景德王改稱獐山・高麗初. 改章山. 順宗屬慶州. 明宗置監 務. 忠宣王初. 避王嫌名. 改今名. 忠肅王以國師一然之鄕. 陞爲縣令. 恭讓 王以王妃盧氏之鄕. 陞爲郡. 本朝太祖時. 復降爲縣令. …'이라고 있다. 이 곳의 '今章山郡'이라는 주(注)는 이마니시 류가 지적한 것처럼 충선왕의 즉위 무신(1308) 12월에 왕의 혐(嫌)명을 피하여 장산(章山)을 경산(慶 山)이라고 고쳤다("고려사"권33, 즉위전기). 그래서 전왕인 충렬왕대에 기입한 것으로 보인다. 또 지금의 경산군 내에는 압량면이 있으며, 이 압 량면 내에 압량동 등이 있다. 이것은 옛 이름을 계승한 것일까.

717, 717b○ 【村名佛地】【發智村】【弗等乙村】 이 세 촌의 이름은 음 상통 에 의한 것이다. 그 유지(遺址)는 미상. 그러나 뒷글에 '佛地村今屬慈仁 縣. 則乃押梁之所分開也'라고 있다. 자인현(慈仁縣)의 주해를 참조.

717○ 【娑(婆)羅樹】 사라(婆羅)・사라(沙羅)는 범어 sāla의 음 전사. 사라수 (娑羅樹)는 인도 원산인 상록 고목(高木)으로 꽃은 작고 담황색으로 향기 가 있다. 잎은 크고 긴 타원형. 석존은 구시나가라 교외의 사라림(林)에 서 두 나무 사이에 누워, 열반에 들어갔다. 그때 때 아닌 꽃이 피었다고 한다.

○ 【拾其宅爲寺. 名初開】 신라의 귀인이 자기 저택을 희사하여 절로 한 사 료(史料)이다.

718○ 【師之行狀】 최치원 찬술 "曉師行狀"을 가리킨다.

○ 【是京師人. 從祖考也】 당시 신라귀족은, 왕도 경주에 살았다. 그래서 현 효(玄驍)[260]가 경사(경주)의 사람이라고 하는 것이다. 조부 및 아버지의

본적을 따른 것이라고.

원효가 태어난 압량(押督)군 불지촌은 어머니 쪽이나, 혹은 설씨는 압량소국 출신으로 신라에 병합된 뒤 왕도로 옮겨 살면서, 지난 영토는 식읍으로 했던 것일까라고 생각한다.

○ 【唐僧傳】 이곳의 당승전은 "송고승전"을 말한다. 그 권제4에는 원효전(傳)이 있다. 그곳에는 '唐新羅國黃龍寺元曉傳'이라는 목차 아래 '釋元曉. 姓薛氏. 東海湘州人也. 云云'이라고 있다.

○ 【下湘州】 상주(湘州)는 상주(尚州)로 보인다. 상(尚)과 상(湘)은 음 상통. 위에서 말한 원효전에는 '下湘州人'이 아니고 '東海湘州人'이라고 적고 있다. 신라에 하상주라는 주(州)는 없었다. 뒷글로 판단하여 이곳은 '하주(下州)'라고 해야 할 것이다. 그러나 한편으로는 '下湘州(下尚州)'를 인정한다면, 신라에서는 위(上)를 북(北), 아래(下)는 남(南)을 가리키므로, 어쩌면 남상주(南尚州)일지도 모르겠다.

○ 【麟德二年間. 文武王割上州下州之地. 置歃良州】 이것은 '사'(권34) 지리지(2), 양주(良州) 조에 '文武王五年·麟德二年. 割上州下州之地. 置歃良州. 云云'이라고 있다. 문무왕 5년은 당 고종 인덕(麟德) 2년, 서기 655년에 해당.

이어서 이 삽량주(나중에 양주가 된다)는, 실제는 하주(下州)만을 나누어 설치한 것이다. 그래서 '상주와 하주를 나누었다.'라고 하는, 이 본문은 정정해야 할 것이다. 그래서 이 본문의 내용을 역사에 바탕을 두고 해석을 하면, 이것은 문무왕 5년에 새롭게 삽량에 주(州)를 두고, 이제까지의 하주 관할 영역인 동쪽 반을 새로운 주(州) 장관의 관할하 영역(넓은 의미의 삽량주)으로 했다.

이때 하주 관할하 영역의 서쪽 반은 새로운 거타주(나중의 청주(菁州)

---

260) 고증. 원문 그대로. 元(曉)와 玄(曉)은 일본어음 ケン으로 일치한다. 元曉를 ガンギョウ라고도 부른다.

→ 강주(康州)) 관할하에 들어갔다. 삽량주는 후에 양주(良州)로 개칭되었다. 그리고 삽량은 지금의 경상남도 양산군 지역이다. 또한 삽량에 대해서는, '유' 권제1 '나물왕 김제상' 조, 고증 상권 주해 177의 '歃羅郡太守' 항목에 자세하다. 또 삽량주에 대해서는 村上四男 '新羅の歃良州(良州)について', "朝鮮學報" 제48집(高橋亨先生記念號) 1968년 7월간("朝鮮古代史研究" 1978년, 수록)을 참조.

○ 【下州乃今之昌寧郡也】'사'(권34) 지리지(1), 화왕군 조에, '火王郡. 本比自火郡(一云比斯伐). 眞興王十六年置州. 名下州. 二十六年. 州廢. 景德王改名. 今昌寧郡. 領縣一. …'이라고 있다. 이어서 '나기'(제4) 진흥왕 28년(555) 조에는 '春正月. 置完山州於比斯伐', 나아가 26년(565) 조에는 '九月, 廢完山州. 置大耶州.'라고 있다.

위의 '나기' 기사 가운데의 완산주는 모산주의 잘못이다. 그리고 모산주에 대해서는 나중에 말하겠지만, 이곳에서는 결론만 적는다.

신라에서는 진흥왕 8년(555) 춘정월에 비자화(또는 비사벌)에 주(州)를 두었는데, 이것이 하주이다. 이 비사벌에 놓인 하주는 10년 후인 565년 9월에는 대야로 옮겼다. 그래서 대야주라고도 한다. 그리고 이 대야는 지금의 경상남도 거창이다. 이것은 562년에 신라가 고령의 대가야를 맹주로 하는 잔존 가야를 섬멸하고 병합한 결과, 이 지역의 지배와 서쪽의 백제에 대한 방어 때문이었다. 그래서 주(州)의 장관과 그 근간이 되는 부대 하주정이, 비사벌에서 대야로 옮긴 것이다.

그러나 선덕왕 11년(642)에 이르러, 백제(의자왕)의 대군이 신라에 침입하여, 나라 서쪽 40여 성(城)을 공략했다. 이어서 대야성도 함락시켰다. 이 결과 하주는 압량(지금의 경산)으로 후퇴했다. 그리고 이 새로운 하주(압량주) 군주(軍主)가 되었던 것이 김유신이었다. 즉 '나기'(제5) 선덕왕 11년 조에, '秋七月, 百濟義慈大擧兵. 攻取國西四十餘城. 八月. … 是月. 百濟將軍允忠. 領兵. 攻拔大耶城. 都督伊湌品釋, 舍知竹竹, 龍石等死之. 冬 … 拜庾信, 爲押梁州軍主.'라고 하는 대로이다. 이상은 오직 하주의 변천에 대해서 적었는데, 처음 하주에 놓인 비자화(比斯伐·非火)는 지금의 경상남도 창녕군 지역이다. 그러나 본문의 '지금(今)의 昌寧郡也'의 지금(今)은 '유'가 찬술되었을 때이다. 참고로 '승람'(권27) 창녕현의 '건치연혁' 조, '本新羅比自火郡(一云比斯伐). 眞興王十六年置下州. 二十一年罷. 景德王改火王郡. 高麗太祖改今名. 顯宗屬密城郡. 明宗置監務. 本朝例改縣監.'의 기사를 보면, 창녕이라는 명칭은 이미 고려 태조 때부터인데, 이 이후는 창녕현이었다. 그래서 '유'가 찬술되었을 때의 창녕은 현(縣)이었을 터인데, 이곳에는 군(郡)이라고 하고 있다. '유'가 맞는다고 한다면 새로운 사료이다. 지금의 창녕군은 20세기 초두 이후이기 때문이다. 또한 창녕에 대해서는 '유' 권제1 '五伽耶' 조 및 주해 73, 73c를 참조.

신라의 지방제도, 특히 주(州) 제도에 대해서는 별도로 말하겠다.

○【押梁郡本下州之屬縣】 압량(押督)군에 대해서는, 이미 이 조의 주해 717, 717a에서 말한 바가 있다. 또 642년 대야성 함락 후, 하주는 압량군으로 후퇴했다. 그리고 새로운 하주의 압량 군주는 김유신이었다. 나아가 태종 무열왕 3년(656)에는, 왕자인 김인문이 당에서 귀국하여 하주군주로 임명되어 장산성을 쌓았다('나기'). 그러나 태종 무열왕 8년(661)에 백제를 타도하자 대야성 방면을 회복하고 하주는 또 압량(지금의 경산군)에서 내야로 옮겼다. '나기'(제5) 태종 무열왕 8년(661) 5월 조에는 '移押督州於大耶, 以阿湌宗貞爲都督.'이라고 적고 있다.

압량(押督)에 하주가 놓인 기간은, 19년간이었다. 그래서 이 이후의 하주가 개편(문무왕 5년)되기까지는, 압량(압독군)은 넓은 의미의 하주를 관할하였는데, 속현(屬縣)이라는 표현은 잘못이다.

○【上州則今尙州. 亦作湘州也】 '사'(권34) 지리지(1), 상주 조에는 '沾解王時. 取沙伐國爲州. 法興王十一年·梁普通六年. 初置軍主, 爲上州. 眞興王十八年. 州廢. … 景德王十六年. 改名尙州. 今因之. 領縣三. …'이라고 있다.

또 '나기'(제3) 법흥왕 12년 조에는 '春二月. 以大阿湌伊登. 爲沙伐州軍

主.' 나아가 '나기'(제4) 진흥왕 18년 조에, '廢沙伐州. 置甘文州. 以沙湌起宗. 爲軍主.'라고 있다. 위의 3사료를 종합하여 신라 법흥왕 12년(525)에, 사벌 땅에 처음으로 군주(軍主)(주의 당관)가 놓인 상주(上州)로 삼았다. 말을 바꾸면 사벌에 상주를 놓은 것이다. 지리지(1)의 '沽解王時. 取抄伐國'은 일단 인정한다고 해도 '주(州)로 했다'는 것은 믿기지 않는다. 또 지리지(1)에는 상주를 설치한 해를 법흥왕 11년·양(梁) 보통(普通) 6년(525)이라고 적고 있다. 이곳에서 법흥왕의 연대에 1년의 차이가 있다. 이것은 왜일까. 지리지(1)의 기년(紀年)은 유년(踰年)법에 의한 것이다. '나기'는 즉위칭원법에 의한 것이므로 1년의 차이가 보이는 것이다.

다음으로 사벌에 놓인 상주(上州)는 진흥왕 18년(557)에 감문(甘文)으로 옮겼던 것이다. '나기'는 '초벌주를 폐하고 감문으로 주(州)를 둔다.'라고 적고 있는데, 감문은 현재의 경상북도 김천시에 해당한다.

나아가 '승람'(권28) 상주목의 '건치연혁' 조에는 '本沙伐國(一云沙弗). 新羅沽解王取以爲州. 法興王改上州. 置軍主. 眞興王改上洛郡. 神文王復爲州. 景德王改今名. 景德王復爲沙伐州. 高麗初復尚州. 後改爲安東都督府. 成宗二年. 改尚州牧. 後置節度使. 號歸德軍. 隷嶺南道. 顯宗廢節度使. 復爲安東大都護府. 後改爲尚州安撫使. 九年定爲八牧之一. 本朝因之.'라고 있어, 사벌의 지명이 상주(尚州)로 바뀐 것은 경덕왕 때였는데, 다음에 혜공왕 때에 이르러 沙伐로 회복되었다. 고려 초에 상주(尚州)로 회복하여 지금에 이르고 있다. 일연에 의해 '유'가 찬술되었을 때에는 이미 상주(尚州)라고 부르고 있었다. 또 상주(尚州)가 상주(湘州)라고도 적은 것은 '유'의 이곳에만 보일 뿐이다. 상(湘)은 상(尚)과 음 상통에 의한 것으로 보인다.

○ 【佛地村今屬慈仁縣. 則乃押梁之所分開也】 자인현(慈仁縣)에 대해서는 '사'(권34) 지리(1) 장산군(獐山郡)의 소속현 '慈仁縣' 조에 '本奴斯火縣. 景德王改名. 今因之.'라고 있으며, '승람'(권21) 경주부의 '屬縣' 조에 '慈仁縣. 在府西六十三里. 本新羅奴斯火縣. 一云其火. 景德王改今名. 屬獐

山郡. 高麗顯宗時來屬.'이라고 있다.

자인현은 신라시대부터 장산(章山)군의 소속현이었는데, 고려 현종시대에 경주부의 소속현이 되었다. 이 본문은 앞서 불지촌이 자인현에 소속되었다는 것, 또 자인현은 압량군(獐山郡)을 분할하여 열렸다는 것을 알리는 것이다.

718, 718a○ 【誓幢】【新幢】【幢者俗云毛也】 서당(誓幢)·신당(新幢)의 당(幢)은, 잘 아는 바와 같이,

(1) 신라의 군호(軍號), 군관에게는 당(幢)의 글자가 붙는 일이 많았다.

(2) 군관 이외에 당(幢)의 글자가 붙는 직원이 '사' 직관지에 몇 예가 보인다.

(3) 신라의 관위 17등의 제14등은 당(幢)이라고도 적었다.

지금 '사'(권38) 직관지(1)의 말미에 실려 있는 고관가전(古官家典)에는 '幢, 一云稽知四人. 鉤尺六人. 水主六人. 禾主十五人.'이라고 여러 직원에 대한 것이 보이는데, '幢, 一云稽知'라고 있다. 또 '사' 직관지(상)의 첫머리에 관위 17등에 대해 적고 있는데, 그 가운데 '十四曰吉士, 或云稽知, 或云吉次.'라고 있다. 이것으로 당(幢)은 길사(kir-sa), 길차(kir-če), 계지(kioi-či)의 대역으로 보인다.

다음으로 서당과 신당에 대해서 보면, 신당은 서당의 대역으로 보인다. 서(誓)는 sio로, 신(新)의 훈독은 sai이다. 그러면 당(幢)은 무엇이라고 읽혔을까.

신라 제35대의 경덕왕의 선비(先妣)는 삼모(三毛)부인('유' 왕력)은 자식이 없어 밀려나, 사량부인으로 봉해졌다('유' 권제2 '景德王 忠談師 表訓大德'). 그리고 삼모(三毛)의 삼(三)은 sam, 사량의 사(娑)는 sa, 량(梁)의 훈은 tor라고 읽혔음에 틀림없다. [참고] 末松保和 "新羅史の諸問題" 수록 '幢停考'.

다음으로 뒤에 나오는 설총 항목의 주해에서 인용한 "高仙寺誓幢和上碑"는, 원효의 손자, 설중업이 신라사신의 판관으로서 도일(渡日)한 서기

779년(신라 혜공왕 15년, 일본 고닌천황의 호기(寶龜) 10년) 이후에 건립된 것은 분명한데, 가쓰라기 수에지(후설)는 중업(仲業)이 원효의 100년 기일에 건립(선덕 6년 을축, 785년)한 것은 아닐까라고 추정한다. 서당화상은 원효를 말한다. 그리고 본문에 '소명서당'이라고 있는데, 이 서당은 원효의 정식 이름이었던 것을 알 수 있다.

또 "서당화상비문"의 전자[261] 高金□이 '音里火三千幢主'였다. 삼천당주는 신라의 무관명이다. '사' 직관지(하)에, '三千幢主. 音里火停六人.(卷四〇) … 某六十人. 著衿. 位自舍知至沙湌爲之.'라고 있다. 상세한 설명은 생략하지만, 이 삼천당주는 십정에 소속된 군관으로, 대대감, 소감, 대척을 잇는 군관이며, 그 관위로 보아, 오두품 신분인 자가 되었다고 보이며, 음리화정은 상주(尙州)의 소속현 음리화현(나중에 청효현(지금의 상주군 청리면)에 있었다고 보인다.

원효의 이름인 서당(誓幢)은 신라에서 가장 편성이 잘 되어 있는(기병을 주로 한다) 왕 직할이었던 구서당의 군호(軍號)와 같다. 귀찮을지 모르겠지만, 그 설치연대를 보면 다음과 같다.

① 綠衿誓幢, 眞平王五年始置, 但名誓幢. 三十五年改爲綠衿誓幢, 衿色綠紫.

② 紫衿誓幢, 眞平王四十七年始置郞幢, 文武王十七年改爲紫衿誓幢, 衿色紫綠.

③ 白衿誓幢. 文武王十二年, 以百濟民爲幢, 衿色紫綠.

④ 緋衿誓幢. 文武王十二年, 始置長槍幢, 孝昭王二年, 改爲緋衿誓幢(衿色記事가 없다).

⑤ 黃衿誓幢. 神文王三年, 以高句麗民爲幢, 衿色黃赤.

⑧ 黑衿誓幢. 神文王三年, 以靺鞨國民爲幢, 衿色黑赤.

⑦ 碧衿誓幢. 神文王六年, 以報德城民爲幢, 衿色碧黃.

---

261) 글을 새겨 넣은 사람.

⑧ 赤衿誓幢. 神文王六年, 又以報德城民爲幢, 衿色赤黑.

⑨ 靑衿誓幢. 神文王七年, 以百濟殘民爲幢, 衿色靑白.

이상을 보면, 서당(誓幢)이 시작하여 편성된 것은, 진평왕 5년(583)으로, 이것이 녹금서당이 된 것은 진평왕 35년(613)으로, 모두 원효 출생 이전의 일이다. 그리고 서당부대의 서당은, 왕이 직접 호령(戶令)을 내리는 것으로, 이 새로운 편성의 직속부대는 그 당시 각광을 받았다고 생각된다. 그래서 원효의 아버지 담내에 의해서 명령을 받은 것일까. 유소년기에는 화랑의 낭도였다고 보이는 원효의 행동에는, 화랑적인 면이 강했는데, 승려가 되고부터, 군사에 관련되었다고 생각되지 않는다.

1966년에 한국에서 ① 해인사묘길상탑기(앞면), 운양태길상탑기(뒷면), ② 백성사길상탑중납법채기, ③ 오대산길상탑사(앞면), 곡치군(뒷면), ④ 해인사호국삼보전망치소왕자의 4비석이 발견되었다. 이것으로 신라 말의 동란기에는, 해인사를 비롯한 큰 사원에 승병(僧兵)을 두었다는 것이 분명히 실증되었다(이홍식 '羅末の戰亂と緇軍', "韓" 제38호, 쇼와 50년 2월, 村上四男譯).

신라 말 동란기를 거슬러 오르기를 약 300년, 원효가 활약하던 시대의 사원에, 과연 승병이 있었던가, 아니면 나라가 어지럽고 어려운 시기를 만났기 때문에, 군사를 담당하는 승려가 있었던지는 불명하다. 그러나 원효시대 사람들은 화랑적으로 각지의 산야에 혹은 도읍 안으로 출입을 하고, 적국에도 잠입을 했기 때문에, 널리 정보를 얻었을 것이며, 그것을 군사적으로도 이용했을지도 모른다.

○ 【夢流星入懷, 因而有娠. 云云】 앞서 나온 자장(慈藏) 출생 부분에서 말했듯이, 이것은 귀자(貴子)가 출생하는 상서로운 조짐을 나타내는 설화이다.

○ 【眞平王三十九年, 大業十三(八年)丁丑歲也】 원효가 태어난 것은, 진평왕 39년(617)로, 이해의 간지는 정축이다. 중국에서는 수 양제(煬帝)의 대업 18년에 해당한다. 본문의 대업 13년은 18년으로 고쳐야 할 것이다.

○ 【茂跡】 무적(茂迹), 무적(茂績). 훌륭한 업적.

719○ 【沒柯斧】 자루가 없는 도끼. 가(柯)는 도끼자루.

○ 【太宗】 신라 제29대의 왕, 무열왕(재위 654-661년). 이 태종은 묘호. 휘는 춘추. 진골 최초의 왕. 상세한 것은 '유' 권제1 '대종춘추공' 조 및 고증 상권 주해 233을 참조.

719, 719b○ 【蚊川橋】 【沙川. 俗云年(牟)川. 又蚊川. 又橋名楡橋也】 문천은 '승람'(권21) 경주부 '산천' 조에 '蚊川. 在府南五里. 史等伊川下流'라고 있다. 또 사등이천에 대해서는 '一云荒川. 在府東二十四里. 源出吐含山. 入西川.'이라고 있는데, 이 강은 일반적으로 남천이라고도 한다. 또 문천은 주(注)에 의해 사천(沙川), 모천(牟川)이라고도 불렀다는 것을 알 수 있다.

719○ 【薛聰】 자(字)는 총지(聰智), 그 이야기는 '사'(권46) 열전 제6에 있다 (최치원의 다음에 있다). 그의 아버지는 원효. 총(聰)의 성격은 명민하고 태어나면서부터 도(道)를 알고, 그것을 방언으로 사람들에게 가르쳤으며, 지금도 학자들은 그를 종주(宗主)로 하고 있다. 자주 글을 썼는데 세상에 전하는 것은 없다. 그는 우화로 신문왕을 깨닫게 한 적이 있었는데, 신문왕은 이에 마음이 움직여 그를 발탁하여 높은 고관에 등용했다고 한다. 후에 고려 현종 재위 13년(1022)에 홍유후가 추증(追贈)되었다.

그의 아들인 중업은 일본 고닌(光仁) 천왕 호구(寶龜) 10년(혜공왕 15년)(779) 10월에, 신라사정사 김난손·부사 김엄(김유신의 증손)을 따라 일본에 왔는데, 그때 대나마였다.

다이쇼(大正) 3년 5월, 경주읍 동북의 내동면 암곡리 연못에서 발견된 "高仙寺誓幢和上塔碑"의 단석에 새겨진 글에, '大曆之春, 大師之孫翰林字仲業□使浪淏□□日本彼國上宰回□語'라고 보인다. 서당화상은 원효를 말한다. 이 비(碑)에는 원효의 탄생부터 입적까지의 일대 사적(事績)을 보인 것인데, 안타깝게도 비석 아래 절반의 깨진 돌이 남아 있을 뿐이다. 다음으로 위의 '大曆'은 당대종조의 원호로 서기 766년부터 779년의 14년간에 걸쳤다.

그리고 위 기사에 대응하는 사료가 "속일본기"에 보인다. 즉 '寶龜十一年春正月丁卯朔○壬申. 授新羅使薩湌金蘭蓀正五品上. 副使級湌金嵓正五品下. 大判官韓奈薩仲業. 小判官奈麻金貞樂. 大通事金蘇忠三人. 各從五品下. 自外六品已下各有差. 竝賜當色幷履. ○癸酉. 宴五位已上及唐新羅使於朝堂. 賜祿有差.'이다. 글 가운데 살중업은 총중업이다. 그리고 중업은 신라사의 대판관이었던 것을 알 수 있다. 나아가 '사' 설총전에는 '世傳日本國眞人. 贈新羅使薛判官詩序云. 嘗覽元曉居士所著金剛三昧論. 深恨不見其人. 聞新羅國使薛即是居士之抱孫. 雖不見其祖. 而喜過其孫. 乃作詩贈之. 其詩至今存焉. 但不知其子孫名字耳.'라는 것이 적혀 있는데, 원효와 함께 중업도 또한 이름이 알려져 있었다는 것을 알 수 있다.

또한 앞서 "誓幢和上塔碑文"에, 일본이라는 문자가 보이는 것이다. 외국의 금석문에 일본이라는 문자가 보이는 것 가운데, 시대적으로 이른 예로서 귀중한 것이다.

○ 【方音】 신라의 언어를 가리키는 것인데, 소위 향찰, 이두 등을 설총이 썼다는 것일까.

○ 【六經】 시(詩), 서(書), 예(禮), 악(樂), 역(易), 춘추(春秋)의 6경서를 말하는데, 악경은 없어져 서적으로서는 전하고 있지 않다. 육학, 육적도 같다.

○ 【小姓居士】 '사' 설총전에는 '小性居士'라고 있다.

○ 【華嚴經】 원작은 Buddhāvatamsaka-nāma-mahāvaipulya-sūtra라고 하며, 자세하게는 대방광불화엄경이라고 한다. 대승경전으로 한역으로는 3종이 있다.

　(1) 동진(東晉)의 불타발타라(Buddhabhadra각현이라고 번역한다)가 번역한 것(418-420년)은 60권 있으며, 줄여서 육십화엄, 구화엄, 진경이라고도 한다.

　(2) 당의 실차난타(Śikṣānanda 학희라고 번역한다)가 번역한 것(418-420)은 80권이며, 줄여서 팔십화엄, 신화엄, 당경이라고도 한다.

　(3) 당의 반야(Prajñā)가 번역한 것(795-798)은 40권으로, 자세하게는

대방광불화엄경입불사의해탈경계보현행원품이라고 하며, 줄여서 보현행원품이라고 한다. 사십화엄, 정원경 등이라고도 하는데, 앞의 육십화엄이나, 팔십화엄과는 달리, 화엄경 전체의 번역은 없고, 앞 두 번역 말미의 입법계품에 해당하는 부분만을 번역한 것이다. 구역(舊譯)은 34품, 신역(新譯)은 39품으로 된다. 티베트어도 현존하며, 그 내용은 팔십화엄과 유사하다. 범어의 완본은 발견되지 않고 있는데, 처음부터 화엄경이라는 하나의 경전으로서 성립한 것은 아니고, 각 장(章)이 각각 독립된 경전으로서 성립되었으며, 나중에 화엄경으로서 집대성된 것으로 생각되며, 그 시기는 4세기경이라고 추정된다("総合佛教大辭典" 상권 참조).

○ 【無㝵(碍)】무애(無礙). 무관(無關). 무애(無碍)라고도 적는다. 얽매이는 것이 없는 것. 무애(無礙)에는 모든 것이 융화되어 서로 방해하지 않는 원융무애와, 모든 장애(障礙)에서 자유로운 자재무애의 뜻이 있다고도 한다. 또 부처의 지혜를 무애지, 아미타불의 광명을 무애광(12광의 하나), 부처를 무애인, 일승법을 무애도 등이라고도 한다.

○ 【桑樞瓮牖】"장자"(讓王)에 '桑以爲樞. 而甕牖二室. (注)破甕爲牖.'에 의했을 것이다. 모로하시 데쓰지 "大漢和辭典"(第七)에는, '옹유(甕牖)에 단지(甕) 주둥이같이 둥근 창문. 일설(一說)에 깨진 단지 주둥이로 만든 창문, 가난하고 조촐한 집 형세를 말한다.'라고 있다.

720○ 【芬皇寺】'유' 권제4·의해 제5 '자장정률' 조의 주해 713을 참조.

'승람'(권21) 경주부 '불우' 조에, '芬皇寺. 在府東五里. 善德王三年建. 有高麗平章事韓文俊所撰, 和諍國師碑. 乃烏金石也.'라고 있다. 이 화쟁국사는 원효이다. 그는 고려 숙종부터 화쟁국사라는 호를 받았다. 즉 "고려사"(권11) 숙종 6년 신사 8월 계사 조에 '詔曰. 元曉義相東方聖人也. 無碑記諡號. 厥德不暴. 朕甚悼之. 其贈元曉大聖和諍國師義相大聖圓教國師. 有司即所住處. 立石紀德以垂無窮.'이라고 보인다.

그 신라시대에 세워진 "서당화상탑비"는 이미 없어져 잊어졌을 것으로 생각되는데, 숙종대에 비(碑)가 세워졌는지도 불명하다. 분황사에는 고려 명종대에 세워진 "화쟁국사탑비"(韓文俊撰, 崔詵書)가 존재했던 것은 앞서 보인 '승람' 및 "동경잡기"(권2) 그 외에 보이는데, 비(碑)는 일찍부터 없어져 전하지 않는다. 분황사 한 구석에, 이 비의 다리부분의 돌(趺石)이 엄연히 존재(원당 김정희가 화쟁국사의 비라는 것을 판정하고 글을 남겼다)하고 있다.

○ 【百松】노무라 요쇼는 백상(百狀)인가라고 한다. 김사엽은 백 그루의 소나무(松), 송(松)은 잎과 가지가 많은 것으로, 매우 바쁜 것을 나타내는 것이라고 한다.

○ 【位階初地】보살의 52위(位) 가운데 제41-50위에 해당하는 십지(十地)의 제1을 말하며, 초지(初地) 이상을 성(聖), 이하를 범(凡)이라고 한다. 52위는 구도자(보살)의 수행의 단계를 52로 나눈 것으로, 십신, 십주, 십행, 십회향, 십지, 등각, 묘각을 말한다. 또 인도 불교에서 살아서 초지에 들어간 사람은, 미륵과 용수(龍樹) 두 사람뿐이다.

○ 【亦因海龍之誘】"송고승전"(제4) 원효전 가운데에, 원효와 대안법사와의 장문에 걸친 사연이 실려 있다. 그것은 '왕의 부인이 난병에 걸려 손을 썼는데, 별 효과 없어서 왕 이하 모두 나누어 산천 도처의 영사를 찾아 기도했다. 무격(巫覡)의 말을 따라. 당의 의술을 구하고자 사자(使者)를 중국에 보냈는데, 사신이 탄 배가 가던 중에 한 노인이 파도 사이에 나타나, 이 배를 올라타고 사신을 안내하여 바다로 들어가 용궁에 도착했다. 그리고 용왕을 뵈었는데, 용왕의 이름은 검해였다. 용왕은 사신에게 말하기를 '네 나라 왕의 부인은 청제(靑帝)262)의 셋째 딸이다. 우리 궁중에 금강삼매경이 있다. …지금 부인의 병을 고치려 이것을 너희 나라에 유포하려고 한다.'라고. 그러나 이 불경은 30장이나 되어 바다를 건너는 동안에 일을 당하면 안 되기 때문에, 사신의 장딴지(腨)를 베어 납지로 둘러싼 뒤, 불경을 넣고 봉했기 때문에, 그 장딴지는 원래대로 되었다. 용왕이

---

262) 청제(靑帝), 봄을 맡은 동쪽의 신.

말하기를 '대안 성자에게 뿔뿔이 흩어진 불경의 종이를 꿰매게 하고, 그 순서대로 된 불경에 대해, 원효법사에게 청하여 소(疏)를 만들어. 이것을 한역하면 왕의 부인의 병이 나을 것임에 틀림없다.'라고. 그래서 사신은 용왕에게 배웅을 받고 바다 밖으로 나와, 배를 타고 귀국했는데, 왕은 크게 기뻐하며, 우선 대안성자를 불러, 제각기 흩어진 경을 꿰매게 했다.

그 후에 '大安者不測人也. 云云'이라고 그 뒤에 대안법사를 말하는 주(注)의 인용문이 이어진다.

○【承詔. 於路上撰三昧經疏. …謂之角乘】 이것에 대응하는 글은, 위의 원효전에는 대안의 주(注) 뒤에 보이는 것이다.

○【三昧經疏】 삼매경의 주소.[263] 삼매경의 삼매(三昧)는 samādhi의 음을 옮긴 것. 삼마지, 삼마제, 삼마제라고도 옮기며, 등지, 정(定), 정정, 정의, 조직정, 정심행처라고 번역한다. 마음을 한곳에 둔다는 의미.

원효의 "금강삼매경소"가 중국에 전해지자, 비범한 업적인 까닭에 이것은 보살이 쓴 것이라고 하며, "금강삼매경론"이라고 했다. 즉 소(疏)는 인간이 적은 것, 논(論)은 보살이 적은 것이기 때문이다.

○【本始二覺】 본각과 시각. 무시의 방황을 차례로 타파하여, 서서히 심원을 깨우치는 것을 시각(始覺)이라고 하며, 번뇌로 어지럽혀져 방황하는 데도 불구하고, 마음의 본성은 본래적으로 깨끗하고 맑은 각체 그 자체를 본각이라고 한다.

○【大安法師排來而粘紙】 "송고승전"(제4) 원효전 가운데에, 대안전(大安傳)이 실려 있다. 대안은 대안성자, 또는 대안으로 부르는 까닭에 대해서도 적고 있다. 이 이야기 가운데에 '대안은 불측(不測)의 사람이다. 옷차림은 특이하게 하고, 항상 시전(市廛)에 산다. 바리때(鉢)를 두들기며 대안, 대안이라는 소리를 외쳤다. 그런 까닭에 이를 호(號)로 한 것이다.'라고. 안(安), 경(經)을 얻으면, 곧 팔품(八品)을 이룬다. 모두 불의(佛意)에

___

263) 자세한 설명과 주석을 다는 일.

맞다. 안(安)이 말하기를 '속히 장래 원효에게 부쳐 강의해야 할 것이다. 나는 즉 안 된다.'라고, 이 대안도 혜숙, 혜공과 마찬가지로 민중의 대변인으로서 신이(神異)를 자주 보였다.

○ 【粘紙】 풀로 종이를 붙이는 것은, 대안법사가 불경 종이를 철하여 꿰었다는 것을 말한다.

○ 【知音】 악(樂)의 음(音)을 잘 알다. 백아가 종자기에 뜯는 거문고(琴)의 음을 잘 이해했다는 고사에서 나와, 나의 마음을 잘 아는 친구, 마음의 바닥을 털어놓을 수 있는 친구를 말한다. "열자"(湯問)에게, '伯牙鼓琴, 志在高山, 鍾子期曰, 峩峩兮若泰山, 志在流水, 子期曰, 洋々兮如江河, 伯牙所念, 子期必得之, 子期死, 伯牙絶絃, 以無知音者'라고 있다.

○ 【既入寂】 앞서 "誓幢和上塔碑文"에는 '垂拱二年三月卅日. 終於穴寺. 春秋七十也'라고 있다. 원효의 향년이 70세였던 것은, 이 비문에 의해 비로소 알 수 있는 것이다. 또 죽은 해인 수공 2년은 서기 686년. 수공은 측천무후 주(周)조의 원호. 원효의 생년이 617년이므로 향년 70은 들어맞는다.

○ 【聰】 설총을 말한다.

○ 【廻顧至】 이마니시 류는 국서간행회복각본(제3판)에, 이 3글자 뒤의 4글자가 빠져 있다고 적었다. 노무라 요쇼(野村耀昌)는 이 3글자는 연자(衍字)[264]로 하고 있는데, 시(詩)의 글로 보아 이마니시 설을 따라야 할 것이다.

---

264) 군더더기 글.

의상전교
義湘傳敎

[723]法師義湘. 考日韓信. 金氏, 年二十九依京師皇福寺落髮. 未幾西啚[265] 觀化. 遂與元曉道出遼東, 邊. 戍邏之爲謀者. 囚閉者累旬. 僅免而還. [a]事在崔侯本傳及曉師行狀等. [724]永徽初. 會唐使舡有西還者. 寓載入中國. 初止揚州, 州將劉至仁請留衙內. 供養豊贍. 尋往終南山至相寺謁智儼. 儼前夕夢. 一大樹生海東. 枝葉溥布. 來蔭神州, 上有鳳巢. 登[266]視之, 有一摩尼寶珠. 光明屬遠. 覺而驚異. 洒掃而待. 湘乃至. 殊禮迎際. 從容謂曰, 吾昨者之夢. 子來投我之兆. 許爲入室, 雜花妙旨. 剖柝[267]幽微. 儼喜逢郢質克發新致. 可謂鈎深索隱, 藍茜沮本色. [725]旣而本國承相金欽純. 一作仁問, 良圖等. 徃囚於唐, 高宗將大擧東征. 欽純等密遣湘誘而先之. 以咸亨[268]元年庚午還國. 聞事於朝. 命神印大德明朗. 假設密壇法禳之, 國乃

---

265) 규장각본, 범어사소장본, 고려대본, DB. 啚, 고증. 圖. 이하, 같다.

266) 규장각본, 범어사소장본, 고려대본. 𨀇. DB, 고증. 登.

267) 규장각본, 범어사소장본, 고려대본. 柝. 고증. 析. DB. 析의 오기로 보인다.

免. 儀鳳元年. 湘歸太伯山, 奉朝旨創浮石寺. 敷敞大乘. 靈感頗著. [726]終
南門人賢首撰搜玄疏. 送副本於湘處, 并奉書懃懇. 曰. 西京崇福寺僧法
藏. 致書於海東新羅華嚴法師侍者. 一從分別二十餘年. 傾望之誠豈離心
首, 加以烟雲萬里. 海陸千重. 恨此一身不復再面. 抱懷[269]戀戀. 夫何可
言. 故由夙世同因. 今生同業, 得於此報. 俱沐大經, 特蒙先師授玆奧典.
仰承, 上人歸鄉之後. 開演華嚴, 宣揚法界無导緣起. 重重帝網. 新新佛國,
利益弘廣. 喜躍增深. 是知如來滅後, 光輝佛日. 再轉法輪. 令法久住者.
其唯法師矣. 藏進趣無成, 周旋寡況. 仰念玆典. 愧荷先師. 隨分受持. 不
能捨離. 希憑此業. 用結來因. 但以和尚章疏[270]義豊文簡. 致令後人多難
趣入, 是以録和尚微言妙旨. 勒成義記. 近因勝詮法師. 抄寫還鄉. 傳之彼
土, 請上人詳撿臧否. 幸示箴誨. 伏願當當來世. 捨身受身, 相與同於盧舍
那.[271] 聽受如此無盡妙法. 修行如此無量普賢願行, 儻餘惡業. 一朝顚墜.
伏希上人不遺宿昔. 在諸趣中. 示以正道, 人信之次. 時訪存没. 不具. [a]文
載大文類. [727]湘乃令十刹傳教, 太伯山浮石寺·原州毗摩羅·伽耶之海印·
毗瑟之玉泉·金井之梵魚·南嶽華嚴寺等是也. 又著法界啚書印并略疏.
括盡一乘樞要, 千載龜鏡. 競所珍佩. 餘無撰述, 嘗鼎味一臠足矣. 啚成總
章元年戊辰. 是年儼亦歸寂, 如孔氏之絶筆於獲麟矣. 世傳湘乃金山寶蓋
之幻有也. [728]徒弟悟眞·智通·表訓·眞芝·眞藏·道融·良圓·相源·
能仁·義寂等十大德爲領首, 皆亞聖也. 各有傳. 眞, 嘗處下柯山鵠뭎寺.
每夜伸臂點浮石室燈. 通, 著錐洞記, 蓋承親訓. 故辭多詣妙. 訓, 曾住佛

---

268) DB. 당(唐) 고종(高宗)의 연호는 咸亨.
269) DB. 규장각본과 순암수택본에는 글자가 좌변은 忄, 우변은 表인 형태.
270) DB. 疏의 오기.
271) DB. 那의 오기.

國寺. 常往來天宮. 湘住皇福寺時. 與徒衆繞塔, 每步虛而工.[272] 不以階
升. 故其塔不設梯磴, 其徒離階三尺. 履空而旋. 湘乃顧謂曰, 世人見此.
必以爲怪. 不可以訓世. 餘如崔侯所撰本傳.

[729] 讚曰. 披榛跨海冒烟塵, 至相門開接瑞珍. 采采雜花我[273]故國, 終南
太伯一般春.

풀이 **[722]** 의상전교(義湘傳敎)

[723] 법사 의상[274]은 아버지가 한신으로 김(金)씨인데, 나이 29세에 서
울의 황복사에서 머리를 깎고 중이 되었다. 얼마 있지 않아 서방(중
국)으로 가서 불교의 교화를 보고자 하였다. 드디어 원효와 함께 요동
(遼東)으로 갔다가[275] 고구려 변방의 순라군에게 첩자로 오인 받아 수
십 일 동안 갇혔다가 간신히 면하여 돌아왔다. **a**이 사실은 최후[276]가 지은 본
전(本傳)[277]과 원효의 행장(行狀) 등에 실려 있다.

[724] 당의 영휘 초(650)에 마침 당(唐)나라 사신의 배가 서방으로 돌아
가려고 하자 편승하여 중국으로 들어갔다. 처음 양주(楊洲)[278]에 머물
렀더니, 주장(州將) 유지인이 청하여 관아 안에 머무르게 했는데 공양

---

272) DB. 순암수택본에는 工 옆에 上 자 가필.

273) 규장각본, 고려대본. 我, 범어사소장본. 栽, 고증. 我 (栽).

274) DB. 625-702년에 생존했던 신라의 高僧. 우리나라의 화엄종의 開祖. 法名으로 義相, 義湘,
義想 등, "宋高僧傳"에는 義湘으로 되어 있다.

275) DB. 義湘의 入당(唐)時期는 기록에 따라 차이가 난다. "삼국유사"는 영휘(永徽)初, 浮石本
碑에는 661년, 中國 僧傳類에는 699년으로 되어 있는데, 浮石本碑의 기록이 진실에 가깝다.

276) DB. 최치원.

277) DB. 崔致遠이 지은 "義湘傳", 지금은 전하지 않는다.

278) DB. 중국 강소성(江蘇省)의 중부 長江의 北岸에 있던 지명.

이 지극하였다. 얼마 있지 않아 종남산[279) 지상사로 찾아가서 지엄
(智儼)[280)을 배알하였다.

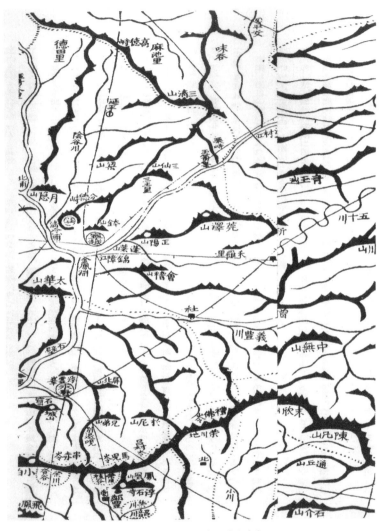

태백산 부석사 부근지도(대동여지도)

---

279) DB. 中國 陝西省 西安市의 남쪽에 있는 山.
280) DB. 당(唐)의 고승으로 중국 화엄종의 제2조이다.

지엄의 전날 밤 꿈에 큰 나무 하나가 해동(조선)에서 나서 (그) 가지와 잎이 널리 퍼져 중국(神州)에까지 와서 덮고, (그) 위에는 봉황의 둥지가 있는데, 올라가서 보니 마니보주가 하나 있어 광명이 멀리까지 비쳤다. (꿈을) 깨고는 놀랍고 이상히 여겨 깨끗이 청소를 하고 기다렸더니 의상이 바로 왔다. 특별한 예의로 맞아 조용히 말하기를, "나의 어제 꿈은 그대가 나에게 올 징조였다."고 하고 제자가 됨(入室)을 허락하니, (의상은) "잡화경"281)의 미묘한 뜻을 구석구석 분석하였다. 지엄은 영특한 자질을 가진 인물을 만난 것을 기뻐하며, 새로운 이론을 발전시켜, 경의 깊은 뜻을 탐구하고, 감추어져 보이지 않는 진리를 구했는데, 이것은 남(藍)(남색)과 천(茜)(빨강)이 본래 색보다도 더 진해지는 것 같았다.282)

725이미 본국의 승상 김흠순283) 혹은 인문(仁問)284)이라고도 하는데 그와 양도(良圖)285) 등이 당나라에 가서 구금되었고, (당)고종이 군사를 크게 일으켜 신라를 치려고 하였다. 흠순 등이 비밀리에 의상에게 일러 앞질러 (신라로) 가게 하였다. 함형 원년 경오에 귀국하여 (그) 사정을 조정에 알렸다. (조정에서는) 신인, 대덕, 명랑에게 명하여 임시로 밀단법을 설치하고 기도하여 이를 물리치게 하니 이에 국난을 면하였

---

281) DB. "華嚴經"의 다른 이름.
282) DB. 지엄이 학문을 상의할 영특한 자질을 만나 새 이치를 능히 발견해 내어 가히 깊은 것을 파고 숨은 것을 찾아내니, (저)쪽과 꼭두서니가 본색을 잃은 것과 같았다.
283) DB. 金庾信의 동생으로 생몰연대는 미상. 신라와 당(唐)의 연합군이 백제를 정벌할 때 크게 공을 세웠다.
284) DB. 신라 제29대 태종무열왕(太宗武烈王)의 둘째 아들이자 제30대 문무왕의 동생이며, 어머니는 문명왕후(文明王后) 문희(文姬)이다.
285) DB. 신라통일기의 장군이며 문장가. 金庾信, 金仁問을 도와 백제와 고구려정벌에 큰 공을 세웠다.

다. 의봉 원년(676년)에 의상이 태백산에 돌아와 조정의 뜻을 받들어 부석사[286]를 창건하고 대승(大乘)을 널리 펴니 영감이 많이 나타났다.

726종남산 (지엄의) 문인 현수[287]가 수현소를 찬술하여 의상에게 부본(副本)을 보내면서, 아울러 편지를 보내, 은근하고 간절하게 다음과 같이 말하였다. "(당)서경 숭복사의 중 법장(法藏)은, 해동 신라 화엄법사의 시자(侍者)에게 글을 드립니다. 한번 작별한 지 20여 년에 사모하는 정성이 어찌 마음에서 떠나리오마는, 구름이 자욱한 만 리 길에 바다와 육지가 천 겹으로 (막혀 있어서), 이 한 몸이 다시 만나 뵐 수 없음이 한스럽습니다. 그리운 회포를 어찌 가히 말로써 다할 수 있겠습니까? 전생의 같은 인연으로 이 세상에 태어나 학업을 같이했으므로, 이 과보를 얻어 함께 대경[288]에 목욕하고, 특별히 돌아가신 스승으로부터 이 심오한 경전의 가르침을 받았습니다. 우러러 듣건대, 상인(上人)께서는 귀국 후에 화엄을 강의하고, 법계의 무진연기를 선양하며 겹겹의 제망[289]으로 불국을 더욱 새롭게 하여, 널리 세상을 이롭게 한다고 하니 기쁨이 더욱 커집니다. 이로써 석가여래가 돌아가신 후에 불일(佛日)을 밝게 빛내고, 법륜(法輪)을 다시 구르게 하여 불법을 오랫동안 머물게 할 이는 오직 법사뿐입니다.

법장은 매진하였으나 이룬 것이 없고, 활동하였으나 볼 만한 것이 적어, 우러러 이 경전을 생각하니 돌아가신 스승에게 부끄럽습니다.

---

286) DB. 경상북도 영주시 부석면 북지리 봉황산에 있는 절, 676년 2월에 의상이 창건하고 40일 간 법회를 열었다.
287) DB. 당(唐)의 高僧(643-712)으로 中國 화엄종의 제3祖이며, 이름은 法藏.
288) DB. "화엄경".
289) DB. 帝網重重으로 표현되기도 하는데, 帝網은 帝釋網의 略語.

분수에 따라 받은 것은 능히 버릴 수 없으므로, 이 업에 의지하여 내세의 인연을 맺기를 희망합니다. 다만 화상(和尙)의 장소(章疏)가 뜻은 풍부하나 문장은 간략하여 후인으로 하여금 뜻을 알게 하기에는 어려움이 많으므로 화상의 은밀한 말과 오묘한 뜻을 적어, 의기(義記)를 애써 완성하였습니다.

근래에 승전290)법사가 베껴서, 고향에 돌아가 그 땅에 전하고자 하니, 청컨대 상인께서는 옳고 그른 것을 상세히 검토하여 가르쳐 주시면 다행이옵니다. 엎드려 원하옵건대, 마땅히 내세에는 이 몸을 버리고 새 몸을 받음에 서로 함께 노사나불291) 앞에서 이와 같은 무진(無盡)한 묘법(妙法)을 받고 무량한 보현의 원행(願行)을 수행한다면 나머지 악업(惡業)은 하루아침에 굴러떨어질 것입니다. 바라건대, 상인께서는 옛 일들을 잊지 마시고 어느 업의 세계에 있든지 간에 바른 길을 보이시고, 인편과 서신이 있을 때마다 생사를 물어 주시기 바랍니다. 이만 줄이겠습니다."292) ᵃ(이) 글은 대문류(大文類)293)에 실려 있다.

727의상은 이에 열 곳의 절에 교를 전하게 하니 태백산의 부석사, 원주(原州)의 비마라사, 가야산연인사, 비슬산의 옥천사, 금정산의 범어사, 남악의 화엄사 등이 그것이다. 또한 법계도서인294)을 저술하고, 아울러 간략한 주석을 붙여, 일승(一乘)의 요긴한 알맹이(樞要)를

---

290) DB. 신라의 고승으로 당(唐)나라 賢首의 강석에서 "화엄경"을 연구하고 돌아올 때, 賢首의 "華嚴草疏"와 그 밖의 여러 記를 써 가지고 와서 의상에게 전했다고 한다.
291) DB. "화엄경"의 주존불인 비로자나불.
292) 규장각본, 범어사소장본, 고려대본, 고증. 불구(不具). DB. 이만 갖추지 못합니다.
293) DB. 義天이 편찬한 "新集圓宗文類"를 가리킨다. 화엄종에 관한 문헌을 모아 총서로 만든 책.
294) DB. 義湘이 지은 華嚴一乘法界圖.

모두 포괄하였으니, 천 년을 두고 볼 귀감이 되어, 저마다 다투어 보배로 여겨 지니고자 하였다. 나머지는 찬술한 것이 없으나, 한 점의 고기로 온 솥의 국물 맛을 알 수 있다. 법계도는 총장(總章) 원년 무진에 이루어졌다. 이해에 지엄도 입적하였으니, 공자가 기린을 잡았다는 (구절)에서 붓을 놓은 것과 같다. 세상에 전하기를 의상은 금산보개의 화신이라고 하였다.

728그의 제자인 오진·지통·표훈295)·진정·진장·도융·양원·상원·능인·의적 등 10대덕은 영수(領首)가 되었는데, 모두 아성이라고 하고 각각 전기가 있다. 오진은 일찍이 하가산 골암사에 거처하면서 매일 밤에 팔을 펴 부석사 방의 등을 켰다. 지통은 "추동기"를 저술했는데, 대개 친히 (의상의) 가르침을 받들었으므로 글이 오묘한 뜻을 많이 지녔다. 표훈은 일찍이 불국사에 있으면서 항상 천궁(天宮)을 왕래하였다. 의상이 황복사에 있을 때 무리들과 함께 탑을 돌았는데, 매번 허공을 밟고 올라갔으며 계단으로 오르지 않았다. 그러므로 그 탑에는 사다리가 설치되지 않았고, 그 무리들도 층계에서 세 자나 떨어져 허공을 밟고 돌았다. 의상이 돌아보며 말하기를, "세상 사람이 이를 보면 반드시 괴이하다고 할 것이니 세상에 가르칠 것은 못 된다."고 하였다. 나머지는 최후가 지은 본전과 같다.

729찬하여 말한다.

덤불을 헤쳐 연진(烟塵)을 무릅쓰고 바다를 건너니

---

295) DB. 생몰년 미상의 신라 경덕왕대 화엄종(華嚴宗) 고승이다. 의상(義湘)의 10대 제자 중 1인이며, 흥륜사금당에 십성의 1인으로 소상이 봉안되기도 하였다. 불국사(佛國寺)에서 화엄경을 강(講)하였고, 동문인 능인(能仁)·신림(神琳)과 함께 금강산에 표훈사(表訓寺)를 창건하여 초대주지가 되었다. 김대성에게 화엄교학을 강의하기도 하여 불국사와 석굴암 창건에 영향을 미쳤다.

지상사는 문을 열고 진객을 맞이하여 대접했다.[296]

화엄(雜花)을 고국에 심으니

(당의) 종남산과 신라의[297] 태백산이 함께 봄이 되었다.

주해 **722**○【義湘】의상(625-702년)은 원효와 같은 시대의 신라의 이름난 승려이다. "송고승전" 권제4 · 당신라국의상 조 말미에, 의상을 '海東華嚴初祖라고 한다.'라고 하며 글을 맺고 있다.

그는 진평왕 47년(625)에, 수도 경주 귀족의 집안에서 태어났다. 성은 김씨, 혹은 박씨라고도 전해진다. '유'의 해당되는 조에는 그의 생몰년에 대해 적고 있지 않는데, '유' 권제3 · 탑상 제4 '전후소장사리' 조에 인용되어 있는 "부석본비"에는 '相, 武德八年生. 卅歲出家. …長安二年壬寅示滅. 年七十八.'이라고 있으며, 또 '해동' 권제2. 유통1의2 '안함' 조에, '崔致遠所撰義相傳云. 相, 眞平建福. 四十二年受生.'이라고 있다. 위의 진평과 건복 42년, 당의 무덕 8년은 모두 서기 625년이므로, 이해에 태어난 것이다.

그리고 그는 20세 되던 해에 출가하여 불문에 들어갔는데(644), 이윽고 진덕왕 4년에 이르러 현효(玄驍)[298]와 함께 입당을 위해 출국을 했는데, 도중, 요동에서 난을 만나 단념하고 귀국. 다시 문무왕 원년(661), 37세 되던 해에 입당을 위해 정박하던 상선에 편승하여, 중국에 들어가는 데에 성공했다. 마침내 장안에 들어가 지엄(602-668)을 스승으로 모셨다. 주로 화엄을 배웠는데, 나중에 중국 화엄종의 대성자가 된 법장과는 동문이었다. 강에 있던 중의 의상은, 668년에 스승 지엄과 사별(死別)했

---

296) DB. 상서로운 보배를 접했도다.
297) 고증에서는 '신라의'를 추가.
298) 고증 그대로. 元과 玄의 일본어음이 같다.

는데, 그때부터 당과 신라의 관계가 악화되었기 때문에 본국에 위급(危急)을 알리기 위해, 671년에 귀국했다. 이때 문무왕은 호국의 법회를 열어, 부처의 힘으로 당의 공격에서 벗어나려 했다. 의상은 귀국 후, 화엄을 강의하며 그것을 넓히는 데 힘을 썼는데, 또 왕명에 의해 부석사를 비롯해 화엄십찰(十刹)을 창건했다. 지엄의 동문, 법장과의 친분은 깊었는데, 의상의 귀국 후 20여 년 지나 작은 서한은 '기신라의상법사서'라고 하는데, 법장진적척독은 지금 덴리(天理) 도서관(덴리대학 내)에 소장되어 있다. 나아가 의상의 저서로 전해지는 것은 것은 수부(數部) 있는데, 가장 중요한 것은 "화엄일승법계도"이다. 이것은 의상이 지엄에게 배워 이해한 화엄교학의 종요(宗要)가 적혀 있다. 이것은 중국(법장) 화엄학에 큰 영향을 끼친 것이다.

의상의 제자에는, 십대제자를 비롯해, 삼천문도가 있었다고 한다.

일본교토 도가노오(栂尾) 고산지의 묘에쇼닌 고벤은 화엄종의 부흥에 힘썼는데, 특히 신라화엄종의 조사(祖師)인 의상 및 동학(同學)인 원효를 경모하여 그 전기를 만들었다. 고산지 소장의 의상 그림, 원효 그림이 그것이다. 또 "송고승전" 권제4 의상전에는 의상을 흠모하는 선묘와의 이야기를 전하고 있다. 선묘는 의상이 당에서 귀국할 때에, 등주(登州) 출범한 뒤를 쫓아 바닷속으로 몸을 던져 용녀로 변하여, 배를 따라 의상을 신라에 도달하게 했다. 나아가 부석사를 개창할 때에 거석이 되어 의상의 입산을 도왔다고 한다. 현재 부석사의 무량수전의 오른쪽 뒤에 선묘각(閣)이 있다. 이것은 선묘를 둘러싼 작은 사당이다. 일본에서도 고산지의 별원(別院)으로서 선묘가 모셔져 있다.

[참고] "송고승전" 권제4 의상전. "부석본비" '유' 권제4 '의상전교'. 田村圓澄 '義湘', "世界傳記大事典" 日本・朝鮮・中國編 3, 호르부출판. 鎌田茂雄 "朝鮮佛敎史"(동경대학출판회), "新羅佛敎史序說"(大藏出版).

723○【法師義湘. 考曰韓信. 金氏. 年二十九依京師皇福寺落髮】의상의 아버지 한신(韓信)에 대해서는 이곳에만[299] 보이는 것으로 미상.

다음으로 의상의 속세 성은 김씨라고 되어 있는데, "송고승전" 권제4 의상전에는 박씨라고 하고 있다. 즉 '釋義湘. 俗性朴. 雞林府人也. 生且英奇. 長而出離.'라고 있다.

또 출가할 때의 나이를 29세라고 하고 있는데, '유' 권제3·탑상제4 '전후소장사리' 조, 인용의 "부석본비"에는 '湘武德八年生. 丱歲出家. …'라고 있다. 즉 20세에 출가한 것이다. 나아가 앞의 "송고승전"에는 오랫동안 떠나 있었다고 되어 있어, 구체적인 연령은 보이고 있지 않다. 그러나 어쨌든 20세에 승적에 올라간 것으로 보인다. 이해는 644년이다.

○ 【皇福寺】 절터는 구경주군 동면 배반리(현, 경주시 배반동)에 있으며, 금당지(址)·석탑·귀부 등이 존재한다. 근래에는 사천왕사지, 망덕사지, 분황사, 황룡사지(址) 등이 있다. 황복사에 대한 상세한 것은 불명하지만, 신라왕실과의 연관성이 깊었던 것으로 보인다.

○ 【未幾西圖觀化】 "송고승전" 권제4 의상전에는 '年臨弱冠. 聞唐土敎宗鼎盛.'이라고 적고 있다. 의상, 원효가 입당을 꾀한 동기에 대해서는, 이미 '원효불기' 조에서 말했으므로 그것을 참조.

○ 【遂與元曉道出遼東邊. …僅免而還】 '이윽고 의상은 원효와 함께 길을 떠나, 요동 근처에 갔는데, (고구려의) 국경경비병에게 첩자라고 오해받아 잡혀, 감금되기를 수십 일에 이르렀는데, 이윽고 빠져나와 귀환했다.'

이상은 주(注)에 달려 있는 "최후본전"과 "효사행상"에 의한 것인데, "송고승전" 권제4 의상전에는 정설적인 것이 상세하게 적혀 있다. 즉 '年臨弱冠, 聞唐土敎宗鼎盛. 與元曉法師. 同志西遊. 行至海門唐州界. 計求巨艦. 將越滄波. 候於中塗遭其苦雨. 遂依道旁土龕間隱身. 所以避飄濕焉. 洎乎明旦相視. 乃古墳骸骨旁也. 天猶霢霂地且泥塗. 尺寸難前逗留不進. 又寄埏甓之中. 夜之未央俄有鬼物爲怪. 曉公歎曰. 前之寓宿謂土龕而且安. 此夜留宵託鬼鄕而多崇. 則知心生故種種法生. 心滅故龕墳不二. 又三

―――――――

299) 고증. 당소(當所)를 당초(當初)라 했다. 같은 일본어 음운(トウショ)에 의한 것.

界唯心萬法唯識. 心外無法胡用別求. 我不入唐. 却携囊返國. 湘乃隻影孤
征誓死無退.'

723a○ 【崔侯本傳】 최후는 신라 말의 석학, 최치원(858-?)을 말한다. '유' 권
제1·기이제1 '마한' 조(주해 25) 및 "世界傳記大事典" 日本·朝鮮·中國
編 3, 수록 '최치원'(村上四男 집필)을 참조.

　이곳의 '최후본전'은 최치원이 찬술한 의상전일 것인데, 지금은 전하지
않는다.

○ 【曉師行狀】 최치원 찬술 원효사행상을 말한다. [참고] 末松保和, "靑丘史
草"(제2).

724○ 【永徽初. …入中國】 당 고종의 영휘 연간은 650년에서 655년에 걸친
다. 의상의 입당 연도에 대해서는 ① 영휘 초라는 설이 있고, ② '유'(권제
3·탑상제4)의 '전후소장사리' 수록 "부석본비"에는 용삭 원년(661)이라
고 있으며, ③ "송고승전" 권제4 의상전에는 총장 2년(669)이라고 하여
세 가지 설로 나뉜다. 이 가운데 영휘 초는 의상과 원효가 출국해서 요동
에 감금당할 때로 맞지 않고, 총장 2년설은 의상이 배운 스승 지엄이 죽
은 해(669) 다음 해가 되므로 역시 맞지 않다. 그래서 용삭 원년설을 받
아들이지 않을 수 없다. 용삭은 당 고종대의 원호. 즉 의상의 입당은 661
년이라는 것이 된다.

○ 【楊(揚)州】 올바르게는 양주(揚州). 양주는 강소성 중부, 장강의 북쪽에
가까우며, 대운하를 보고 있다. 이 지역은 전국시대부터 초(楚)의 광릉읍
으로 알려졌고, 진한시대에는 대체로 광릉현이 다스리는 곳이었다. 삼국
시대에는 위(魏)와 오(吳)와의 쟁탈지역으로 황폐화되었다. 동진(東晉)
에서 남조를 통해 도읍에 가까운 관계로, 광릉군, 남연주, 동광주의 치소
(治所)가 놓였다. 수대에는 양주(揚州)가 관할하는 곳이 되었다. 이 지역
은 운하 제1의 요충으로 장려한 이궁이 있었고, 도읍에 버금가는 지위가
주어졌다. 당시대에는 양주도독부가 놓였고, 수륙교통의 중심을 차지했
기 때문에, 북방으로 가는 강남물자의 큰 집산지가 되었다. 또 장강(長

江) 입구와 가까웠기 때문에, 외국 무역항으로서 공전(空前)의 발전을 이루었으며, 아라비아상인도 다수 왕래해서 간츠(강도의 와전)라는 이름으로 해외에도 알려졌다. 당 말에는 황소의 난으로 일단 황폐화되었으나, 오대(五代)시대에는 오나라의 수도(강도부)가 되었고, 남당(南唐)에서는 서도 금릉에 대하여 동도라고 했다. 송대에는 양주부의 관할, 원(元)대에는 양주로(路)의 관할, 명청(明淸)대에는 양주부의 관할지역이 되었다. 1949년에는 강도현의 시가구를 분리하여 양주시가 설치되었다. 예부터 회염의 집적지로 상업이 발달했으나, 해방후, 각종 공업이 발달하고 있다.

○ 【尋往終南山至相寺謁智儼】 이미 '유' 권제3 · 탑상제4 '전후소장사리' 조에는 '相云云, 昔義湘法師入唐. 到終南山至相寺智儼尊者處.'라고 있으며, "송고승전" 권제4 의상전에는 '湘乃經趨長安終南山智儼三藏所. 綜習華嚴經.'이라고 있다.

○ 【終南山】 섬서성 서안시 남쪽에 있다. 남산이라고도 한다. 옛날에는 태일산, 지폐산, 중남산, 주남산 등이라고 했다. 진령(秦嶺) 봉우리의 하나. 현장의 유서 깊은 홍교사는 종남산 북방에 있다.

○ 【智儼】 화엄종 제2조(祖) 지엄(602-668)은 천수(甘肅省) 사람으로 성은 조(趙)씨. 12세에 두순(法順)을 따라, 그의 고제 달법사의 훈육을 받고, 14세에 출가. 법상, 지정에게 배우고, 여러 스승을 찾아가 연구하며, 27세에 "화엄경수현기"(五卷)를 저술하고 나아가 "화엄공목장", "화엄오십요문답"을 저술하고, 화엄종 성립의 기초를 이루었다. 또한 저서가 많고 제자도 많았는데, 의상, 법장, 회재는 유명하다. 그는 또 지상대사, 운화존자라고 (거주한 절 이름을 따서) 불렀다. "속고승전" 권25 법순전에 그의 이야기가 실려 있다.

○ 【摩尼寶殊】 마니(摩尼)는 범어mani의 음을 옮긴 것. '주(珠)' 또는 '보주(寶珠)'라고 한역하며, 마니주, 마니보주 등으로도 말한다. 마니는 즉 주(珠), 보석 종류의 총칭인데, 불전에서는 불가사의한 공덕을 갖춘 보주(寶珠)에 종종 언급된다. 특히 '여의보주'에는 악질을 고치고, 뱀독을 없

애고, 흐린 물도 맑게 하는 등 다양한 소원을 이루게 하는 힘이 있다고 한다("岩波佛敎辭典" 참조).

○ 【湘】 의상을 말한다.

○ 【雜花】 화엄경은 잡화경이라고도 한 것 같다. 화엄의 범어인 gandavyūha의 ganda는 잡화(雜華)라고 번역하고, vyūha를 엄식이라고 번역한다. 잡화는 모든 꽃(華, 花)을 의미한다.

○ 【儼】 지엄(智儼).

○ 【郢質】 영(郢)은 ① 춘추시대 초(楚)의 수도(지금의 호북성 강릉현 북쪽). ② 빼어난 음악, 또는 가무(歌舞)가 발달하여 문란한 풍속이 유행한 지역이라고 전해진 까닭에 문란한, 싫다는 등의 의미로 쓴다. 나아가 "대한화사전" 모로하시 데쓰지에는 '영질(郢質)'은 영(郢)의 성실한 사람을 말한다. 영(郢)은 초(楚)의 수도'라고 하는데 영(郢)은 영(英) 혹은 영(穎)과 음이 통하므로 오히려 처음의 영질(郢質)은 '영질(英質)' 혹은 '영질(穎質)'이라고 해야 할까.

○ 【索隱】 '탐색색은'(易・繫辭)으로, 감추어진 도리를 찾아 구하는 것. 탐색(探賾)은 감추어져 분명하지 않은 것을 찾아 구함. 색(賾)은 깊은 도리. '聖人有以見天下之賾'(易・繫辭).

○ 【藍茜沮本色】 남(藍)은 여뀌과(科)의 1년생 초목으로 청색 염료이다. 천(茜)은 꼭두서니과(科)의 다년생 초목의 꼭두서니 풀. 덩굴 풀의 일종으로 그 뿌리에서 빨간색 염료를 얻는다. 다음으로 '저본색은 '원래(本)의 색(色)을 지나치다.', '원래의 색보다도 뛰어나다.'라고 읽어야 할 것이다. 그래서 이곳의 글은 '남(藍)에서 얻은 청색(青色)은, 본래의 남(藍)보다도 푸르고, 천(茜)에서 얻은 적색(赤色)은 본래의 천(茜)보다도 빨갛다.'라는 것을 적은 것이다. 즉 제자가 스승보다도 낫다는 것, 또 원전보다도 주석쪽이 뛰어나다는 것을 가리킬 것이다. 소위 '출람(出藍)', '출람의 명성', '청(青)은 남(藍)에서 나와 남(藍)보다도 푸르다.'의 비유이다. 이것은 "순자"(권학편)에는, '學不可已. 取之於藍. 而青於藍. 氷. 水爲之而寒于水.'

라는 것에 의한다.

725○ 【旣而本國承相金欽純. 一作仁問. 良圖等. 往囚於唐】'사'('나기')(권 6). 문무왕 9년(669) 5월 조에는 '又遣欽純角干, 良圖波珍湌入唐謝罪.'라 고 있다. 그리고 문무왕 10년(670) 조에는 '春正月. 高宗許欽純還國. 留 囚良圖. 終死丁圓獄. 以王擅取百濟土地遺民. 皇帝責怒. 再留使者.'라고 있다. 김흠순과 김양도가 당에 간 것은 다음의 이유에 근거한다. 신라가 당과 연합하여 백제를 멸했는데, 당은 백제의 옛 땅을 계속 차지하고 있 으면서 신라에게 주지 않았다. 그래서 신라는 실력으로 당이 점령하는 백제 옛 땅을 차례로 잠식했다. 이것에 대해서 당은 신라를 책망했기 때 문에, 사죄사로서 흠순·양도 등을 당에 보낸 것이다.

○ 【本國承相金欽純】김흠순은 김유신의 동생으로, 모두 서현 각간의 아들 ('유' 권제1·김유신 조). 흠춘이라고도 한다. 신하의 명장 혹은 명상(名 相)으로서 알려져 있다. '사'(권47·열전제7) '김영윤전'에는 '金令胤. 沙 梁人. 級湌盤屈之子. 祖欽春(或云欽純)角干. 眞平王時爲花郞. 仁深信厚. 能得衆心. 及壯. 文武大王陟爲冢宰. 事上以忠. 臨民以恕. 國人翕然稱爲 賢相.'라고 있는 대로이다.

승상(承相)은 승상(丞相)으로 고쳐야 할 것이다. 승(承)과 승(丞)은 같 은 음. 또한 '유' 권제2 '문호왕법민' 조(주해 263)도 참조.

○ 【一作仁問】이 4글자는 할주(割註)로 해야 할 것이다. 그러나 본문의 김 흠순과 김인문은 다른 사람이므로, 이 4글자는 필요 없다.

다음으로 김인문은 태종무열왕의 제2자(子)(형은 법민(法敏), 나중에 문무왕). 일곱 번이나 입당하여, 외교면에서 활약했다. 상세한 것은 '사' 권44·열전제4 김인문전, "김인문묘비문"(황수영 편저 "한국금석유문" 수록) 및 '유' 권제1·기이제1 '대종춘추공' 조 및 고증 상권 주해 237 '각 간인문' 항목(628면)을 참조.

○ 【良圖】'사'(권44·열전 제4) 김인문전의 말미에 붙여 '時亦有良圖海湌. 六入唐. 死于西京. 失其行事始末.'이라고 있을 뿐이다. 양도(良圖)는 성

김씨로 진골신분이었는데, 그 생년은 불명. 서기 661년부터 668년에 걸쳐 백제, 고구려와의 전쟁에 있어서 양도는 신라군의 부장군, 장군으로서 출진했던 것이 '나기'의 여러 곳에 보인다. 그때 양도의 관위는, 아식에서 대아식300)(제5등)이다. 그리고 앞서 인용한 '나기'에 적혀 있듯이, 문무왕 9년(669) 5월에, 사죄를 위해 흠순과 함께 당에 갔다. 이때 양도는 파진찬(해찬)(제4등의 관위)였다. 그리고 다음 해 흠순은 귀국할 수 있었는데, 양도는 그대로 억류되어 옥사했다. 그것은 당의 서경, 즉 장안에서였다. 나아가 열전에는 여섯 번이나 입당했다고 되어 있다. 그래서 그는 군사뿐만 아니고, 외교면에서도 활약했다고 생각된다. 또 양도는 신앙심이 두터워 불교에 귀의했다는 것을, 이하의 전승으로 알 수 있다. 뒤에 나오는 '유' 권제5 · 신주 제6 '밀본최사'에는 승상 김양도가 어린이였을 때, 갑자기 말을 잃게 되고 몸이 굳어졌다. 그러나 밀본법사의 신통한 주술력에 의해 병이 나아, 말을 하게 되고 몸이 풀렸다. 양도는 이것으로 부처를 평생 믿게 되었다. 홍륜사 오당(吳堂)의 주불(主佛), 미륵존상과 좌우 보살의 소상을 만듦과 동시에 금색으로 당(堂)의 벽화를 그리게 했다고 한다. 나아가 '유' 권제3 · 홍법제3 '원종홍법 염촉멸신' 조의 할주(割註)(주해 495a)에 '태종왕 때, 재보인 김양도가 불법을 믿고 두 딸, 화보와 연옥을 바쳐 절의 시종으로 했다.'라는 것이 보인다. 태종 무열왕대의 양도는 '나기'에 의하면 아직 겨우 아찬이었다. 그래서 재보라든가 재상이라는 것은, 그가 타향에서 순직했기 때문에, 그의 공적에 대하여 추증(追贈), 추존(追尊)되었을까.301)

○ 【以咸享元年庚午還國. 聞事於朝】 함형 원년은 서기 670년, 문무왕 10년에 해당한다. 함형은 당 고종의 원호. 이해에 위급을 알리기 위해 의상이

---

300) 고증 원문 그대로. 아찬(阿飡)과 대아찬(大阿飡)을 말할 것이다.
301) 당에 사죄를 목적으로 가는 사신이므로 중책에 있는 자일 것이다. 그리고 흠순을 먼저 보내고 그를 억류했다는 것도 그의 막중한 존재감 때문일 것이다.

귀국한 것은 '유' 권제2·기이제2 '문호왕법민' 조에 보인다. 그러나 '나기'에는 이해에 김흠순은 귀국을 허락받았으나, 의상의 귀국은 기재되어 있지 않다.

○【命神印大德明朗. 假設密壇法禳之, 國乃免】 이것은 '유' 권제2·기이 제2 '문호왕법민' 조에 상세하게 적혀 있으니 참고. 또한 신인종(밀교)의 개조인 명랑, 및 그 사적에 대해서는 '유' 권제5·신주 제6 '명랑신인' 조에 상세하므로 그것으로 미룬다.

○【儀鳳元年. 湘歸太伯山, 奉朝旨創浮石寺】 '나기'(제7) 문무왕 16년(676) 조에는 '春二月. 高僧義湘. 奉旨. 創浮石寺.'라고 있다. 다음으로 의봉은 당 고종대의 원호로, 그 원년은 서기 676년.

○【大(太)白山】 신라 오악(五岳)의 하나로, 북악(北岳)에 비유한다. 자세한 것은 주해 714의 '태백산' 항목을 참조.

○【浮石寺】 태백산 부석사는, 경상북도 영주군 부석면 북지에 있다. 이 절의 대가람(大伽藍)은 태백산맥의 지류인 봉황대(鳳凰臺) 산허리에 놓인 대석단 위에 있다. 지금 신라시대 건조물로서 남아 있는 것은, 당간지주(화강암), 삼층석탑, 석등(石燈)(팔각석주)으로, 가람에서는 고려 말에 가까운 1376년에 세워진 이 절의 무량수전으로, 한국에 현존하는 목조건축으로서는 가장 오래된 것으로, 당시의 건축미를 아는 데에 귀중하다.

의상법사는 당에서 귀국한 671년에 낙산사를 창건, 그리고 5년 후인 676년에 왕명에 의해 태백산에 들어가 부석사를 창건하고 해동화엄종을 창시했다. 이미 말한 선묘설화에 나오는 부석(浮石)은, 무량수전의 왼쪽 뒤에 있다. 또 선묘를 모신 선묘각은 무량수전의 오른쪽 뒤에 있다.

726○【終南門人賢首】【西京崇福寺僧法藏】 모두 법장(法藏)을 말한다. 법장(643-712)은 당대 명승으로 중국화엄종의 제3조(祖). 성은 강(康)씨. 자(字)는 현수(賢首). 원래 서역 강거(康居) 사람으로 조부 때에 장안으로 왔다고 한다. 그는 장안에서 태어났는데, 17세에 태백산에 들어가 수년간 경론을 배우고 나중에 종남산 지엄이 화엄교를 강설하는 것을 듣고

아직 속세의 몸으로 화엄의 묘한 이치를 찾았다. 그는 측천무후의 두터운 신임을 받으며, 태원사에 살았는데, 그때에 칙령으로 머리를 깎고 출가했다. 이곳에서 무후(武后)는 그의 화엄경 강설을 듣고, 깊이 느낀 바가 있어, 현수대사라는 호를 내렸다. 그는 많은 역경에도 관여했는데, 특히 실차난타의 신화엄경의 역경은 법장에게 있어 새로운 힘을 주었다. 이 신역(新譯) '화엄경'은 칙(勅)에 의해 곧바로 낙양의 불수기사에서 강론하고, 나아가 궁중 장생전에서도 강론했다. 또한 60여 부에 걸치는 많은 책을 저술하였고, 중종 선천(先天) 원년(712)에, 70세로서 서경 대천복사에서 입적하였다. 칙에 의해 홍려경을 추사(追賜)받고, 비단 1200필을 하사받았다. 그는 또한 국일법사, 강장법사, 향상재사라는 별호로도 불렀다.

　그의 이야기는 "송고승전" 권5 · 주락경불수기사법장전, "당대천복사고사주번경대덕법장이상전" 등 다수의 책에 보인다.

○ 【搜玄疏】법장의 스승이었던 지엄은 "화엄경수현기"를 지었다. 제자인 법장은 "화엄경탐현기"를 지었다. 이것은 스승이 지은 "화엄경수현기"의 내용을 발전시켜 방대한 주해를 한 것이기 때문에, '탐현기'라고 하지 않고 '수현소'(수현기 소(疏))[302]라고 했던 것일까.

○ 【海東新羅華嚴法師】의상을 말한다. 해동은 조선의 별칭.

○ 【開演華嚴】화엄경의 진리에 대해 강의를 시작했다는 것.

○ 【法界無㝵(碍)緣起】화엄종에서는 진리 그 자체의 발현(發顯)으로서 현실의 세계를 법계(法界)라고 하며, 위로부터 사(事)법계(사물 · 사상(事象)의 세계), 이(理)법계(진리의 세계), 이사무애법계(진리와 사물 · 사상이 교류 · 융합하는 세계), 사사무애법계(사물 · 사상이 상호 교류 · 융합하는 세계)의 4종의 구별(4법계) 등을 가진다. 이곳의 무애(無㝵)는 무애(無礙)를 말한다.

---

302) 고증의 원문 그대로. 소(疏)를 소(疏)로 표현.

다음으로 화엄종에서 말하는 연기(緣起)에, 두 가지 의미가 있다. 하나는 여러 경전에서 보이는 다양한 연기로서의 포괄적 호칭. 크게 세계의 연기와 깨달음의 연기로 나누어 설명된다.

또 하나는 궁극·진실의 연기를 의미하며, 진리 그 자체의 발현으로서 모든 사물, 사상(事象)이 서로 인연이 되어, 자유롭게 제한 없이 서로 교류, 융합하여 일어나는 것을 말한다. 일즉일체·일체즉일 등으로 표현된다. 이러한 견해의 바닥에는 모든 것이 아무런 실체성, 고정성도 가지고 있지 않다는 '무성(無性)'의 사상이 있다. '밥계무진연기', '일승연기' 등이라고 한다("岩波佛敎辭典" 1989 참조).

○【重重帝網】 대부분은 '제망중중'이라고 한다. 제석궁을 꾸미는 보망(因蛇羅網)의 구슬이 서로 겹쳐 비치는 것. 이것도 화엄의 교의가 상즉상입한다는 것을 말하는 것이다. 제망(帝網)은 제석망(帝釋網)의 약어. 인사라망과 같다(中村元著. "佛敎語大辭典" 下, 昭和50년 등 참조).

○【新新佛國】 화엄경에서는 부처가 되기 위해 수행하는 자의 마음은, 부처의 무상(無上)의 깨달음을 떠나서는 존재하지 않는다. 자기 마음속에 부처의 무상의 깨달음이 존재할 뿐만 아니라, 모든 사람의 마음속에도 부처의 무상의 깨달음이 존재한다고 말한다. 제4조(祖)인 징관(澄觀)은 비로차나의 법계를 '新新의 佛國'이라고 말했다("國譯大藏經" 本 '遺事'의 주(注) 참조).

○【法師】【和尙】【上人】 이것은 모두 법장이 형제자(兄弟子) 의상에 대한 경어이다.

○【勝詮法師】 의상의 고제(高弟). 상세한 것은 뒤에 보이는 '승전촉루' 조를 참조. 또한 법장이 승전에 의해 의상에게 보낸 저서 등의 서명(書名)은 '승전촉루' 조에 보인다.

○【伏願當當來世. 云云】 '화엄경입법계품'에는, 선재동자가 외유하면서 수행한 취지가 기록되어 있다. 이곳은 '더불어 선재(善財)함과 같이 사신(捨身)하여 행하고, 역겁수행을 거듭하여 화엄법계의 부처가 되도록 합

시다.'라는 뜻이다(野村耀昌에 의한다).

○ 【盧舍那】 비로사나불을 말한다. 화엄교의 부처. 비로사나는 Vairocana 라는 산스크리트어를 옮긴 것으로, 보통 '光明遍照'라고 옮긴다. 무한의 빛이 골고루 비추는 것, 그 자체가 부처이며, 광명 그 자체를 말하고 있다. 밀교의 경전에서는 같은 비로사나불이, '大日如來'가 된다.

○ 【普賢】 보현보살 Samantabhadra를 말한다. 문수보살과 함께 석가여래의 일생보처(一生補處)의 보살로서, 협시(脇侍)에 해당한다. 화엄경에서는 이 보살을 칭찬하여 선재동자가 50 남짓한 선지식을 찾아뵙고 보현보살을 찾아가서 구도(求道)를 다한 것을 말하고 있다. 또 법화경에서는 법화경을 깊이 신봉하기 위해서, 흰 코끼리에 올라앉은 보현보살이 나타나서 수호한다고 말한다.

○ 【普賢願行】 소위 십대원(十大願)을, 이 보살이 설법하는 것을 말한다. ① 모든 부처를 예경(禮敬)하며, ② 여래를 찬미하고, ③ 널리 공양을 닦아, ④ 業障303)을 참회하고, ⑤ 늘 공덕을 기뻐하며, ⑥ 전법륜을 구하고, ⑦ 부처가 세상에 있을 것을 구하며, ⑧ 항상 부처를 따라 배우고, ⑨ 늘 중생에 순종하여, ⑩ 골고루 모두 회향(廻向)한다. 이 열 가지 대원(大願)이다.

726a○ 【大文類】 "원종문류"(권22)를 말한다. 末松保和 '三國遺事の經籍關係記事'("靑丘史草" 수록) 참조. 또한 원종문류에 대해서는 "韓國佛書解題辭典"(東國大學佛敎文化硏究所編, 國書刊行會, 昭和五七年刊) 93면을 참조.

727○ 【十刹】 본문에 기재되어 있는 다섯 가지 사찰 이외는 불명. 의상이 목표로 한 것은 왕경(王京)과 각 주(州)(九州)에 사찰 하나씩 두는 것이었을까.

중국에서는 이미 고종이 여러 주(州)에 각각 사찰 하나씩을 두었고, 측

---

303) 고증 원문대로. 악업(惡業)의 업당(業幢)일까. '五千五百佛名神呪除障滅罪經'에 '業幢如來'로 보인다.

천무후는 천수 원년(690)에 양경(兩京) 및 여러 주(州)에 대운사를 건립하고, 중종도 신룡 원년(705), 천하에 중흥사를, 현종은 개원 26년(738), 천하 여러 주군(州郡)에 개원사를 짓게 했다. 이 관사(官寺)의 건립이 한국, 일본에 영향을 끼쳤을 것이다.

○ 【原州毗摩羅】 비마라사(毗摩羅寺)는 불명. 원주는 지금의 강원도 원주시로 보인다. '승람'(권46) 원주목의 건치 연혁 조에는, '本高句麗平原郡. 新羅文武王置北原小京. 高麗太祖二十三年. 改今名. 顯宗九年. 爲知州事. 高宗四十六年. 以州人逆命. 降爲一新縣. 元宗元年. 復知州事. 十年. 以林惟茂外鄕. 陞爲靖原都護府. 忠烈王十七年. 以禦丹兵有功. 改益興都護府 (이하 생략)'라고 있다.

○ 【伽耶之海印】 가야산 해인사. 가야산은 경상남북도에 걸쳐 있고, 표고 1,430m. 해인사는 그 중턱에 있으며, 부지는 경상남도 합천군 가야면 치인리(緇仁里)에 속한다.

현재는 조계종의 제12교구의 본산으로서, 71개의 절을 관장하고 있는데, 한국이 자랑하는 중요 문화재인 팔만대장경이 보관되어 있다. 특히 신라 말에는 석학 최치원이 은둔한 곳으로도 알려져 있다.

○ 【毗瑟之玉泉】 비슬산(毗瑟山) 옥천사(玉泉寺)로 보인다. '승람'(권27) 창녕현의 '고적' 조에 '玉泉寺. 在火王山南. 高麗辛旽母乃此寺婢也. 旽誅寺廢. …'라고, 옥천사의 위치와 없어진 이유가 기록되어 있다.

또 이 책의 '산천' 조에는 火王山 '在縣東四里. 鎭山'이라고 되어 있으며, 비슬(毗瑟)이라는 것은 음 상통으로 보이는 비슬산이 보인다. 비슬산에 대해서는 '在縣北三十里'라고 기록되어 있다.

이 창녕현 지역은 신라 상고시대에는 비자벌이라고 하며, 진흥왕 16년(555)에는 하주(下州)가 놓였다. 경덕왕대에 화왕군이라고 이름을 고치고, 고려 태조 때에 창녕군이 되었다. 그래서 위의 화왕산은 옛날에는 비사벌산이었을 것이다.

또 현재의 대구직할시 남쪽, 경상남도 달성군과 경상남도 창녕군과의 경계에 비슬산이 있다. 그 산 정상은 달성군에 있으며 표고는 1,084m, 이 산의 지맥은 남쪽으로 이어져 창녕읍의 동쪽으로 흐른다. 이 비슬산은 '승람'의 비슬산에 분명하다. 그래서 화왕산이 비슬산의 일부라고 한다면, 비슬산의 옥천사일 것이다.

○ 【金井之梵魚】 금정산 범어사를 말한다. 이 범어사는 금정산의 기슭에 있는데, 이곳은 현재의 부산 직할시 동래구 청룡리에 속한다.

　　이 절은 임진왜란으로 360여 가람(伽藍)의 대부분이 불에 타 없어지고, 지금의 대웅전은 1680년에 다시 새워진 것이다. 이 대웅전 왼쪽에 통일신라 시대에 건립되었다고 하는 삼층석탑이 있으며, 그 약간 오른쪽 뒤에 산령각이 있다. 이것은 한국불교의 특색을 보이는 것이다. 또 산문(山門)인 일주문은 한국 중세의 독특한 건축양식을 나타내는 특색을 가지고 잇다. 지금도 많은 절을 가지는 대사원이다.

○ 【南嶽華嚴寺】 남악(南嶽)은 신라 오악의 하나인 지리산('사' 권32, 제사지), 즉 지리산을 말한다. 그래서 남악화엄사는 지리산 화엄사를 말한다. 지금의 경상남도 서부에, 표고 1,915m의 지리산이 있다. 그리고 산기슭은 경상남도 하동군뿐만 아니고, 널리 서쪽의 전라북도 남원군, 전라남도의 구례군까지 이르고 있다. 화엄사는 전라남도 구례군 마산면 황전리에 위치하는데, 이쪽은 산수청명한 지역으로, 지리산 기슭에는 지금도 많은 사원이 존재하고 있다.

　　전해지는 이야기로는 화엄사는 진흥왕 5년(544)에 인도승려인 연기조사가 개창(開創)했다. 그 후 선덕왕 12년(643)에 자장의 손에 의해 석조사리탑, 칠층석탑, 석등을 증축했다고 하는데(鎌田茂雄 "朝鮮佛敎の寺と歷史"), 의문을 가지지 않을 수 없다. 원래 이 지방이 신라의 지배하에 들어간 것은 문무왕대의 일이기 때문에 화엄사는 의상에 의해 개창되었다고 말해야 할 것이다.

　　의상은 왕명에 의해 삼층의 장육전을 세우고, 그 주위에 석각(石刻) '화엄교'를 새겼다고 전해진다. 이 화엄사는 고려시대에 자주 큰 규모의 중

수(重修)가 있었는데, 조선시대에 들어와 임진의 난으로 대가람, 보물이
재가 되어 버렸다. 그러나 인조 8년(1630)에 벽암대사에 의해 재건되었다.
　　신라의 화엄사는 남악(南岳)파와 북악(北岳)파로 나누어졌다. 북악파
연인사에 대해서 남악파의 본거지가 되었던 것이 이 화엄사였다.

○【法界圖書印幷略疏】 "화엄일승법계도일권"과 "법계약소"를 말한다. "일
　승법계도"의 찬술연대는 "일승법계도" 본문 끝에, 총장 원년(668) 7월 15
　일에 "화엄경" 및 "십지론"에 의해 원교(圓敎)의 종요(宗要)를 기록했다
　고 하는 것으로 알 수 있다. 그리고 "일승법계도"가 의거하는 경론은 "화
　엄경" 및 세친(世親)의 "십지론"이다. 또 일승이라는 것은 원교일승으로,
　원교의 종요와 일승법계도는 같은 뜻이다. 법계라는 것은 원교의 종요를
　나타내는 말이다. 의상이 남긴 유일한 저작인 "일승법계도"는 '해인도(海
　印圖)'라고도 하며, 신라화엄의 생명이기도 하다. 신라의 불교에서는 교
　학보다도 실천을 중시하는데, 의상의 "법계도"에는, 그것이 현저하게 나
　타나 있다고 한다(鎌田茂雄 "朝鮮佛敎の寺と歷史" 수록 '一乘法界圖とは'
　등 참조).

○【圖成總章元年戊辰】 도(圖)는 "일승법계도". 이것이 지어진 것은 총장
　(總章) 원년(668) 7월 15일이었다는 것은 위에서 말한 대로이다. 총장(總
　章)은 당 고종대의 원호.

○【是年儼亦歸寂】 의상, 법장의 스승, 지엄(智儼)은 총장 원년에 죽은 것이다.

○【如孔子之絶筆於獲麟矣】 노(魯)의 공자는 "춘추"를 짓고는, '哀公十有四
　年. 春. 서쪽으로 사냥을 가서 기린을 잡았다.'라는 기사로 붓을 거두었기
　때문에, 후세절필(絶筆)이라는 뜻으로 쓰인다.

728○【徒弟 … 十大德】 의상에게는 본문에 보이는 십대제자를 비롯하여
　삼천의 문도(門徒)가 있었다고 한다. 이 가운데 진정, 상원(相源), 양원
　(良圓), 표훈은 사영(四英)이라고 했다.

○【智通】 '유' 권제5·효선 제9 '진정사효선쌍미' 조 말미에, '相率門徒. 歸
　于小伯山之錐洞. 結草爲廬. 會徒三千. 約九十日講華大典. 門人智通. 隨

講撮其樞要. 成兩卷. 名錐洞記. 流通於世.'라고 있다. 지통이 의상의 가르침의 요점을 따 두 권으로 만든 "추동기"는 "화엄요의문답"이다. 그러나 지금은 전해지지 않는다. "송고승전"(권제4. 의상전)에는, 제자 도신(道身)의 "일승문답二卷"(道身章)과 병기하여 "추혈문답"이라고 하고 있다(도신은 "송고승전" 의상전에는 '당(堂)에 올라 깊은 곳을 알아보는 자는 지통・표훈・범체・도신 등의 몇 명'이라는 가운데의 한 사람이다.)

　　나아가 '유' 권제5・피은 제8 '낭지승운 보현수' 조에도 지통에 관한 것이 보인다. 즉 '通與曉皆大聖也. 二聖而摳衣. 師之道邁可知. 云云'이라고 보인다.

○ 【表訓】 '유' 권제2・기이 제2 '경덕왕 충담사 표훈대덕' 조 및 주해 296의 '표훈대덕' 항목(87면), 주해 336의 '爵爲大德' 항목, 나아가 '유' 권제3・흥법제3 '동경흥륜사금당십성', '유' 권제5・효선 제9 '대성효이세부모 신문왕대' 조 참조. 그러나 표훈의 상세한 경력은 불명.

○ 【眞定】 진정(眞定)의 이야기(傳)는 '유' 권제5・효선제9 '진정사효선쌍미' 조에 있으므로 그것으로 미룬다.

○ 【義寂】 모두 21부 67권의 저작을 하였다. "무량수경술선기"는 현재 복원되어 있다. 그리고 그의 정토교는 일본의 헤이안시대의 정토교에 커다란 영향을 끼쳤다.

○ 【亞聖】 성인(聖人) 다음으로 훌륭한 사람을 말한다. 유가(儒家)에서는 성인인 공자에 대하여 안회, 증자, 자사, 맹자를 아성(亞聖)이라고 한다.

○ 【眞, 嘗處下柯山鵾嵓寺. 每夜伸臂點浮石室澄.】 진(眞)은 오진(悟眞). '소비공양'이라는 것은, "화엄경7"(藥王菩薩本事品第二三)의 고사에 의한다(野村耀昌의 주해). 오진(悟眞)은 혜과로부터 태장비로차나 및 제존지념 교법을 전수받았는데, 789년에 중인도를 향하던 도중에 토번국에서 병사했다("大唐青龍寺三朝供奉大德行狀")(鎌田茂雄, "朝鮮佛敎史" 참조).

　　그다음의 하가산골암사(下柯山鵾嵓寺)는 불명.

○ 【通, 著錐洞記. 云云】 통(通)은 지통을 말한다. "추동기"는 앞서 말했다.

○【訓, 曾住佛國寺. 常往來天宮.】훈(訓)은 표훈(表訓)을 말한다. 이곳의 기사는 앞서 말한 '경덕왕 충담사 표훈대덕'의 조항을 참조. 그다음에 '불국사'에 대해서는 앞서 말한 '대성효이세부모 신문왕대' 조항에서 설명한다.

○【天宮】하늘의 제석천(帝釋天)을 말한다.

○【崔侯所撰本傳】최치원이 찬술한 '의상전'인데, 지금은 전하지 않는다.

729○【至相】종남산 지상사를 말한다.

⁷³⁰사복불언

蛇福不言

⁷³¹京師萬善北里有寡女. 不夫而孕. 旣産. 年至十二歲不語. 亦不起. 因號蛇童. ^a 下或作蛇卜又巴又伏等, 皆言童也. 一日其母死, 時元曉住高仙寺. 曉見之迎禮. 福不荅³⁰⁴⁾拜而曰, 君我昔日駄³⁰⁵⁾經牸牛. 今已亡矣. 偕葬何如. 曉曰諾. 遂與到家. 令曉布薩授戒. 臨尸祝曰, 莫生兮, 其死也苦. 莫死兮, 其生也苦. 福曰詞煩. 更之曰, 死生苦兮. 二公轝歸活里山東麓. 曉曰, 葬智惠虎於智惠林中. 不亦宜乎. 福乃作偈曰, 往昔釋迦牟尼佛. 裟羅樹間入涅槃. 于今亦有如彼者. 欲入蓮花(華)藏界寬. 言訖拔茅莖. 下有世界. 晃朗淸虛, 七寶欄楯. 樓閣莊嚴. 殆非人間世. 福負尸共入其地. 奄然而合. 曉乃還. 後人爲創寺於金剛山東南, 額曰道塲寺, 每年三月十四日. 行占

---

304) 여러 번 나왔던 것이다. 규장각본, 범어사소장본, 고려대본. 荅. 고증. 答. DB. 答의 오기로 보인다.

305) 규장각본, 범어사소장본, 고려대본. 駄. 고증. 駄. DB. 駄의 오기. '誤記'라는 관점은 지나치다. 모두 같은 것이다.

察會爲恒規. 福之306)應世唯示此爾, 俚諺多以荒唐之說托焉, 可笑.

732讚曰. 淵默龍眠豈莩閑, 臨行一曲没多般. 苦兮生死元非苦, 華藏浮

休世界寬.

730사복불언(蛇福不言)307)

731서울(경주) 만선북리308)에 과부가 있었는데, 결혼도 하지 않았는데

아이를 잉태하여 낳았다. 나이가 열두 살이 되어도, 말을 하지도 못하

고 일어나지도 못하였다. 이로 인하여 사동 **ª**아래에서 사복 또는 사파 또는 사

복이라고 하였으니, 모두 동(童)을 말한다.309)이라고 불렀다.

하루는 그 어머니가 돌아가니, 이때 원효는 고선사310)에 머무르고

있었는데, 원효가 그를 보고 예를 갖춰 맞이하였다. 사복은 답배하지

않고 말하기를, "그대와 내가 옛날에 경(經)을 실었던 암소가 지금 죽

었으니 함께 장사 지냄이 어떻겠소?"라고 하였다.311) 원효가 말하기

---

306) 고증에는 '내(乃)'이다.

307) DB. 사복의 기록은 본 조 이외에, "삼국유사" 동경흥륜사금당십성조에서 10聖의 한분으로
봉안되어 있는 기록을 찾아볼 수 있다.

308) DB. "해동고승전(海東高僧傳)"에 인용된 안홍(安弘)碑에 따르면 "안홍(安弘)年六十二終于
萬善"이라 하여, 안홍이 돌아갔다는 萬善은 만선사로 추측된다. 따라서 萬善北里는 만선사
북쪽 마을이라는 의미일 것으로 추측된다.

309) DB. 童은 釋(새김)을 취함 표기로, 卜·巴·伏 등은 그 음을 취한 표기로 볼 수 있다. 蛇巴
라는 기록은 실제로 "삼국유사" 동경흥륜사금당십성조에서 찾아볼 수 있다. 福과 巴의 통용
은 "삼국사기"에서 張保皐를 弓福이라 하고 "삼국유사"에서 弓巴라고 기록한 예와 같다.

310) DB. 경상북도 경주시 암곡동에 있었던 절이다. 정확한 창건연대는 미상이나 원효가 머물
렀던 절로서, 무열왕 이전에 창건된 것으로 추정된다.

311) DB. 본 조에서는 사복의 어머니의 三生에 관한 모습이 나타난다. 즉 前生은 암소로, 今生
에서는 과부로서 사복의 어머니로, 죽은 후에는 蓮華藏世界로 涅槃한다는 것이다. 사복 어
머니의 전생을 옛날에 經을 실어 나르던 소 하였는데, 이 설화의 의미를 郁面설화와 관련

를 "좋다"고 하였다. 드디어 함께 집에 도착하였다. 원효에게 포살시켜 주게 하였다. 시체 앞에 이르러 고축하기를, "태어나지 말지니, 그 죽음이 괴롭다. 죽지 말지니, 생이 괴롭도다."고 하였다. 사복이 말하기를, "(그) 말이 번거롭다."고 하였다. (원효가) 이를 고쳐서 말하기를, "죽고 나는 것이 괴롭다."고 하였다. 두 분이 (시신을) 메고 활리산 동쪽 기슭으로 갔다. 원효가 말하기를, "지혜의 호랑이를 지혜의 숲속에 장사 지냄이 또한 마땅하지 않으리오?"라고 하였다. 사복이 이에 게(偈)를 지어 말하기를,

"그 옛날 석가모니불은 사라수 사이에서 열반에 드셨다. 지금 역시 그와 같은 이 있어 연화장세계312) 닫기에 들어가고자 한다."고 하였다.

말을 마치고 띠 풀을 뽑았다. (그) 아래에 있는 세계는 황량하고 청허하며, 칠보로 장식한 난간과 누각이 장엄하여, 인간세상이 아니었다. 사복이 시체를 업고 함께 들어가니, 그 땅이 갑자기 합쳐졌다. 원효는 이에 돌아왔다.

후세 사람들이 (그를) 위해서, 금강산 동남쪽에 절을 짓고 이름을 도장사라고 하여 해마다 3월 14일이면, 점찰법회(占察會)313)를 여는 것을 항례로 삼았다. 사복이 세상에 나타난 것은 다만 이것뿐인데, 세간에서는 많은 황당한 얘기를 덧붙이니 웃을 만한 일이다.

지어 해석할 수 있다.

312) DB. 十華藏, 蓮花藏莊嚴, 蓮藏, 華藏. 태어나는 모태가 되는 연꽃, 또는 연꽃 속에 들어 있는 장엄한 세계. 비로자나불의 願行에 따라 이루어진 세계의 이름이다. 아미타불의 극락세계의 별칭이고 연꽃이 장엄하게 가득 피어 있는 것을 말한다.

313) DB. 신라의 원광이 처음으로 이 법회를 열었고, 삼국통일 후 眞表에 의해서 정착되었다. 이 법회의 소의경전인 "점찰경"의 원명은 '占察善惡業報經'인데, '地藏菩薩業報經' 또는 '大乘實義經'이라고도 한다.

732찬하여 말한다.

깊이 잠든 연못의 용이라고 한들 무관심할까.

잠에서 깨어 떠나면서 읊은 한 곡조 모든 것을 다하고 있네

생사의 고통은 원래 고통 아니니

연화장에 떠오른 세계는 넓기도 하다네.

주해

730○【蛇福】 이 글로 보면 사복은 원효와 거의 같은 시대 사람으로 보이는데, 그 상세한 행적 및 그 생몰년은 불명.

731○【蛇童】 사동은 신라시대에 흔히 쓰인 인명(人名)의 끝에 붙는 말이다.

731a○【下或作蛇卜, 又巴, 又伏等. 皆言童也】 이 글로 보면 사동은 혹은 사복(蛇卜), 사파(蛇巴), 사복(蛇伏) 등으로 적는다고 하는 것인데, 오히려 복(卜), 파(巴), 복(伏)은 복(福)과 음 상통하는 것으로, 동(童)과 통한다고는 생각할 수 없다. 그래서 '皆言童也'는 '皆言福也'라고 해야 하지 않을까 라고 생각한다.

731○【元曉】 앞서 나온 '유' 권제4 '원효불기' 조(주해 716)를 참조.

○【高仙寺】 원효는 어느 시기에 고선사에 살았는데, 나중에 혈사로 옮기고 이곳에서 입적했다. 절터는 경주 내동면 덕동리 자탑동에 남아 있다. 또한 '원효불기' 조 및 "고선사서당화상탑비문"을 참조.

○【布薩】 산스크리트어 uposatha의 음 전사. upava:satha에서 와전된 명칭이다. 처음에는 poṣadha의 음 전사에서 왔다고 생각한다.

(1) upava:satha는 베다 제(祭)에 있어서는 소마 제(祭)의를 준비하는 날이다. 이것을 이어받아 불교융성 시기에는 중요한 행동을 위해 준비하는 것을, 우보사다(uposatha)라고 불렀다. 목우자(牧牛子)의 우보사다라는 것은, 내일 소를 방목하는 방법을 충분히 생각하고 준비하는 것이다. 자이나 교도는 비폭력 실천을 우보사다라고 생각했다. 불교는 이것을 채

용한 것이다.

(2) 불교교단(saṃgha)의 정기집회. 월 2회, 15일마다 같은 지역의 승려가 모여 자기 반성을 하고, 죄를 고백하고 참회하는 모임으로, 15일, 30일(즉 보름날과 초하룻날)에 행한다. 출가한 승려는 불당에 모여 계율을 읽으며 죄를 참회하고, 속세 신자는 팔계(八戒)를 지키며 설법을 듣고 승니(僧尼)에게 음식을 공양한다.

현재 남아시아에서는 15일마다, 즉 초하루와 보름날에는, 반드시 한곳에 모여 계본(戒本)을 읽는다고 한다. 일본에서는 대승포살과 소승포살이 14, 15, 29, 30일과 서로 전후하여 열렸다. 속세에서는 육재일(위의 4일에, 8일, 23일의 이틀을 더한다) 등에 팔재계를 지키는 것을 말한다. 1년에 한 번 여는 것을, 대포살이라고 한다(中村元著, "佛敎語大辭典" 하권, 동경서적 참조).

○ 【祝】 기도하는 말을 늘어놓는 것.

○ 【二公】 원효와 사복(虵福).

○ 【活里山】 미상.

○ 【智惠】 지혜(智慧)에 관한 것으로 보인다. 이곳에서는 속세를 떠난, 혹은 속세를 꿰뚫는 예지(叡智)를 말하는 것일까.

○ 【蓮花(華)藏界】 연화장세계(蓮華藏世界). 화엄경에서 말하는 부처의 세상으로 '화엄장장엄세계해', '화장세계' 등이라고도 한다. 연화(蓮華)의 꽃의 모양에서 상상하여 확대한 세계로, 비로차나불이 보살이었던 아득한 과거의 세상으로부터의 기원과 수행에 의해 정화된 것이라고 한다.

화엄교의 구상(構想)을 바탕으로 만든 '범망경'에서는, 연화태장세계해, 연화태장이라고 한다. 이것에 의하면 천엽(千葉)의 하나하나가, 제각기 백억의 세계를 포함하는 천(千)의 세계를 이루는, 대연화의 세계로 비로차나불은 그 가운데의 태좌에 앉아 천(千)의 화신인 석가불을 나타내고, 그것이 또 각각 백억의 화신인 석가불을 드러낸다고 한다. 동대사의 대불 연변에는 이 경설이 그려져 있다("岩波佛敎辭典" 참조).

○ 【金剛山】 이 금강산은 경주의 북쪽 근교에 있는 북악(北岳), 소위 소금강산을 말한다. 백률사(栢栗寺)는 이 서남 기슭에 있다. 자세한 것은 '유' 권제3 · 탑상제4 '백률사' 조 및 주해 575를 참조.

○ 【道場寺】 이 절 이름은 이곳에만 보인다.

○ 【占察會】 점찰법회(占察法會)를 말한다. 이미 '원광서학' 조항의 주해 691의 '점찰보' 항목에서 말했기 때문에 그곳으로 미룬다.

⁷³³진 표 전 간

眞表傳簡

⁷³⁴釋眞表. 完山州^a^{今全州牧}萬頃縣人.^b^{或作豆乃山縣, 或作那山314)縣. 今萬頃, 古名}
^{亘315)乃山縣也. 貫寧傳釋□之鄕里云金山縣人, 以寺名及縣名混之也.} 父曰眞乃末, 母吉寶
娘. 姓井氏. 年至十二歲. 投金山寺崇316)濟法師講下. 落彩請業. 其師嘗
謂曰, 吾曾入唐. 受業於善道(導)三藏, 然後入五臺. 感文殊菩薩. 現受五
戒. 表啓曰, 勤修幾何得戒耶. 濟曰, 精至則不過一年. 表聞師之言. 遍遊
名岳. 止錫仙溪山不思議菴, 該鍊三業. 以亡身懺□□□.317) 初以七宵爲
期, 五輪撲石. 膝腕俱碎. 雨血嵒崖. 若無聖應, 決志捐捨. 更期七日. 二
七日. 終見地藏菩薩. 現受淨戒. 即開元二十八年庚辰三月十五日辰時也,
時齡二十餘三矣. 然志存慈氏. 故不敢中止, 乃移靈山寺^c^{一名邊山又楞伽山}. 又

---

314) DB. "삼국유사" 권4, 의해(義解) 관동풍악발연수석기 조에는 都那山.
315) 고증, 규장각본, 범어사소장본, 고려대본. 궁(亘). DB. 豆의 오기로 보인다.
316) DB. "삼국유사" 권4, 의해(義解) 관동풍악발연수석기 조에는 順.
317) 고증에는 세로로 가운데 선이 그어져 있다.

懃勇如初. 果感彌力. 現授占察經兩卷 ^d此經乃陳·隋間外國所譯, 非今始出也. 慈氏以經授之耳. 幷證果簡子一百八十九介, 謂曰 於中第八簡子喻新得妙戒, 第九簡子喻增得具戒. 斯二簡子是我手指骨, 餘皆沉檀木造. 喻諸煩惱. 汝以此傳法於世. 作濟人津筏. 表旣受聖莂. 來住金山. 每歲開壇. 阪³¹⁸⁾張法施, 壇席精嚴. 末季未之有也. ⁷³⁵風化旣周. 遊涉到阿瑟羅州. 島嶼間魚鼈成橋. 迎入水中, 講法受戒. 卽天寶十一載壬辰二月望日也. 或本云元和六年, 誤矣. 元和在憲德王代. ^a去聖德幾七十年矣. 景德王聞之. 迎入宮闥, 受菩薩戒. 嚫租七萬七千石, 椒庭列岳皆受戒品, 施絹五百端. 黃金五十兩. 皆容受之. 分施諸山. 廣興佛事. 其骨石今在鉢淵寺, 卽爲海族演戒之地. 得法之袖領. 曰永深. 寶宗. 信芳. 體珍. 珍海. 眞善. 釋忠等, 皆爲山門祖. 深. 則眞表簡子. 住俗離山. 爲克家子, 作壇之法. 與占察六輪稍異, 修如山中所傳本規. ⁷³⁶按唐僧傳云. 開皇十三年. 廣州有僧行懺法, 以皮作帖子二枚. 書善惡兩字, 令人擲之. 得善者吉. 又行自撲懺法. 以爲滅罪. 而男女合匝. 妄承密行, 靑州接響. 同行官司撿察. 謂是妖妄, 彼云 '此搭懺法依占察經, 撲懺法依諸經中', 五體投地.³¹⁹⁾ 如大山崩. 時以奏聞. 乃勅內史侍郞李元撰. 就大興寺問諸大德. 有大沙門法經. 彦琮等. 對曰, 占察經見有兩卷, 首題菩提登(燈)在外國譯文. 似近代所出. 亦有寫而傳者, 撿勘群錄. 並無正名譯人時處, 搭懺與衆經復異. 不可依行. 因勅禁之. 今試論之. 靑州居士等搭懺等事. 如大儒以詩書發塚, 可謂畫虎不成. 類狗者矣. 佛所預防. 正爲此爾. 若曰占察經無譯人時處. 爲可疑也, 是亦擔麻棄金也. 何則詳彼經文, 乃悉壇深密. 洗滌穢瑕. 激昂懶夫者. 莫如玆

318) 규장각본, 고려대본. 판독불능. 범어사소장본. **叛**. DB. 阪. 고증. 版.
319) 고증. 撲懺法依諸經. 中五體投地라고 했다.

典. 故亦名大乘懺, 又云. 出六根聚中. 開元貞元二釋教録中編入正藏. 雖
外乎性宗, 其相教大乘殆亦優矣. 豈與搭・撲二懺同日而語哉.320) **737**如
舍利佛問經, 佛告長者子邪若多羅. 曰. 汝可七日七夜悔汝先罪. 皆使清
淨. 多羅奉教. 日夜懇惻, 至第五夕. 於其室中雨種種物, 若巾若杷若拂箒
若刁錐斧等. 墮其目前. 多羅歡喜問於佛, 佛言. 是離塵之相. 割拂之物
也. 據此. 則與占察經擲輪得相之事奚以異哉. 乃知表公翹懺得簡. 聞法
見佛. 可謂不誣. 況321)此經若僞妄, 則慈氏何以親授表師. 又此經如可禁,
舍利問經亦可禁乎. 琮輩可謂攫322)金不見人, 讀者詳焉.

738讚曰. 現身澆季激惛聾, 靈岳仙溪感應通. 莫謂翹懃傳搭懺. 作橋東
海化魚龍.

풀이 **733**진표전간(眞表傳簡)

734석진표는 완산주ᵃ지금의 전주목이다. 만경현323) 사람이다. ᵇ혹은 두내산현, 혹

은 나산현324)이라 쓰여 있는데 지금의 만경(萬頃)이며, 옛 이름이 두내산현이다. "관녕전" 석(釋)

(진표)의 고향이 금산현 사람이라고 하였는데 절 이름과 현 이름을 혼동하였기 때문이다. 아버

지는 진내말, 어머니는 길보랑으로 성은 정씨(井氏)이다. 나이 열두

살에 이르러 금산사325) 숭제법사326)의 강석하에 들어가 중이 되어 배

---

320) 고증. 哉. 규장각본, 범어사소장본, 고려대본, DB. 어조사 재(哉).
321) 고증. 황(況)으로 표기. 황(況)은 속자(俗字).
322) 고증. 확(攫). DB. 규장각본은 판독이 어렵다.
323) DB. 현재 全北 金堤市 萬頃面에 해당. 본래 백제의 豆乃山현이었으며 당이 백제를 멸망시
킨 뒤에 都督府를 설치하려는 계획에는 豆奈只라는 표기로 등장한다.
324) DB. "삼국유사" 권4 의해5 關東楓樂鉢淵藪石記條에서는 "都那山현"으로 나오고 있다. 豆
乃山현이라는 이칭을 참고한다면 여기서도 "都那山현"으로 표기되어야 하지만 판각 당시에
'都'字가 빠진 것으로도 생각할 수 있겠다.

우기를 청하였다. 그 스승이 일찍이 일러 말하기를 "나는 일찍이 당나라에 들어가 선도삼장327)에게서 수업을 받았고, 연후에 오대산으로 들어가 문수보살의 현신에 감응하여, 오계(五戒)를 받았다."고 하였다. 진표가 "삼가 수행하기를 어찌하여야 계를 받을 수 있습니까."라고 아뢰었다. 숭제법사가 말하였다. "정성이 지극하면 곧 1년을 넘기지 않는다." 진표가 스승의 말을 듣고 명산을 두루 돌아다니다가 선계산 불사의암에 석장을 머무르고 삼업328)을 갖추어 수련하여서 망신참329)으로 □□□하였다.330) 처음에 일곱 밤을 기약하고, 오체를 돌에 부닥쳐 무릎과 팔뚝이 모두 부서지고, 피를 바위에 흩뿌렸으나 성응(聖應)331)이 없는 듯하여, 몸을 버릴 것을 결심하고 다시 7일을 기약하였다. 14일이 끝나자 지장보살332)을 보고 정계를 받았다. 이때가 곧 개원 28년 경진 3월 15일 진시였고 이때 나이가 23세였다.333) 그

---

325) DB. 金山寺는 현재 全北 金堤市 母岳山에 위치하고 있다. 朝鮮 肅宗 31年(1705)에 쓰여진 "金山寺事蹟"에 의하면 百濟 法王 2年(600)에 창건되었다고 전하지만, "삼국사기"와 "삼국유사"에서는 확인되지 않는다.

326) DB. "삼국유사" 권4 의해5 關東楓樂鉢淵藪石記條에서는 順濟.

327) DB. 善道는 당(唐)의 고승인 善導(613-681)로 당(唐) 정토교의 대성자. 導綽(563-645)의 문하에서 정토를 공부하고 종남산 悟眞寺에 은둔. 일생동안 아미타경을 사경한 것이 10만여 권, 정토의 相을 그림으로 그린 것이 3백여 鋪였다고 전해진다.

328) DB. 三業은 身業, 口業, 意業으로 신체의 동작과 언어와 의지의 작용으로 짓는 업을 의미한다.

329) DB. 亡身懺悔는 몸을 버려서 이루는 참회법을 의미한다. 正德本에는 亡身懺 다음에 세 칸이 비어 있으며, 다른 판본에서도 이 부분에는 글자가 없다. 다만 東京帝國大學本(1907)에서 이 부분에 悔得戒를 보완해 넣었는데, 이후에 대부분의 譯註書에서 이를 수용하고 있다.

330) 규장각본, 범어사소장본, 고려대본 모두 3글자 분량으로 떠어져 있다. 고증. 계를 받았다.

331) 고증. 성인의 감응(感應).

332) DB. 석가모니의 부촉을 받아, 그가 입멸한 뒤 미래불인 미륵불(彌勒佛)이 출현하기까지의 무불(無佛)시대에 6도(六道)의 중생을 교화하고 구제한다는 보살이다.

333) DB. 開元 28年(740)에 眞表의 나이가 23세라고 되어 있는데, 역산하면 진표가 태어난 해는 聖德王 17年(718)이 된다. 그런데 "삼국유사" 권4 의해5 關東楓樂鉢淵藪石記條에서는 760년

러나 뜻이 미륵보살에게 있기 때문에 도중에 그치지 않고, 이에 영산

사^c혹은 변산 또는 능가산이라고도 한다.로 옮겨 또한 처음처럼 부지런하고 용

감하게 수행하였다. 과연 미륵보살이 나타나, "점찰경"334) 2권^d이 경전

은 곧 진(陳)과 수(隋) 사이에 외국에서 번역된 것이니, 지금 처음 나온 것은 아니다. 미륵이 경을

진표에게 준 것이다.과 증과, 간자335) 189개를 주고 일러 말하기를 "이 중

제8간자는 새로 얻은 묘계를 이르고, 제9간자는 구족계를 더 얻음을

이른다. 이 두 간자는 내 손가락뼈이고 나머지는 모두 침단목으로 만

든 것으로 모든 번뇌를 이른 것이다. 너는 이것으로써 세상에 법을 전

하여 사람을 구하는 뗏목으로 삼아라."라고 하였다. 진표는 이미 미

륵보살의 성별을 받자 금산사에 와서 살았다. 매해 개단하고 법시를

널리 베풀었는데 단석(壇席)의 정성스럽고 엄격함이 말세에는 아직

없었던 것이다.

⁷³⁵교화가 이미 널리 미치자, 유람을 다니다가 아슬라주336)에 이르

렀다. 섬 사이의 물고기와 자라가 다리를 만들어 물속으로 맞아들이

니, 불법을 강의하고 (물고기와 자라가) 계를 받았다. 이때가 곧 천보

11년 임진 2월 15일이다. 어떤 책에는 원화 6년(811)이라 하였는데 잘

못된 것이다. 원화는 헌덕왕대이다. ^a성덕왕대로부터 거의 70년이다.

경덕왕이 그것을 듣고, 궁 안으로 맞아 들여 보살계를 받고, 조(租)

에 27세로 기록되어 있어서 생년이 聖德王 33年(734)이 된다. 따라서 양자 간에는 16년간의
차이가 있다.

334) DB. "占察善惡業報經"의 약칭으로 "地藏菩薩業報經", "大乘實義經" 등으로도 불린다. 이
경은 다른 경전에 없는 특이한 참법이나 木輪相의 점찰법, 그리고 경전의 성립 사실이 알려
지지 않고 있어 중국에서 만들어진 僞經으로 생각되고 있다.

335) DB. 증과는 수행의 원인에 의한 결과로서 깨달음을 얻는 것을 의미. 簡子는 占察에 사용되
는 문자가 기록된 패쪽을 말한다.

336) DB. 현재의 강원도 강릉시 일대를 지칭.

7만 7천 석을 시주하였고 왕후와 외척 모두 계품을 받고 견 5백 단, 황금 50량을 보시하였다. 이를 모두 받아서 여러 사찰에 나누어 주고, 널리 불사를 일으켰다. 그 사리는 지금 발연사337)에 있으니, 곧 바다 생물들을 위해 계를 준 곳이다.

법을 얻은 제자 중 영수는 영심, 보종, 신방, 체진, 진해, 진선, 석충 등이고 모두 산문(山門)의 개조가 되었다. 영심은 곧 진표의 간자를 전하였는데 속리산에 살면서 법통을 계승하였고 단을 만드는 법은 점찰 육륜338)과 조금 다르나 산중에서 전하는 본래의 규범과 같았다.

736"당승전"을 살펴보면 이러하다. "수 문제의 개황 13년(진평왕 15년, 593년) 광주에 어떤 승려가 참법을 행하여서 가죽으로 첩자 2매를 만들고 선악 두 글자를 써서 사람들에게 던지게 하여 선이라는 글자가 나오면 길하다고 했다. 또 스스로 박참법을 행해서 죄를 없앤다고 하였다. 그래서 남녀가 모두 함부로 받아들여 몰래 행하였다. 이것이 산동의 청주에도 퍼져서 함께 행하였다. 관사가 단속하여 살펴보고 이를 요망하다고 하니 그들이 말하기를 '이 탑참법은 "점찰경"에 따랐고 박참법은 여러 경전 가운데의 "오체를 땅에 던지는 것은, 큰 산이 무너지는 것과 같다."라고 하는 것을 따른 것이다.'라고 하는 것이다.339)

---

337) DB. 鉢淵寺는 강원도 간성군 신북면 용계리 금강산 미륵봉에 있던 사찰로 진표가 惠恭王 6年(770)에 개창하였다.

338) DB. 占察六輪이라는 것은 "점찰경" 상권에 나오는 목륜상법 중 1에서 18까지의 숫자를 세 개씩 새긴 6개의 목륜으로 三世 중에서 받는 업보의 차별을 점치는 육륜상법을 말하는 것이다. 이는 삼세 중 받는 과보를 점칠 때 사용하는 것으로 이것을 세 번 던져서 거기에 나타나는 수로 善惡을 결정한다.

339) DB. '박참법은 여러 경전에 따른 것이다.'라고 하고 큰 산이 무너지는 것같이 오체를 땅에 던졌다.

이때 주청하여 아뢰니, 문제(文帝)는 내사시랑 이원찬에게 칙서를 내려 대흥사로 가서 여러 대덕(고승)에게 묻게 하였다. 대사문 법경,340) 언종341) 등이 대답하였다. "'점찰경" 2권이 있는데 첫머리에 보리등은 외국에서 번역하였다고 쓰여 있어 근대에 나온 것 같다. 또한 필사하여 전하고 있는 것은 여러 기록을 조사하여도 역시 바른 이름, 역자, 때, 곳이 없고 탑참은 여러 경전과는 또 다르므로 시행할 수 없다.' 인하여 칙서로 금하였다."

지금 그것을 시론한다. 청주 거사 등의 탑참 등 사건은 대유가 시서 발총하는 것과 같으니, 범을 그리다가 이루지 못하고 개와 비슷하게 된 것이라 할 수 있을 것이다. 부처가 미리 막은 것은 바로 이를 위한 것이었다. 만약 "점찰경"에 역자와 때, 곳이 없어서 의심할 수 있다고 하면, 이 또한 삼을 등에 메고 금을 버리는 것이다.342) 왜 그러하냐면 즉 그 경문을 자세히 보고, 이에 실단343)이 깊고 세밀하며 더러운 잘못을 깨끗하게 하고, 게으른 사람을 격앙하는 것은 이 경전만 한 것이 없다. 그러므로 또한 대승참이라 이름한 것이고, 또한 말하기를 육근 (六根)344)이 모인 가운데 나왔다고 하는 것이다. 개원, 정원 연간의 두

---

340) DB. 法經은 수(隋)·당(唐)대의 고승으로, "장안지" 제10에 의하면 장안의 광명사는 법경을 위하여 건립하였다고 한다.

341) DB. 彦琮(557-610)은 북제(北齊), 수(隋)대의 고승이다. "西域志" 10권, "사문名義論別集" 5권 등을 찬술하였다.

342) DB. 擔麻棄金는 "中阿含經" 권16에 있는 우화이다. 가난한 사람 두 명이 길을 가던 중에 길에 삼(麻)이 있어서 베어 갔는데, 얼마 후에 다시 오니 은이 있었고, 또 다음에 와 보니 금이 있었다. 한 사람은 금과 은을 취하였으나, 다른 사람은 처음과 같이 삼만 취하였다는 이야기로 어리석은 자에 비유한 것이다.

343) DB. 悉壇은 부처가 중생을 교화하는 방법이다. 여기에서는 世界悉壇, 各各爲人悉壇, 對治悉壇, 第一義悉壇의 네 가지가 있다.

344) DB. 六根이란 눈(眼根)·귀(耳根)·코(鼻根)·혀(舌根)·몸(身根)·마음(意根)의 6개의

석교록345) 가운데 정장(正藏)으로 편입되었다. 비록 법성종 외이지만, 그 법상종의 대승은 거의 또한 넉넉하다. 어찌 탑참·박참 두 참법과 함께 말할 수 있겠는가.

737"사리불문경"346)에 부처가 장자(長者)의 아들 반야다라에게 일러 말하였다. "너는 일곱 낮 일곱 밤 너의 앞선 죄를 참회하여 모두 깨끗하게 하여라." 반야다라가 가르침을 받들어 낮밤으로 정성을 다하니 5일 밤에 이르러 그 방 안에서 비가 내리는 것처럼 여러 물건이 내렸는데 수건, 복두,347) 불추,348) 칼·송곳·도끼 등과 같은 것이 그 눈 앞에 떨어졌다. 반야다라는 기뻐서 부처에게 물으니, 부처가 말하였다. "이는 진(塵)을 벗어나는 상이다. 쪼개고 털어 내는 물건들이다." 이에 의거하면 곧 "점찰경"의 윤(輪)을 던져 상(相)을 얻는 일과 어찌 다르겠는가. 이에 진표의 참회를 일으켜 간자를 얻고 법을 물어 부처를 본 것이 무망이 아니라 말할 수 있다. 하물며 이 경전이 거짓이라면 곧 미륵은 어찌 몸소 진표법사에게 주었겠는가. 또한 이 경전이 가히 금할 것이라면, "사리불문경"도 금할 것인가. 언종의 무리는 금을 움켜잡느라, 사람을 보지 못한 것이라고 할 수 있다. 독자가 상세히 보아야 한다.

738찬하여 말한다.

감각기관을 의미한다. 根은 낸다는 의미로 쓰인 것인데, 眼根은 眼識을 내어 色境을 인식하게 하고, 意根은 意識을 내어 法境을 인식하게 하므로 根이라고 한 것이다.

345) DB. 당(唐) 開元 18年(730)에 智昇이 贊한 "開元釋敎錄" 20권과 당(唐) 貞元 15年(799)에 圓照가 贊한 "貞元釋敎錄" 30권을 의미한다.

346) DB. 동진(東晋)대(317-420) 曇摩耶舍가 번역한 "舍利弗阿毘曇論"을 말한다. 12入, 18界, 5陰, 4聖諦, 22根, 7覺支, 3不善根, 4大, 10不善業 등의 교법을 해석한 담마야사의 논서이다.

347) DB. 귀인이 쓰던 모자.

348) DB. 비(雨).

몸을 말세에 나타내어 몽매한 중생을 깨우치고[349]

영악(靈岳)과 선계(仙溪)에서 감응하여 통하였다.

탑참을 전하기 위해 고생했다고 말해서는 안 된다.

다리를 동해에 만들어 어룡(魚龍)마저 교화했지 아니한가.

733○ 【眞表】 이 진표의 이야기는, '유'의 본문과 다음의 '관동풍악발연수석기' 조, 및 "송고승전"(권14)의 '당백제국금산사진표' 조에 있다. 그러나 '진표전간' 조와 '관동풍악발연수석기' 조에 보이는 두 이야기는 현저하게 다르다. 상세한 것은 뒤에 나오는 주(注)로 미룬다.

○ 【傳簡】 뒤 글에 나오는 것처럼 '증과간자법'을 전했다는 것. 상세한 것은 뒤에 나오는 주해를 참조.

734○ 【完山州】 '사' 지리지(3) 전주 조항에, '全州. 本百濟完山. 眞興王十六年. 爲州. 二十六年廢州. 神文王五年. 復置完山州. 景德王十六年改名. 今因之. 云云'이라고 있다. 이것에 의하면, 완산주(完山州)가 진흥왕대에 지금의 전주 땅에 놓인 것이 되는데, 이것은 잘못이다. 즉 진흥왕 16년(555)에 비사벌(창녕)에 아산주, 비사벌정을 설치한 것을 '사'는 아산(兒山)을 완산(完山)이라고 잘못했던 것이다. 아직 백제가 현존해 있을 때에 신라의 주(州)가 놓일 리가 없다.

그래서 위의 신문왕 5년(685)에, 완산주를 다시 설치했다는 것은 잘못으로, 이해에 완산주가 새로 설치된 것이다. 그리고 경덕왕 16년(757)에 전주라고 개칭한 것이다. 또한 '원효불패' 조의 지명에 관한 주해도 참조.

734a○ 【今全州牧】 '승람' 권33 전주부(全州府) '건치연혁' 조항에 '… 神文王復置完山州. 景德王十五年改今名. 以備九州. 孝恭王時. 甄萱建都於此.

---

349) DB. 몸을 나타내어 말세의 게으르고 무지한 중생을 깨우치고.

稱後百濟. 高麗太祖十九年. 討平神劍. 改安南都護府. 二十三年復爲全州.
… 顯宗九年. 陞安南大都護府. 後改全州牧. 恭愍王四年. 以囚元使埜思不
花. 降爲部曲. 五年復爲完山府. 本朝太祖元年. 以御郷. 陞完山留守府. 太
宗三年改今名. 世祖朝置鎭.'이라고 있다. 이것에 의하면 '유'의 찬술자 때
에는, 지금의 전주(전라북도)에 전주목이 놓였던 것은 분명하다.

734○【萬頃縣】'사'(권36) 지리지(3) '김제군' 조항에 '金堤郡. 本百濟碧骨
縣. 景德王改名. 今因之. 領縣四. 萬頃縣. 本百濟豆乃山縣. 景德王改名.
今因之. …'라고 있고, '승람' 권34 · 만경현 조에는 '東, 至金提郡界九里.
南, 至同郡界十五里. 北, 至全州府界十一里. 西, 至海岸三十里. …'라고
있다. 또 '건치연혁' 조에는 '本百濟豆乃山縣. 新羅改今名. 爲金堤郡領縣.
…'이라고 있다. 현재는 전라북도 김제군에 들어간다.

734b○【或作豆乃山縣. 或作那山縣.】만경현의 옛 이름이 두내산현이었다
는 것은 위의 사료(史料)대로인데, '或作那山縣'은 의문이다. 아마 '或作
都那山縣'으로 해야 할까.

○【今寓頃. 古名亘乃山縣也】궁(亘)은 두(豆)로 고쳐야 할 것이다.

○【貫寧傳】미상.

○【金山縣人】釋□의 □는 표(表)로 보인다. 석표(釋表) 즉 진표(眞表)가
금산사에 살았을 때부터, 그를 금산현인이라고 잘못했을 것이다.

734○【父曰眞乃末. 母吉寶娘. 姓井氏.】진표의 부모에 대해서는 이곳에만
보인다. 다음으로 내말(乃末)은 나말(奈末)을 말한다. "송고승전"(권14)
진표전에는 '釋眞表. 百濟人. 家在金山. 世爲弋獵.'이라며 진표의 출생에
대해 말하고 있다.

○【貫寧傳】미상.

○【年至十二歲. 投…】진표가 12세에 출가한 것은, 다음의 '關東楓岳鉢淵
藪石記' 조의 기사와도 일치한다.

○【金山寺】'승람'(권34) 금구현(金溝縣) '불우' 조에, '金山寺. 在母岳山. 後
百濟凱萱所創. …淸泰二年(935) 三月, 長子神劍. 囚萱於金山佛宇. 以壯

士三十人守之. 逐簒位. …萱在金山凡三朔. 六月 … 逃奔羅州. 自海路歸高麗.'라고 있다. 금산사는 후백제 견훤이 창건했다고 기록되어 있는데, 진표가 처음으로 스승으로서 모신 숭제법사가, 금산수에 살고 있었다는 것, 나아가 진표도 금산사에 살았기 때문에, 견훤의 창건이라는 것은 타당하지 않다.

금산사는 전라북도 김제군 수류면 금산리에 남아 있다. 또 지금의 김제군은 옛 김제·김구(金溝)·만경(萬頃) 3군을 합친 것으로 전주시에 인접하고 있다. 옛 김구군에 높이 793m의 모악산 서쪽 기슭에 있는 셈이다. "金山寺寺蹟記"에는 백제의 법왕이 수의 개황 20년(600)에 왕흥사와 같은 해에 개창했다고 기록하고 있는데, 이것은 절의 전설에 지나지 않는 것이다. '유' 권제2 '후백제 견훤' 조 및 주해 420 '금산불우' 항목도 참조.

또한 고려시대의 작품으로 보이는 사리탑, 오중석탑, 노탑 등, 뛰어난 석조건물이 남아 있는 것으로도 유명하다(고유섭 "朝鮮塔婆의 研究" 참조). 나아가 "송고승전"(권14) 백제국 금산사 진표 조항의 호랑이와, 금산사 개창에 관한 설화 및 다음의 '관동풍악발연수석기'의 금산사 건립과 장육미륵을 주조하여, 금당에 안치했다는 것 등의 기사를 참조.

○【崇齊法師】'관동풍악발연수석기' 조에는 '금산수순제법사'라고 있다. 이 숭제법사는 일찍이 입당하여 업(業)을 선도삼장에게 받고, 그 후 오대산에 들어가 문수보살에게 감응하여 오계(五戒)를 받았다는 것은 이 글에 의해 알 수 있다. 백제의 승려.

○【善道三藏】당 후기 도경이라는 사람과 함께 "염불경"을 저술하여, 선도의 교의를 보급시킨 선도(善道)라는 자가 있었는데, 연대적으로 보아, 이곳은 선도(善導)로 보인다. 도(道)와 도(導)는 같은 음이기 때문에 선도(善道)라고 적은 것일까.

선도(善導)(613-681)는 당대 명승으로 중국 정토교의 대성자. 광명대사, 정업화상, 종남대사, 종가대사(宗家大師) 등으로 불렀다(그는 도작제일의 고제였다). 처음에 서방변상도를 보고 정토문에 들어갔고, 나중에

도작(道綽)을 찾아가 그 문하에 들어갔다. 스승의 입적 후, 장안으로 나와 광명사, 자은사 등에서 크게 염불의 가르침을 넓혔는데, 금새 온 성안이 염불로 가득 찼다고 한다. 엄숙한 염불생활로 일관하며, "미타경"을 베낀 것이 10만 권, 정토변상도를 베끼기를 300포(舖)에 이르렀다고 하며, 혹은 용문봉선사의 대석불을 지을 때의 검교에 임명되었다는 등, 그의 명성은 널리 알려져 믿음이 두터웠다. 또 저서도 다수 있었다(道端良秀, "槪說支郡佛敎史" 참조).

　다음으로 '삼장(三藏)'은 경(經)·율(律)·논(論)의 삼장에 통달한 사람이라는 뜻. 선도(善導)는 후세 미타의 화신이라고 하며 삼장으로 부르기에 합당한 인물이었다.

○【五臺】이곳의 오대(五臺)는 중국 산서성 대동현에 있으며, 문수보살의 성지로 일컬어지는 오대산을 말한다.

○【文殊菩薩】문수(文殊)는 Mañjuśri의 음 전사. 문수사리의 약칭으로 만수시리 등으로도 음을 옮긴다. 원래 말뜻은 묘길상, 묘덕 등, 특히 반야경전에 있어서는 오히려 부처를 대신할 만큼 활발하여 반야(般若)=지혜를 완전하게 갖추어 설법을 연다. 그 외에 각종 대승경전에서도 여러 보살을 주도하는 예가 많다. 또 밀교 이외에는 보현보살과 한 짝으로 석가여래의 협시가 되는 것이 통례이다("岩波佛敎辭典" 참조).

○【五戒】불살생, 불투도, 불사음, 불망어, 불음주의 다섯 가지로 속인이 지켜야 할 계율을 말한다.

○【仙溪山】지금의 전라북도 김제군 근처라고 생각되는데 미상.

○【三業】업(業)은 행위의 실체에 의해, 몸에 관한 신업, 언어에 관한 구업, 또는 어업, 의지에 관한 행위를 의업(意業)이라고 하며 삼업(三業)으로 구분한다.

○【亡身懺…】본문에 보이듯이 몸을 괴롭혀 완전히 공(空)의 경지에 이르게 하는 참례(懺禮)이다. '亡身懺' 이하의 결자(缺字)를 '東大本'은 '회득계(悔得戒)'라고 충당하고 있다. 이를 따라야 할 것이다.

○【七宵】칠일칠야.

○【爲期】수행의 한 기간으로 삼았다는 뜻.

○【五輪】오체(五體)의 다른 말. 두 팔(兩臂), 두 다리(兩膝), 머리(頭).

○【決志損捨】굳센 결의로 그 몸을 버려서라도 돌아보지 않는다는 뜻.

○【二七日】14일.

○【地藏菩薩】Ksitigarbhā 원어 Ksiti는 대지(大地), garbhā는 태(胎), 자궁
으로 감싸는 것을 의미하는 것으로부터 지장(地藏)이라고 번역한다. 파
라문교의 지신, 프리티비(Pṛthivī)가 불교에 들어와 보살이 되었다고 생
각된다. 지장(地藏)이 현세의 이익을 가지는 것과 함께, 명부(冥府)의 구
제자가 되는 것도, 대지의 덕(德)을 의인화한 것에 의할 것이다.

○【開元二十八年庚辰 … 時齡二十餘三矣】개원(開元)은 당 현종조의 원
호. 그 28년 경진(庚辰)은 서기 740년, 신라 효성왕 4년에 해당한다. 진표
는 이때 23세였다고 하므로, 계산하면 718년이 된다. 다음의 '관동풍악발
연수석기'에서는 760년에 27세라고 기록하고 있으므로, 생년은 734년이
된다. 두 곳에서 16년의 차이가 있다.

○【慈氏】미륵보살. 미륵은 산스크리트어 Maitreya의 음 전사로 우애(慈
maitri)의 교사라는 뜻. 한역으로는 자씨(慈氏). 자존(慈尊).

734, 734c○【靈山寺】【一名邊山. 又楞伽山】'승람'(권34) 부안현의 '산천'
조항에는 '邊山, 在保安縣. … 一名楞伽山. 一名瀛洲山. 或云卞山. 語轉
而爲邊. 卞韓之得名以此. 未知是否. 峰巒盤回百餘里. 重疊高大. 岩谷深
邃. 宮室舟船之材. 自高麗皆取於此. 俗傳虎豹見人即避. 夜行無阻. …'라
고 있다.

　　이 변산(邊山)의 소재지는 지금은 전라북도 부안군에 속해 있으며, 변
산일대는 '邊山半島國立公園'이 되어 있다.

　　나아가 '승람'의 같은 곳의 '불우' 조항에는 영산사(靈山寺)의 이름이 보
이지 않는다. 그러나 진표애 관련되는 사원(변산에 있다)은 다음과 같다.

　　不思議方丈 '新羅僧眞表寓居之所. 有木梯高可百尺. 緣梯而下. 乃得至

於方丈. 其下皆不測之壑. 以鉄索引其屋. 釘之於岩. 俗傳海龍之所爲.', 또 문수사 '眞表所建. 有石浮屠.'라고.

734○ 【彌力】 미륵(彌勒).

○ 【占察經】 2권. 자세하게는 "점찰선악업보경"이라고 한다. 수(隋) 보리등의 역이라고 하는데, 중국에서 생긴 위경 같다. 지장보살이 비래의 중생들을 위하여 업보를 나무의 연령에 의해 점치는 방법과 2종의 관법을 말하는 것을, 그 내용으로 한다. 당대에 이 경은 유행하여 천태종의 형계담연의 서(書)에 인용되어 유명하다. 이 경은 지장보살의 신앙과 밀접한 관계가 있어, 지장신앙의 융성과 더불어 이 경도 유행했다. 명(明) 말기 지욱(智旭)은 이 경의 주석을 저술했다("總合佛敎大辭典"(下) 참조).

○ 【證果簡子一百八十九介】 증과(證果)는 수행에 의해 얻는 깨달음의 결과, 또는 깨달음을 증명하는 것. 간자(簡子)의 간(簡)은 글을 적는 대나무 패찰, 이곳의 간자는 점찰에 쓰기 위해 글을 적어 넣는 패(札)로 보인다. 일백팔십구개(一百八十九介)의 개(介)는 개(个) 즉 일백팔십구개(一百八十九個)를 말하는 것이다.

○ 【具戒】 구족계(具足戒)의 약어. ① 계로써 몸을 갖추는 것. ② 출가자가 받아야 하는 계를 말한다. 보통 승려는 250계. 니승(尼僧)은 348계. ③ 구족계를 받는 연령, 20세. 이곳에서는 ②가 적절하다.

○ 【沉檀木】 침향의 향목. 침(沉)은 침(沈)의 속자. 단목은 백단, 자단의 향목의 총칭. 그 재질은 딱딱하고 물에 놓으면 가라앉는다. 어쨌든 귀중한 것으로서 표현한다.

○ 【津筏】 나룻배, 뗏목. 안내서, 안내의 뜻으로 쓴다.

○ 【聖莂】 성인의 별(莂), 부절(符節).

○ 【壇】 만다라(maṇḍala의 음 전사)의 한역. 밀교에서 수법 때, 불상, 삼매야형 등을 안치하고, 공물, 공구 등을 두는 단(壇).

○ 【法施】 삼시(財施・法施・無畏施)의 하나. 사람을 위하여 설법하고 진리를 깨닫게 한다.

735○ 【阿瑟羅州】 지금의 강원도 강릉 지역.

○ 【天寶十一載壬辰二月望日】 천보(天寶)는 당 현종조의 원호. 천보십일재 임진은 서기 752년(신라 경덕왕 11년). 망일은 15일.

○ 【元和六年】 원화는 당 현종 조의 원호. 원화육년신묘는 서기 811년, 신라헌덕왕 3년에 해당한다.

○ 【憲德王】 이름은 언승. 재위 809-826년. 809년에 난을 일으키고 조카인 애장왕을 죽이고 왕위에 올랐는데, 이 왕대에는 천재가 빈번하게 일어났고, 굶어 죽는 백성이 속출하고 도적이 봉기하여 세상은 어지러웠다. 822년에는 김헌창의 난, 825년에는 범문의 난이 일어나, 다행히 난은 진압되었는데, 국내는 분열하고 국운은 이윽고 쇠퇴해졌다. 자세한 것은 '유' 왕력·제41 헌덕왕 조 및 주해, 나아가 '유' 권제2·조설(雨雪) 조 및 주해 326을 참조.

735a○ 【去聖德幾七十年】 성덕왕(재위 702-736)은 신라 제33대 왕. 앞의 원화 6년(811)은 성덕왕이 죽은 해부터 계산하면 70년에 가까워진다. 성덕왕에 대해서는 '유' 권제2·성덕왕 조 및 주해 285를 참조.

735○ 【景德王】 재위 742-765년. 자세한 것은 '유' 권제2 '경덕왕 충담사 표훈대덕' 조 및 주해 296을 참조.

○ 【菩薩戒】 대승계. 불성계(佛에 의한 계)라고도 한다. 대승의 보살이 지니는 계(戒). 이 계는 지악, 수선, 이타 3면을 포괄적으로 가진 것으로 삼취정계라고도 한다. 즉 악을 멈추고, 선을 닦아 다른 사람들을 위하여 다하는 것을 내용으로 하기 때문에, 삼취정계(攝律儀戒, 攝善法戒, 攝衆生戒)를 가리켜 말하는 경우도 있다. 이 계를 말하는 경전은 많은데, "범망경"의 범망계와 "유가론"의 유가계가 가장 대표적인 것이다(中村元, "佛敎語大辭典" 하권 참조).

○ 【椒庭】 황후의 어전(御殿). 바뀌어 황후.

○ 【戒品】 계(戒)의 품류, 오계, 십선계 등.

○ 【鉢淵寺】 다음에 나오는 '관동풍악발연수석기' 조의 주해로 미룬다.

○【袖領】 영수(領袖)를 말한다. 영(領)은 옷깃. 수(袖)는 소매. 다른 말로 남의 위에 서는 사람. 우두머리.

○【永深】 진표의 고제(高弟). 그 행적은 뒤에 나오는 '관동풍악발연수석기' 및 '心地繼祖'의 조항으로 미룬다.

○【俗離山】 경상북도와 충청북도의 경계를 달리는 소백산맥에 있으며, 아홉 개의 봉우리가 형제와 같이 나란히 솟아 있으므로 예부터 구봉산, 형제산, 광명산, 자하산, 소금강의 이름으로 알려져 있고, 또 성산으로서 경외 받았다. 그리고 주된 봉우리 천황봉(1,057m), 비로봉, 관음봉, 운장대의 괴이한 봉우리가 장관을 이룬다. 산 안에는 호서 제1의 가람인 법왕사가 자리하고 있다(절은 충청북도 보은군 속리면 사내리).

법왕사는 절의 연기에 의하면, 진흥왕 14년 계유(553)에 의신조사가 천축에서 수행한 후, 흰 털의 노새에 경전을 이고, 귀국하자마자 창건했다고 한다. 그리고 더 나아가 성덕왕대에 중수를 했다고 한다. 지금 구경할 수 있는 광대한 법왕사의 터를 쌓은 것은, 진표율사와 그 제자 영심이다. 이 절은 창건 후, 몇 번인가 화재를 만나, 대부분의 건물은 조선 중기 이후의 건축으로, 신라시대부터 남아 있는 것은 석련지, 쌍사자, 석등, 사천왕석등, 석감, 희견보살석상, 철가마뿐이다.

현재 이 절의 건조물로서는 중심이 되는 법신비로차나불, 측불인 보신 석가모니불, 화신노사나불을 봉안하는 대웅전, 한국 유일의 목조오중탑인 팔상전(1626년 건조), 거대한 입상미륵불(석조, 1964년 완성)이 주목을 끈다.

○【六輪】 "영락본업경"에서, 삼현십성의 과보를 6종의 윤왕에 비유한 것을 빌려, 천태종의 교학에서 철륜왕을 십신에, 동륜왕을 십주, 은륜왕을 십행, 금륜왕을 십회향, 유리륜왕을 십지, 마니륜왕을 등각으로 말하는 것이다.

736○【唐僧傳】 이곳의 당승전은 "속고승전" 즉 "당고승전"을 말하는 것이다.

○ 【開皇十三年】 서기 593년으로 신라 진평왕 15년에 해당한다. 개황은 수
(隋) 고조(文帝) 조의 원호.

○ 【廣州】 현재의 광동성 광주시.

○ 【帖子】 접는 책.

○ 【自撲懺法】 목륜(木輪)으로서 전생의 업보, 현세의 고락길흉을 점쳐, 흉
사가 보이면 지장보살을 예배하고 멸죄 제거시키는 행법. 이것은 일종의
중국 도교적 참회법으로 보인다.

○ 【靑州】 후한에서는 청주자사는 임치(지금의 산동성 내)를 다스렸기 때문
에, 예부터 이 지역을 청주(靑州)라고 했다. 금(金)은 익도를 다스리고,
명(明)은 청주부를 세워 산동에 소속시켰고, 청(淸)도 또한 이것을 따랐
는데, 민국에 이르러 없앴다. 1970년에 임치현은 유박시에 편입시켰다.
이 도시는 교제철도를 따라 나 있으며, 해방 후의 신흥광공업도시이다.
고적(古跡)에 제국 도성 유적이 있다.

○ 【搭懺法】 자박법이라는 죄를 없애는 방법.

○ 【占察經】 앞에서도 말했지만, 수의 보리등 번역이라는 경전. 수 개황 때,
광주 및 청주에서 이 경에 의해 탑참의 법을 행하는 자가 있어, 남녀가 군
집하므로, 개황 13년(593), 광주의 사마곽의가 장안에 와서, 이 까닭을 묻
고, 법경 등에 진위를 바로잡은바, 의경이라고 단정했다. 이 경의 상권에
점찰법이 실려 있는 것이다.

○ 【內史侍郎】 수대에 중서성을 내사성으로 고치고, 대신(幸相職)을 내사시
랑이라고 불렀던 일이 있다. 당대에 이르러 중서령도 내사령이라고 고친
일이 있다.

○ 【大興寺】 북주(北周) 무제의 불교에 대한 격한 배척 후에 일어난 수(隋)
는 불교의 융성에 힘을 다하여, 인심을 모으려고 했다. 문제는 수도 대흥
성을 조영함에 있어 중앙의 주작대로의 동쪽에는 대흥선사라는 대사원
과 서쪽에는 현도관이라는 도교의 대도관을 세웠다. 대흥선사 쪽이 규모
가 크고 성 하나를 차지하는 광대한 것이었다. 당우의 장엄하고 아름다

운 것 수당을 통해서 경성제일이라고 했으며, 강학의 승려가 사방에서 모여들어, 다음에 말하는 법경, 언종도 이 절에 머물렀다. 지금은 흥선사라고 한다(섬서성 서안부, 옛 장안).

○ 【法經】 칙령에 의해 경전의 번역목록 정리에 들어가, 개황 14년(594)에 "중경목록"(7권)을 찬술했다. 번경대덕으로 임명받았다.

○ 【彦琮】 언종(557-610)은 길장(549-623), 담천(542-607), 영유(518-605), 담연(516-588), 혜원(523-592) 등과 함께, 남북조부터 수에 이르는 학장으로, 일세에 이름 높았다. 언종은 북제에 있으면서 파불을 만났고, 선출되어 통도관학사가 된 준재(俊才)로서, 수가 일어나자 후하게 대우받고, 낙양에 번역관을 건립하여, 이곳에 살도록 했다. 그는 범어에 능통하여 당시의 역교사업에는 모두 참여하였고, 혹은 경전을 한층 더 범어로 번역하여 서역의 여러 나라에 보내는 일도 있었다. 그는 역교뿐만 아니라 "창도법"을 찬술하여 구체(舊體)를 개정하고, 혹은 "변교론"을 지어 도교의 요망한 것을 밝히기도 하고, 혹은 "중경목록"(5권)(602)을 지어 경전을 정리하기도 하고, 혹은 사리송견사가 되어 수의 사리탑 건립에 한 역할을 맡기도 하고 혹은 또 승관편, 복전론, 귀신록 그 외를 짓기도 하고, 혹은 또 정토교에 관한 책을 내는 등, 그의 활약은 실로 눈부신 것이었다(道端良秀 "槪說支那佛敎史" 참조).

○ 【菩提登】 한국고전간행회본 "삼국유사"에는 등(登)은 등(燈)의 와전이라고 있다. 보리등은 앞서 "점찰경"의 역자.

○ 【如大儒以詩書發塚】 (1) 이병도는 '진(晉)의 태강(太康) 2년(281)에 급군인(汲郡人)이 위양왕총(魏襄王冢)을 발굴하여, 고서(古書) 75편을 얻은 것을 가리키는 것 같다.'("역주병원문·삼국유사" 광조출판사)라고 주를 달고 있다.

이것만으로는 마치 학식이 높은 선비가, 시서를 무덤(冢)에서 얻었다고 하는 것과 같다(근거 없는 것을 근거 있는 것처럼 말하는 것과 같은 비유)라고 풀이하는 것이다.

사족(蛇足)이 될 우려가 있으나, 이병도의 주기에 대해 한편으로 부기(付記)를 해 둔다. "진서(晉書)"51·속석전 등에 의하면, 진(晉)의 함녕 태강 연간(275-289)에, 급군(하남성 급현 남서)의 불준이, 춘추전국 위(魏)의 양왕 또는 안리왕의 것이라고 말하는 옛 무덤(冢)을 도굴했을 때, 다수의 고서가 발견되었기 때문에, 이것을 '급총서'라고 한다. "목천자전", "죽서기년", "일주서" 등은 저명하다.

(2) 노무라 요소는 "장자"로부터의 인용이라고 한다(國譯一切經本 "三國遺事" 주해). 즉 "장자" 권26·외물편에 보이는 다음의 우화에 바탕을 두는 것으로 보인다. 관계 풀이("중국고전대계" 4, 헤이본샤)를 들면,

유자(儒子)는 시나 예에 의해 총(冢)을 파헤친다. 대유(대학자, 적유)가 전령을 보내,

'동방(東方)이 밝아졌네. 일은 어떤가.'

라고 하니, 유자(儒者)는

'아직 속옷을 벗기지 않았는데, 입속에 구슬이 들어 있어요. 그것은 시(詩)에 있지요.

파란 보리, 언덕에 자란다. 살아남지 못한 사람이 죽어 구슬을 어찌할까라고.' 그 머리카락을 부여잡고, 그 턱수염을 눌러, 쇠망치로 턱을 두들겨 때리고 난 뒤, 천천히 광대뼈(頰骨)를 꺼내어서, 입속의 구슬은 다치게 하지 않았다.

위는 난해하다. 노무라는 어떤 것을 다 배우지 못한 것을 말하고 있다. 소위 논어를 알지 못하고 논어를 읽는 것이라고.

○ 【可謂畫虎不成, 類狗者矣】 "후한서" 열전 제14, 마원전에 보이는 고사에 바탕을 둔다.

후한의 건무 16년(기원전 40) 문지(인도차이나의 동킨(東京), 하노이(河內지방))에서, 징측, 징이라는 강력무쌍한 자매가 한의 식민정책에 반기를 들고, 성을 함락하기를 60여 성에 이르러, 징측은 자립하여 왕이라고 불렀다. 복파장군 마원은 군사 일만을 이끌고 남하하여, 3년을 넘어

남을 평정하고(건무 18년), 그다음 해 정월, 징측, 징이의 목을 낙양에 보냈다. 마원은 이 원정 중에 도읍에 있는 형의 아들인 마엄, 마돈에게 편지를 보냈다. 그것은 두 사람이 유곽의 풍류를 즐기는 것을 꾸중하는 것이었다. 마원은 남의 잘못을 듣는 것은 좋으나, 스스로 입 밖으로 꺼내서는 안 되며, 국정을 가볍게 비판해서는 안 된다고 말하고 나서, '용백고는 그 사람 됨됨이가 중후하고 또한 신중, 겸손하며 절검하다. 나는 그를 매우 좋아한다. 너희들은 그를 본받아라. 두계량은 호협으로 의(義)가 좋고, 남의 근심을 아파하고, 남의 즐거움을 좋아한다. 청탁을 잃는 것이 없었다. 그래서 그는 아버지가 죽었을 때, 여러 군(郡)의 사람이 다 와서 조문을 할 정도였다. 나는 그를 매우 좋아하지만, 너희들에게 그를 본받으라고 하고 싶지 않다. 용백고를 본받으면 거기까지는 아니더라도, 적어도 근직의 선비는 될 것이다. 소위 刻鵠不成, 尙類鶩者也(소위 백조를 새기다가 안 되면 집오리는 닮는다라는 비유). 그러나 두계량의 흉내를 내다가, 그대로 되지 않는다면 그저 천하의 경박한 재사가 될 뿐일 것이다. 소위 畵虎不成, 反類狗者也(소위 호랑이를 그리다가 오히려 개를 그려 버린다는 비유이다). 마음에 새겨들어라 라고.

　위의 이야기는 사물을 다 배우지 못한다는 것이나, 검소하지 않은 자가 뛰어난 자의 흉내를 내어 경박하게 행동하는 것을 야단치는 것이다.

○ 【擔麻棄金也】 "중아함경"(16)에 있는 우화에 의한다. 두 가난한 자가 여행을 했다. 길가에 삼베(麻)가 저절로 우거져 있는 것을 보고, 두 사람은 모두 이것을 짊어지고 돌아가는데, 조금 더 가니까 은(銀)이 있고, 또 가니까 금(金)이 있었다. 그 한 사람은 때에 맞춰 은으로 바꾸고, 또 금으로 바꿔 짊어졌는데, 다른 한 사람은 처음에 짊어졌던 것을 고집하여 결국 삼베를 짊어지고 돌아왔다. 이것은 싸구려 삼베를 취하고 금을 버렸기 때문에, 어리석은 자의 비유이다(노무라의 주해).

○ 【悉壇】 (1) 노무라(野村)는 실단 siddhānta '方法'이다. 부처의 설법을 4실단으로 나눈다라고 주를 달았다.

(2) 이병도는 그저 '단(壇)을 지실(知悉)한다.'라고 주를 달았다(전게서).

(3) "總合佛敎大辭典(上)"(法藏館)의 '실단' 항목에는 (범어 실단 siddhaṃ, 혹은 siddhām의 음 전사.) 실단(悉旦), 사담(肆曇), 실담(悉談), 실단(悉檀)이라고도 음 전사하며, 성취, 성취길상 등으로 번역한다.

범자의 자모표나 철자법 18장(章)의 처음에 귀경구를 들었는데, 그 가운데에 '성취하라.'라는 의미로, 실담(siddhaṃ), 또는 실지라솔도(범어 siddhir astu의 음 전사)라고 적었으므로, '실담'은 자모(字母)의 총칭이 되며, '실지라솔도'는 실담장(후술)을 의미하게 되었다(이하 생략한다).

○【大乘懺】대승참법, 대승보살계에 의한 참법이라는 의미. 대승계는 대승불교도가 가지는 계(戒)이며, 또 보살계라고도 말한다.

○【六根】안(眼), 이(耳), 비(鼻), 설(舌), 신(身)의 뜻으로 6가지의 근(根). 근(根)은 능력을 의미하며 더 나아가 그 능력을 가지는 기관을 말한다.

○【開元貞元二釋敎錄】"개원석교록"은 당의 개원 18년(730)에 지승(智昇)이 지었다. 20권으로 이루어져 있다. 다음으로 "정원석교목록"은 당의 덕종 정원 16년(800)에, 원조가 지은 30권.

○【編入正藏】정식으로 대장경 속에 편입되었다는 것을 말한다.

○【性宗】법성종(法性宗)을 말한다.

737○【舍利佛問經】동진대(東晉代)에 담마야사는 "사리불아비담론"을 번역했는데, 이것을 가리키는 것일까.

○【離塵…】수건(巾), 휘장(帊), 빗자루(帚)는 먼지를 터는 도구. 칼(刀), 송곳(錐), 도끼(斧) 등은 물건을 자르는 도구이다. 즉 속세 먼지를 털어 번뇌를 없앤다는 비유.

○【擲輪得相之事】고리(輪)를 던져 점을 보는 것.

○【表公翹懺得簡】표공(表公)은 진표. 앞서 나온 '원광서학' 조항에는 원광이 가서갑에 살고 있을 때, 귀계멸참지법으로서 우매함을 없앤다는 것을 말하며, 점찰보를 둔 것이 보인다. 주해 691도 참조.

○【慈氏】미륵보살.

○【舍利問經】앞서 말한 사리불문경.

738○【激憜聾】나약한 자(憜夫)를 격앙시킨다는 뜻.

○【靈岳】영산사.

○【仙溪】선계산.

○【翹懃傳塔懺】진지하게 노력하여 탑참법을 전해 넓혔다는 뜻.

○【作橋東海化魚龍】이미 이 조항의 글 가운데에도 보였으며, 다음의 '관동 풍악발연수석기' 조항에도, 진표가 명주(溟州)를 향할 때, 어룡이 동해의 다리가 되었다고 보인다.

⁷³⁹관동풍악발연수석기

^a關東楓岳鉢淵藪石記 ^{此記乃寺主瑩岑所撰, 承安四年己未立石}

⁷⁴⁰眞表律師. 全州碧骨郡都那山村大井里人也. 年至十二. 志求出家. 父許之. 師徃金山藪順³⁵⁰⁾濟法師處彔³⁵¹⁾染. 濟授沙彌戒法, 傳敎供養次第秘法一卷, 占察善惡業報經二卷. 曰汝持此戒法於彌勒地藏兩聖前. 懇求懺悔, 親受戒法. 流傳於世. 師奉敎辭退. 遍歷名山, 年已二十七歲. 於上元元年庚子. 蒸二十斗米. 乃乾爲粮. 詣保安縣. 入邊山不思議房. 以五合米爲一日費. 除一合米養鼠. ⁷⁴¹師勤求戒法於彌勒像前. 三年而未淂授記. 發憤捨身嵓下, 忽有靑衣童. 手捧而置石上. 師更發志願. 約三七日, 日夜勤修. 扣石懺悔. 至三日手臂折落, 至七日夜. 地藏菩薩手揺金錫來爲加持, 手臂如舊. 菩薩遂與袈裟及鉢, 師感其靈應. 倍加精進. 滿三七日, 卽淂³⁵²⁾天眼. 見兜率天衆來儀之相. 於是地藏慈氏現前, 慈氏磨師頂曰.

---

350) DB. "삼국유사" 권4, 의해(義解) 진표전간(眞表傳簡) 조에는 崇.
351) 고증. 處容. 규장각본, 범어사소장본, 고려대본. 彔. DB. 순암수택본은 판독이 어려운 글자 옆에 彔 자가 가필되어 있다.

善哉, 大丈夫. 求戒如是. 不惜身命. 懇求懺悔. 地藏授與戒本, 慈氏復與
二栍, 一題曰九者, 一題八者. 告師曰. 此二簡子者. 是吾手指骨, 此喻始
本二覺. 又九者法尒, 八者新熏成佛種子, 以此當知果報. 汝捨此身受大
國王身. 後生於兜率. 如是語已. 兩聖卽隱. 時壬寅四月二十七日也. **742**師
受敎法. 已欲創金山寺. 下山而來.353) 至大淵津, 忽有龍. 王出獻玉袈裟,
將八萬眷屬侍. 徃金山藪. 四方子來. 不日成之. 復感慈氏. 從兜率駕雲而
下. 與師受戒法, 師勸檀緣. 鑄成彌勒丈六像. 復畵下降受戒威儀之相於
金堂南壁□.354) 於甲辰六月九日鑄成. 丙午五月一日安置金堂, 是歲大曆
元年也. **743**師出金山. 向俗離山, 路逢駕牛乘車者. 其牛等向師前. 跪膝而
泣. 乘車人下問, 何故此牛等見和尙泣耶. 和尙從何而來. 師曰, 我是金山
藪眞表僧, 予曾入邊山不思議房. 於彌勒地藏兩聖前. 親受戒法眞栍, 欲
覔創寺鎭長修道之處. 故來尒. 此牛等外愚內明, 知我受戒法爲重法, 故
跪膝而泣. 其人聞已. 乃曰, 畜生尙有如是信心, 況我爲人豈無心乎. 卽以
手執鎌. 自斷頭髮. 師以悲心. 爲355)祝髮受戒. 行至俗離山. 洞裏見吉祥
草所生處而識之. 還向溟州海邊. 徐行次有魚鼈黿鼉等類. 出海向師前.
綴身如陸, 師踏而入海. 唱念戒法還出. 行至高城郡. 入皆骨山. 始創鉢淵
藪, 開占察法會. 住七年, 時溟州界年穀不登. 人民飢饉, 師爲說戒法. 人
人奉持. 致敬三寶.356) 俄於高城海邊. 有無數魚類. 自死而出, 人民賣此
爲食得免死. 師出鉢淵. 復到不思議房, 然後徃詣家邑謁父, 或到眞門大

352) 규장각본, 범어사소장본, 고려대본. 좌변을 𠫵로 보기는 어렵다. 고증. 得. DB. 得의 오기
   로 보인다.
353) DB. 師受敎法已, 欲創金山寺下山而來.
354) 고증에는 □가 없다.
355) 고증, 규장각본, 범어사소장본, 고려대본. 爲 앞에 갱(更). DB. 更이 없다.
356) DB. 師爲說戒, 法人人奉持致敬三寶.

德房居住. **744**時俗離山大德永深. 與大德融宗. 佛陁等同詣律師所. 伸請

曰. 我等不遠千里來求戒法. 願授法門. 師默然不荅. 357) 三人者乘桃樹上.

倒墮於地. 勇猛懺悔. 師乃傳敎灌頂, 遂與袈裟及鉢. 供養次第秘法一卷.

日358)察善惡業報經二卷. 一百八十九柱. 復與彌勒眞栍九者八者, 誡曰.

九者法尒, 八者新熏成佛種子. 我已付囑汝等, 持此還歸俗離山. 山有吉

祥草生處. 於此創立精舍, 依此敎法. 廣度人天, 流布後世. 永深等奉敎.

直徃俗離, 尋吉祥草生處. 創寺名曰吉祥. 永深於此始設占察法會. **745**律

師與父復到鉢淵, 同修道業而終孝之. 師遷化時. 登於寺東大巖上示滅,

弟子等不動眞體而供養, 至于骸骨散落. 於是以土覆藏. 乃爲幽宮. 有靑

松卽出. 歲月久遠而枯, 復生一樹, 後更生一樹, 其根一也. 至今雙樹存焉.

凡有致敬者. 松下覔骨, 或得或不得. 子359)恐聖骨堙滅, 丁巳九月. 特詣

松下. 拾骨盛筒. 有三合許. 於大嵒上雙樹下. 立石安骨焉云云. **746**此錄

所載眞表事迹. 與鉢淵石記. 互有不同, 故刪取瑩岑所記而載之, 後賢宜

考之. 無極記.

풀이 **739**관동풍악발연수석기(關東楓岳鉢淵藪石記) **ᵃ**이 기록은 곧 사주(寺主) 영잠360)이

찬술한 것이고 승안361) 4년 기미(1199)에 돌을 세웠다.

740진표율사362)는 전주 벽골군363) 도나산촌 대정리 사람이다. 나이

---

357) DB. 荅의 오기로 보인다.

358) 규장각본, 범어사소장본, 고려대본, 고증. 日. DB. 占의 오기로 보인다.

359) 범어사소장본, 고증. 予. 규장각본, 고려대본. 子. DB. 순암수택본에는 子 옆에 予 자가 가
필되어 있다.

360) DB. 고려 神宗 때의 鉢淵寺 比丘로 眞表律師藏骨塔碑의 碑文을 지었다.

361) DB. 金 章宗의 연호로 1196-1200년.

12살에 이르러, 뜻이 출가에 있으니 아버지가 허락하였다. 법사는 금산수364) 순제법사에게 가서 중이 되었다. 순제는 사미계법을 주고, "공양차제비법"365) 1권, "점찰선악업보경"366) 2권을 전하며 말하기를 "그대는 이 계법을 가지고 미륵·지장 두 보살 앞에서 정성을 다해 참회를 구하여 친히 계법을 받아 세상에 널리 전하라."라고 하였다. 법사가 가르침을 받들고, 이별하여 물러나와 명산을 두루 돌아다녔는데 나이가 이미 27세가 되었다.

상원(上元)367) 원년 경자(신라 경덕왕 19년, 760년)에, 20두368)의 쌀을 찌고 말려서 양식을 만들어 보안현으로 가서, 변산 부사의방369)으로 들어가서 5홉370)의 쌀을 하루의 소비로 하고 쌀 1홉을 제하여 쥐를 길렀다.

741법사가 미륵상 앞에서, 계법을 부지런히 구하기를 3년이 지나도, 수기(授記)371)를 얻지 못하였다. 발분하여 바위 아래로 몸을 던지니, 갑자기 푸른 옷을 입은 동자가 양손으로 받들어 돌 위에 두었다. 법사는 다시 뜻을 발하여 삼칠일(21일)을 기약하고 밤낮으로 열심히

---

362) DB. 新羅 景德王대(742-764)의 고승으로 일본과 중국의 기록에 수록되어 있는 것으로 보아, 그의 行化와 그 위치가 당시 신라에 미친 영향이 대단하였으리라는 점을 유추할 수 있다.
363) DB. 지금의 전라북도 김제군.
364) DB. 지금의 金山寺로 보인다. 금산사는 전북 김제시 모악산 금산리에 현존한다.
365) DB. "大毗盧遮那成佛神變加持經", 줄여서 "大日經"이라고도 하며, 제7권에 공양법을 설명하였다.
366) DB. "占察經"이라고도 한다. 수(隋)의 菩提燈이 번역하였다.
367) DB. 당(唐) 肅宗의 연호로 760년-762년에 사용.
368) DB. 열 되(十升)의 양.
369) DB. 전라북도 부안군 변산에 있던 절.
370) DB. 一升의 10분의 1.
371) DB. vykarana. 부처가 제자에게 미래에 성불할 것이라고 예언하는 것.

닦고 돌을 두드리며 참회하였다. 3일이 되자 손과 팔이 꺾여 떨어졌고, 7일 밤이 되자 지장보살372)이 손에 금석을 흔들고 와서 가지(加持)373)하자, 손과 팔이 예전과 같이 되었다. 지장보살은 드디어 가사와 바리를 주었고, 진표는 그 영응에 감동하여 더욱 정진하였다. 삼칠일(21일)을 채우자, 즉 천안(天眼)을 얻어 도솔천중이 오는 형상을 보았다. 이에 지장·미륵보살374)이 (율사) 앞에 나타나고, 미륵보살이 진표의 정수리를 쓰다듬으면서 말하였다. "훌륭하도다. 대장부여. 이와 같이 계를 구하여 신명을 아끼지 않고 참회를 간절히 구하는구나." 지장이 "계본(戒本)"375)을 주고 미륵은 다시 2개의 생(栍)376)을 주었는데, 하나는 9자(者)라고 쓰여 있었고 하나는 8자라고 쓰여 있었다. 진표에게 일러 말하였다. "이 두 간자는 나의 손가락뼈인데, 이는 시각377)·본각378) 2각을 이른다. 또한 9자는 법 자체이고 8자는 신훈성불종자379)이니 이로써 마땅히 과(果)·보(報)를 알 것이다. 너는 이 몸을 버려 대국왕의 몸을 받아 후생에는 도솔천380)에 태어날 것이다."

---

372) DB. 석가모니불의 입멸 후 미륵보살이 성불할 때까지, 곧 부처가 없는 시대에 중생을 제도한다는 보살로, 그는 모든 중생이 구원을 받을 때까지 자신은 부처가 되지 않겠다는 큰 서원을 세운 보살이기 때문에 대원본존지장보살(大願本尊地藏菩薩)이라고 한다.
373) DB. 부처의 가호로 중이 佛凡一體의 경지로 들어가는 일.
374) DB. 미륵은 maitreya의 음사로 慈氏라고도 한다.
375) DB. 비구와 비구니가 지켜야 할 계율의 조목을 뽑아 모은 책.
376) DB. 본문에서는 모두 '栍'으로 쓰여 있는데 어쩌면 '柱' 혹은 '證'으로 음통해서 사용된 것인가 하고 의문을 표시하고 있다. 이 '栍'은 한국에서만 사용되고 있는 특정한 뜻을 지니는 字訓 가운데 하나이다. '栍'의 자음은 생(Saeng), 字訓은 路表이니 다시 말해서 도로나 혹은 경계를 표시하는 뜻을 나타내는 속자.
377) DB. 번뇌에 가려 드러나지 않던 청정한 깨달음의 성품이 서서히 활동하는 것.
378) DB. 중생이 본래 가지고 있는 청정한 마음.
379) DB. 경험에 의해서 얻어지는 것을 신훈종자라 하고, 선천적으로 가지고 있던 것을 본유종자.
380) DB. 도솔은 tusita의 음사이다. 妙足·知足이라 번역한다.

이와 같이 말하고 두 보살은 즉 사라졌다. 이때가 임인381)(762년) 4월 27일이다.

742진표는 교법을 받기를 마치자, 금산사를 창건하고자 산에서 내려왔다. 대연진에 이르자 갑자기 용왕이 나타나, 옥으로 된 가사를 바치고 8만 권속을 이끌고 시위하며 금산수로 갔다. 사방에서 사람들이 와서 며칠 지나지 않아 완성되었다. 다시 미륵보살이 도솔천으로부터 감응하여, 구름을 타고 내려와 진표에게 계법을 주었는데, 진표는 시주를 권하여 미륵장육상을 조성하게 하였다. 또 금당의 남쪽 벽에 내려와서, 계법을 주는 위의(威儀)의 모습을 그리게 하였다. 갑진년 6월 9일에 조성되어 병오년(766년) 5월 1일에 금당에 안치되었으니, 이 해는 대력(大曆) 원년이다.

743진표는 금산사를 나와 속리산으로 향하였는데 길에서 소달구지를 탄 사람을 만났다. 그 소들이 진표 앞을 향해 와서 무릎을 꿇고 울었다. 소달구지를 탄 사람이 내려서 묻기를 "어떤 이유로 이 소들이 화상을 보고 우는 것입니까. 화상은 어디에서 오시는 것입니까?"라고 하였다. 진표가 말하기를 "나는 금산수의 진표라는 승려인데, 나는 일찍이 변산 불사의방에 들어가서, 미륵·지장 두 성전에서 친히 계법과 진생382)을 받고, 절을 짓고 머물러 오래 수도할 곳을 찾고자 한 까닭으로 온 것이다. 이 소들은 겉은 미련하나 속은 현명하여, 내가 계법을 받은 것을 알고 법을 중하게 여기는 까닭으로, 무릎을 꿇고 우는 것이다."라고 하였다. 그 사람은 듣기를 마치고 이내 "축생도 항상 이

---

381) DB. 新羅 景德王 21년(762).
382) DB. 수행한 결과로 얻는 果報의 簡子.

와 같은 신심이 있는데 하물며 나는 사람으로 어찌 마음이 없겠는가." 라고 하고 즉 손으로 낫을 잡고 스스로 머리카락을 잘라 버렸다. 진표는 자비심으로써 다시 머리를 깎아 주고 계를 주었다.

속리산 동굴 속에서, 길상초가 핀 곳을 보고 그것을 표시해 두었다. 돌아서서 명주(溟州) 해변으로 향하여 천천히 가는데, 물고기, 자라 등의 무리가 바다에서 나와, 진표의 앞으로 와서 몸을 이어 육지처럼 만드니, 진표가 그것을 밟고 바다로 들어가, 계법을 암송하고 돌아서 나왔다. 가다가 고성군에 이르러 개골산[383]에 들어가, 비로소 발연수[384]를 창건하고 점찰법회를 열었다. 7년을 살았는데 이때 명주의 경계에 흉년이 들어 백성이 굶주려서, 진표가 이를 위해 계법을 설하니, 사람마다 받들어 지켜 삼보(三寶)를 지극히 공경하였다. 갑자기 고성 해변에서 셀 수 없이 많은 물고기들이 스스로 죽어서 나오니, 백성들이 이것을 팔아서 식량을 마련하여 죽음을 면하였다.

진표는 발연수를 나와, 다시 불사의방으로 갔고 그런 후에 고향으로 가서, 아버지를 뵙기도 하고 혹은 진문대덕의 방에 가서 살기도 하였다.

744이때 속리산 대덕 영심이, 대덕 융종·불타 등과 함께 율사가 있는 곳에 와서 청하였다. "우리들은 1,000리를 멀지 않다 여기고, 계법을 구하러 왔습니다. 원컨대 법문을 주십시오." 진표가 묵묵히 대답이 없었다. 세 사람은 복숭아나무 위로 올라가 땅에 거꾸로 떨어지며 용맹하게 참회하였다. 진표가 이에 가르침을 전하여 관정[385]을 하고,

---

383) DB. 금강산을 겨울에 부르는 명칭.
384) DB. 강원도 고성군 외금강면 용계리에 있던 鉢淵寺.
385) DB. abhiseka. 일정한 자격을 인정하여 정수리에 물을 붓는 의식이다.

드디어 가사와 바리, "공양차제비법" 한 권, "일찰선악업보경" 두 권과 생(栍) 189개를 주었다. 또 미륵의 진생 9자와 8자를 주고, 경계하여 말하였다. "9자는 법 자체이고 8자는 신종성불종자이다. 내가 이미 너희들에게 맡기었으니, 이를 가지고 속리산으로 돌아가라. 산에 길 상초가 자라는 곳이 있으니, 여기에 정사를 세우고, 여기에 따라 법을 가르쳐서 인간계와 천계를 널리 제도하고, 후세에 널리 펼쳐라." 영심 등이 가르침을 받들고, 곧바로 속리산으로 가서, 길상초가 난 곳을 찾아 절을 창건하고 길상사라 하였다. 영심은 여기에서 처음으로 점찰 법회를 열었다.

745 율사는 아버지와 함께 다시 발연수에 이르러, 같이 도업을 닦으며 효를 다하였다. 율사는 세상을 뜰 때 절의 동쪽 큰 바위 위에 올라 죽으니, 제자들이 시신을 옮기지 않고 공양하고 해골이 흩어져 떨어질 때에 이르러, 흙을 덮어 묻고 이에 무덤으로 삼았다. 푸른 소나무가 곧 나왔다가 세월이 오래 지나자 말라 죽었고, 다시 나무 한 그루가 났고 후에 다시 한 그루가 났는데 그 뿌리는 하나였다. 지금도 두 나무가 있다. 무릇 공경을 다하는 사람은 소나무 아래에서 뼈를 찾는데, 혹은 얻고 혹은 못 얻기도 한다. 나는 법사의 뼈가 없어질 것을 염려하여 정사년(丁巳年, 1197년) 9월 특별히 소나무 밑에 가서 뼈를 모아 통에 담으니 3홉 가량이 되었다. 큰 바위 아래 두 나무 밑에 돌을 세워 뼈를 안장하였다고 했다.

746 여기에 기록(眞表傳簡의 條)된 진표의 사적(事跡)은, '발연석기'와 서로 같지 않은 것이 있기 때문에 영잠이 기록한 것을 간추려서 실었다. 후세의 현명한 이들은 이를 상고해 보아야 한다. 무극(無極)이 기록한다.

739○【關東】 조선에서는 대관령 땅을 관동이라고 불렀다. 대개 지금의 강원도를 말한다.

○【楓岳】 가을 금강산의 별칭.

○【鉢淵藪】 강원도 고성군 신북면 용계리(옛 명칭)에 있던 발연사(鉢淵寺). 수(藪)는 절(寺)과 같은 말로 쓰였다. 사(寺)는 또 원(院), 사(社), 굴(窟)이라고도 불렀다.

○【關東楓岳鉢淵藪石記】 발연사 절터에 "발연사진표율사장골탑비"가 남아 있다. 이 비문은 "조선금석총람(상)"(426면)에 실려 있는데, 닳아서 불명한 곳도 많다. '유'의 찬술자 일연은 이 비문을 바탕으로 관동풍악발연수석기를 적은 것은 분명하다.

739a○【此記乃寺主瑩岑所撰. 承安四年己未立石】 앞의 장골탑비문을 지은 자, 새긴 자 및 비를 세운 자(竪碑)의 연차에 대해서는 비문의 말미에

> 高□□大子諱□ 刻□銘鉢淵寺接比丘瑩岑撰□□□年己未五月日翼崖縣在京近事人李子琳□□□書 □莊□願立石書刻字□□

와 같이 찬술자는 발연사의 비구 영잠이며, 적은 자는 이자림이다. 비를 세운 연차는 닳아서 분명하지 않은데, 위의 '유'의 주기(注記)에 '承安四年己未立石'이라고 있으니, 비문의 불명한 3자는 '承安四'인 것은 확실하다. 그리고 입석(立石) 연차인 승안사년기미(承安四年己未)의 승안은 금(金)의 장종(章宗) 조의 원호로, 이 승안 4년의 간지는 기미로서, 서기 1199년, 고려 신종 11년에 해당한다.

또한 이 비(碑)에 대해서는 "大東金石書"에

> 鉢淵寺. 在高城金剛山 鉢淵寺羅僧律師藏骨碑. 无名氏 沙門瑩岑文. 金章宗承安五年康申立. 南宋寧宗慶元六年同時. 麗明宗三十年也.

라고 있다. 그러나 이 책은 수비(竪碑)의 연차를 1년 늦추고 있다. 또 고려 명종은 27년에 죽었으니, 그 30년은 신종 3년에 해당하는 것이다. 왜 이러한 잘못을 저질렀는지 의문(不審)이다.

한층 더 덧붙여 말한다면 이 "발연사진표율사장골탑비"의 몸체는 높이

2자(尺)4치(寸), 폭 1자1치, 두께 8치로, 사면에 글을 새겼는데, 몸체 하부에는 부식과 마멸이 많아 이것을 읽는 것이 곤란하게 된 것은 안타까운 일이다. 또 비문의 문자의 서체는, 육조체 해서(楷書)로, 붓의 힘은 굳세어 당대해서로서는 드문 것으로 보인다(葛城末治 "朝鮮金石攷" 수록 '高城鉢淵寺眞表律師藏骨塔碑' 참조).

740○ 【律師】 ① 持律師. 律者 등이라고도 한다. 오로지 율(律)을 풀어, 이것을 암송하는 자. 나중에는 율(律)에 통달한 고승을 말한다. ② 승강의 하나. 승정, 승도와 합하여 삼강(三綱)이라고 하며, 승니를 통괄하는 관직(中村元, "佛敎語大辭典" 하 참조).

○ 【碧骨郡】 '승람'(권33) 김제군의 '건치연혁' 조항에는 '本百濟碧骨郡. 新羅改今名. 高麗初. 爲全州屬縣. 仁宗二十一年. 置縣令. 本朝太宗三年. 以縣人大明宦者韓帖木兒之請. 陞爲郡.'이라고 있다. 또 군의 위치에 대해서는 '東, 至金溝縣界十四里. 南, 至奉仁縣界二十二里. 西, 至扶安縣界二十六里. 至萬頃縣界十三里. 北, 至同縣界十八里. 距京都五百四十一里.'라고 있다. 구벽골군(舊碧骨郡)(金提郡)의 지역은, 현재의 전라북도 김제군의 영역에 포함되어 있다. '진표전간' 조항에는, 진표의 출생지를 만경현이라고 기록하고 있는데, 전대(前代)의 김제군(舊碧骨郡)이라는 것은 가까운 거리였던 것이 된다. 이 만경현 지역도 현재의 김제군에 들어간다.

○ 【都那山村大井里】 상세한 위치는 확실하지 않다.

○ 【年至十二, 志求出家. …】 진표가 12세에 출가한 것은, 앞서 '진표전간' 조항과 일치한다.

○ 【沙彌戒法】 나이 어린 사미(沙彌)승이 지켜야 하는 계법. 사미는 산스크리트어 śrāmaṇera에 상당하는 음 전사. 견습 승려를 말한다. 7세 이상, 20세 미만의 출가자로 승려를 따라 잡무를 맡아 수업하고, 정식 승려를 목표로 한다. 또 수업 미숙자의 의미로, 정규 과정을 밟지 않은 출가자를 사도(私度)의 사미, 겉모양은 승려라도 처자를 부양하는 생업으로, 하는 자를 재가(在家)의 사미라고 한다.

○ 【供養次第秘法一卷】 "大日經"의 제7권은 공양차제법이라고 하는데, 이것을 말하는 것일까. 공양차제법은 선무외가 전달한 행법차제의 부(部)이다.

○ 【占察善惡業報經二卷】 앞서 말한 '진표전간' 조항의 주해 734 점찰경 항목을 참조.

○ 【年已二十七歲. 於上元元年庚子. 云云】 상원(上元)은 당 숙종(肅宗) 조의 원호. 상원원년경자(上元元年庚子)는 서기 760년, 신라 경덕왕 19년에 해당. 진표의 생년은 역산(逆算)해서 734년이 되어, '진표전간' 조의 기재와는 16년의 차이가 있다.

○ 【保安縣】 '志'(권36) 지리사(3), 고부군소속현의 '희안현' 조에, '本百濟欣良買縣. 景德王改名. 今保安縣'이라고 있으며, '승람'(권34) 부안현의 건치연혁 조에는 '扶寧縣. …兼任保安. 保安縣. 本百濟欣良買縣. 新羅改喜安. 屬古阜. 高麗改保安. 仍屬. 後以扶寧監務來兼. 辛禑時. 二縣各置監務. 本朝太宗十四年. 保安復合于扶寧. 十五年又析之. 八月復合之. 明年七月. 又析之. 十二月又合二縣. 改今名. 翌年罷興德鎮. 移于本縣. 稱扶安鎮. 以兵馬使兼判事. …'라고 있다. 이 보안현의 지역은 현재의 전라북도 부안군에 들어가 있다.

741 ○ 【金錫】 김(金)의 석장(錫杖).

○ 【三七日】 21일을 말한다.

○ 【兜率天】 도솔(兜率)은 산스크리트 원어 Tuṣita의 음 전사. 또 도솔(都率), 도술(兜述), 도솔타(兜率陀), 도사다(覩史多)라고 옮긴다. (어원은 불명하지만) 지족, 희족, 묘족 등으로도 의역된다. 도솔천(兜率天)은 욕계의 육천의 제4천(天). 이 천(天)은 장래 부처가 될 보살이 지상에 내려오기까지의 마지막 생을 보내는 장소로, 석가가 이곳에서 백상(白象)을 타고 마야부인의 태내에 내렸다고 한다. 그 후 현재는 미륵보살의 장소가 되어, 석가입멸 후 56억 7천만 년 지나, 지상에 내려오기로 되어 있다고 한다. 여기에서 도솔천은 미륵신앙과 연결되어 중요시하게 되었다.

미륵신앙에는 미륵이 도솔천에서 이 세상에 내려 오는 것을 대망하는 하생(下生)신앙과, 그때까지 기다릴 수 없으므로 현재 미륵보살이 있는 도솔천에 죽은 후 태어나는 것을 바라는 상생(上生)신앙이 있다.

이곳의 '見兜率天衆來儀之相'은 미륵의 일통이 진표의 곁으로 하생하는 모습을 보았다는 것이다.

○【地藏慈氏】지장보살과 미륵보살.

○【與二栍】'발연사진표율사장골탑비'에는 '더불어 생(鉎)'이라고 있다. 생(栍)은 조선의 조자(造字)이다. 이곳의 생(栍)은 뒤 글의 용례로 보아 간자(簡子)라는 뜻으로 쓰인다. 아유가이 후사노신은 "雜攷"(제3집)(국서간행회본 "雜攷" 〈俗字攷, 俗文攷, 借字攷〉 64면)에서 (栍字는) '간자(簡子)의 뜻으로 쓰인 것, 이것은 고성발연사진표율사장골탑비에 나오는 것으로, 생(栍), 생(鉎) 함께 나오는데, 삼국견사진표전간에는 모두 簡子라고 적혀 있으니, 간자(簡子)의 뜻이 분명하다. 이 탑비의 글은 고려 신종 때, 비구 영금이라는 것도 아마 고전기(古傳記)에 의한 것으로 추측되며, 진표율사는 신라 경덕왕대의 고승이라면, 신라시대부터 증과(證果)간자의 뜻으로 쓰였던 것으로 추측된다. 이 간자의 형식방언 이름을 무엇이라고 부르는지 자세하지 않다. 또 고려사 하윤원전에 좌우명을 적은 패찰을 생(栍)이라고 적은 것이 있으니, 간자(簡子) 즉 패찰(札)의 의미로서, 서민 사이에도 사용되었다는 것을 알 수 있다.'라고 말했다. 따라야 할 것이다.

○【始本二覺】시각과 본각.

○【九者】【八者】앞에 나온 '진표전간' 조 및 뒤에 보이는 '심지계조' 조에 보이는 점찰경 상권의 글을 참조.

○【法爾】생(生) 있으면 사(死) 있고, 인(因) 있으면 과(果) 있는 것과 같이, 자연의 도리를 따를 것을 말한다. 본유종자이다.

○【新熏成佛種子】유식(唯識)에서는 무시이래, 현행의 전칠식의 세력에 의해 제팔식내로 흘러 들어가, 과(果)를 만드는 힘이 있는 종자(種子)를 '신훈종자라고 한다(국역일체경본 '유' '사'의 주해 참조). 또한 이 조항의 본

문 가운데 구자, 팔자에 대해서는 앞서 나온 '진표' 조, 뒤에 나오는 '심지 계조' 조에 보인다.

○【後生於兜率】 미륵신앙에는 하생(下生)신앙과 상생(上生)신앙이 있다는 것은 앞서 말했는데, 도솔천이 중요한 의미를 가지는 것은 후자(後者)에 있어서이다. 이곳에서는 상생을 바라는 것이다. "미륵상생경"에는, 미륵 정토로서의 도솔천이 장엄하게 그려져 있다. 이것으로 중국에서도 일본 에서도 도솔상생을 구하는 자가 수많이 나타나고, 또 도솔천의 모습을 회 화적으로 표현한 미륵정토변도 나타났다. 그래서 유사한 구조를 가진, 아미타의 극락정토왕생사상과 우열을 다투게 되기도 했다("岩波佛教辭 典" 참조).

○【兩聖即隱. 時壬寅四月二十七日也】 양성(兩聖)은 지장보살과 미륵보살. 임인(壬寅)은 앞서 '上元元年庚子'라고 있으며, 나아가 '三年而…'라고 되 어 있는 것으로, 이 임인은 서기 762년(당 숙종의 보응 원년, 신라경덕왕 21년)의 일이다.

742○【教法】 부처의 설법에 의한 가르침. 대승소승의 삼장십이부경을 말 한다. 사법(四法)의 하나[中村元 "佛教用語大辭典(上)" 참조].

○【金山寺】【金山藪】 '진표전간' 조의 주해 734를 참조.

○【勸檀緣】 단(檀)은 포시(布施)를 말한다. 그래서 이곳은 포시를 권진해 서라는 뜻일까.

○【甲辰】 이 갑진년은 서기 664년(당 숙종의 광덕 2년, 신라 경덕왕 23년) 에 해당한다. 이해의 6월 9일에, 금산사의 미륵장육상이 주조, 완성되었 던 것이다.

○【丙午 … 大曆元年也】 이 병오년은 서기 764년[당 숙종의 대력(大曆) 원 년, 신라 혜공왕 2년]에 해당한다. 이해의 5월 1일에, 위의 미륵장육상이 안치되었다.

743○【俗離山】 '진표전간' 조의 주해 735를 참조.

○【鎮長】 진호국가, 보조장구라는 것.

○ 【吉祥草】 산스크리트어의 kuśa, 바리어의 kusa의 한역 이름으로 길상 모, 희생초 등으로도 번역되며, 또한 그 음을 옮겨 고시초라고도 한다. 습지에 자라는 띠(茅), 혹은 억새(薄)를 닮은 풀이다.

　　이 길상초는 인도에서 베다 제식(祭式) 때, 제사자리에 까는 신성한 풀로서 이용되었다. 또 석존이 보리(菩提)나무 아래에서 깨달음을 얻었을 때, 이 풀을 깔고 앉았다고 하며, 그때에 길상동자가 석존에게 바친 풀이라고도 전한다.

○ 【溟州】 현재의 강릉시(강원도). 또한 '유' 권제1 '마한' 조 및 주해 28, 나아가 '유' 권제4 '자장정률' 조 및 주해 714를 참조.

○ 【高城郡】 '승람' 권45·고성군의 '건치연혁' 조항에 '本高句麗達忽. 新羅眞興王二十九年. 爲達忽州. 置軍主. 景德王改今名. 爲郡. 高麗爲縣令. 本朝因之. 世宗朝. 例改爲郡.'이라고 있다. 이 지역은 지금의 강원도 고성군 내에 들어 있다.

○ 【皆骨山】 지금은 한국의 군사경계선의 북쪽, 강원도 북부의 태백산맥 중에 있는 금강산의 다른 이름. 금강산은 주 봉우리 비로봉(1,638m)를 비롯해 일만여 봉우리가 군립하고, 크게 내금강, 외금강, 해금강으로 나눈다. 화강암으로 이루어진 산은 오랜 세월 풍화침식 때문에 기묘하게 이루어져 있다. 개골산이라는 것은 그 산의 풍채를 잘 나타낸다. 또 가을 단풍이 아름다운 풍악(楓嶽)이라고도 한다.

　　'승람' 권45·고성군(高城郡) 산천 '금강산' 조항에는, '在郡西五十八里. 詳見淮陽. ○李穀記. 自通川至高城. 一百五十里. 實楓岳之背. 其上崟嵓險絶. 人皆謂外山. 盡與內山爭奇怪.'라고 있으며, 더 나아가 '승람' 권47 준양도호부, 산천 조항의 '금강산' 조항에는 '在長楊縣東三十里. 距府一百六十七里. 山名有五. 一曰金剛. 二曰皆骨. 三曰涅槃. 四曰楓嶽. 五曰怾怛. (이하 생략한다)'라고 있다.

　　금강산이라는 이름은 화엄경전에 의한 것인데, 금강산 안에는 많은 사원이 있었다. '승람'에도 보인다. 앞서 보인 고성군의 '불우' 조항에는 성불암, 발연사, 백전암, 보문암, 도솔암이라는 이름이 회양도호부의 '불우' 조항에는 보현암, 도산사, 송라암, 장안사, 보덕굴, 마하연, 표훈사, 지불암, 금장암, 선주암, 신림사, 천친암, 수선암, 개심암, 묘덕암, 천덕암, 원통사, 진불암, 사자암, 묘봉암, 삼장사 등의 이름이 보인다.

○ 【占察法會】8세기의 신라에서 점찰법회를 크게 이룬 것은 진표였는데, 진표 이외에도 점찰법회를 열었던 기록이 몇 가지 보인다.

　(1) 정신왕의 태자, 보천(寶叱徒)이 임종하는 날에, 나중에 오대산에서 열어야 할 행사를 기록해 남겼는데, 그 가운데 점찰법회의 예가 보인다. 즉 남대의 남쪽에 지장방을 두고, 원상지장과 적지에 팔대보살을 앞세운 일만의 지장상(像)을 그려 봉안하고, 복전 5인에게 낮에는 "지장경"과 "금강반야경"을 읽게 하고, 밤에는 점찰예참(禮懺)을 암송하게 하여, 그것을 금강사라고 하라고 명했다('유' 권제3·탑상제4 '태산오만진신')고 한다.

　(2) 경주의 사복(虵福)이 연화장세계에 들어간 채 닫혀 버렸기 때문에, 그를 위하여 (소)금강산의 동쪽 기슭에 절을 세우고 도장사라고 불렀다. 그리고 이 절에서는 매년 3월 14일에 점찰법회를 여는 것을 규칙으로 정했다('유' 권제4·의해제5 '사'복불언)고 한다.

　(3) 승려 점개가 경주 흥륜사에서 육륜회를 개최하려고 시주를 구했더니, 복안이 베(布) 50필(疋)로써 응했다('유' 권제5·효선 제9 '대성효이세부모 신문왕대')고 하는데, 이 육륜회는 점찰법회를 말하는 것이다. 자세한 것은 뒤로 미룬다.

○ 【眞門大德】진표사(眞表師)가 진문대덕의 방(房)에서 거주했다고 되어 있는데, 이 대덕의 진문에 대해서는 미상.

744○ 【永深】진표의 고제(高弟). 영심의 행적은 이곳 이외 뒤에 나오는 '심지계조' 조항에도 보이므로 참조.

○ 【大德融宗】이곳에만 보인다.

○ 【(大德) 佛陀】위와 같다.

○ 【勇猛懺悔】 영심, 융종, 불타의 3인이 불퇴의 결의를 가지고 복숭아나무에 올라, 떨어져 바닥에 떨어졌다는 것은 설산동자의 고사(열반경 성행품)에 의했다고 한다(野村躍昌의 注).

○ 【傳敎灌頂】 교법을 전하고, 물을 머리에 부었다. 관정은 범어 abhiṣecana(阿鼻詮左), 혹은 abhiṣeka(阿毘世迦)의 번역. 물을 정수리에 붓는 것. 밀교에서는 법을 전하거나, 부처와 인연을 맺게 하기 위한 행위로서 중요시한다. 고대 인도에서는 즉위식이나 입태자례에서, 국왕이 될 만한 사람의 정수리에, 4대 해수(海水)를 붓는 즉위관정의 의식이 열렸는데, 대승불교에서는 이것을 보살이 수행의 마지막 절차로서 부처가 될 만한 자격을 얻는 것에 비유했고, 법왕의 직위를 받아 여러 부처의 지수를, 그 정수리에 붓게 되었다. 나중에 밀교가 되자, 여래의 오지(五智)를 상징하는 물을 행자의 정수리에 붓는 의식이 열리기에 이르렀고, 중국, 일본에도 전해졌다("총합불교대사전"(상) 참조).

○ 【供養次第秘法一卷】 앞에 나왔다.

○ 【日察善惡業報經二卷】 일(日)은 점(占)의 잘못. 점찰선악업보경이권에 대해서는 앞의 점찰경에서 말했다.

○ 【一百八十九栍】 간자(簡子) 189매(枚).

○ 【彌勒眞栍九者八者】 미륵이 받은 두 장의 간자.

745○ 【師遷化】 앞의 '진표전간' 가운데의 기사에서 진표의 생년은 718년, 몰년은 752년이라고 추정되며, 향년 35세가 된다. 다음으로 이 조의 기사에 근거하면 생년은 734년이라는 것은 앞서 말했다. 그래서 같은 방식의 계산을 하면 몰년은 768년이 되는데, 이 조의 기사로는 766년으로 보인다. 두 이야기가 너무 설화적이라 연차에 대해서는 명확하지 않다.

○ 【骸骨散落】 풍장(風葬)했던 것으로 보인다.

○ 【予】 비문(碑文)을 지은 사람, 영잠(瑩岑).

○ 【丁巳九月】 정사는 김장종의 승안 2년 정사(1197)(고려 명종 27년)에 해당한다.

○【雙樹下】부처 입멸시의 사라쌍수의 고사에 의하고 있다.

746○【此錄】'진표전간'의 조항을 가리킨다.

○【無極記】무극혼구(1251-1322)는 입적 후, 무극이 한층 더 검토하여, 그 모자라는 곳을 보록하고, '무극기(無極記)'라고 서명하고 나서, 비로소 출판했을 것이라고 생각된다.

⁷⁴⁷승전촉루

勝詮髑髏

748釋勝詮. 未詳其所自也. 常附舶指中國. 詣賢首國師講下, 領受玄言. 硏
微積慮, 惠鑒超潁. 探賾索隱. 妙盡隅嬰.³⁸⁶⁾ 思欲赴感有緣. 當還國里. 始
賢首與義湘同學. 俱稟儼和尚慈訓. 首就於師說. 演述義科, 因詮法師還
鄕寄示, 湘仍寓書 云云, **749**別幅云. 探玄記二十卷. 兩卷未成, 敎分記三卷.
玄義章等雜義一卷. 華嚴梵語一卷. 起信疏³⁸⁷⁾兩卷. 十二門疏一卷. 法界
無差別論疏一卷. 並因勝詮法師抄寫還鄕. 頃新羅僧孝忠遺金九分. 云是
上人所寄, 雖不得書. 頂荷無盡. 今附西國軍特³⁸⁸⁾澡灌³⁸⁹⁾一口. 用表微

---

386) 필벽(筆癖)이다. 규장각본, 범어사소장본, 고려대본. 어조사 월(嬰). 고증. 嬰(奧), DB. 奧
의 오기로 보인다.

387) 규장각본, 범어사소장본, 고려대본. 疏. DB. 疏의 오기로 보인다. 고증. 소(疏). 이하 같다.
당시 동아시아 언어문화교류를 바탕으로 보면 소위 '오기(誤記)'도 전문적으로 살펴볼 필요
가 있을 것이다.

388) 고증. (持)를 첨가.

389) 고증. (罐)을 첨가.

誠, 幸願撿領. 謹宣. **750**師既還. 寄信于義湘, 湘乃目閱藏文. 如耳聆儼訓. 探討數旬. 而授門弟子. 廣演斯文. 語在湘傳. 按此圓融之敎誨. 遍洽于靑丘者. 寔師之功也. 厥後有僧梵修. 遠適彼國, 求得新譯後分華嚴經. 觀師義疏. 言還流演, 時當貞元己卯. 斯亦求法洪揚之流乎. **751**詮乃於尚州領內開寧郡境. 開創精廬, 以石髑髏爲官屬. 開講華嚴. 新羅沙門可歸頗聰明識道理. 有傳燈之續, 乃撰心源章. 其略云, 勝詮法師領石徒衆. 論議講演. 今葛頂390)寺也. 其髑髏八十餘枚. 至今爲網391)司所傳, 頗有靈異. 其他事迹具載碑文, 如大覺國師實錄中.

풀이 **747**승전촉루(勝詮髑髏)

748석승전392)은 그 출자가 분명하지 않다. 일찍이 배를 타고 중국에 가서 현수국사393)의 강석하에 나아가 현묘한 말을 받고 미세한 것을 연구하여 생각을 쌓고, 총명함과 식견이 뛰어나, 심오한 것을 찾고 숨은 뜻을 찾아내어, 그 묘함이 심오함을 다하였다. 인연이 있는 곳에 가고자 하여 고향으로 돌아오려 하였다. 처음에 현수(賢首)는 의상394)과 함께 공부하여, 지엄화상의 자애로운 가르침을 받았다. 현수는 스승의 학설에 대해 뜻과 조목을 글로 나타내고 승전법사가 고향으로

---

390) 규장각본, 범어사소장본, 고려대본. 頂. 고증. 項. DB. 項의 오기로 보인다.
391) DB. 綱의 오기로 보인다.
392) DB. 勝詮法師는 義湘大師 10대弟子의 한 사람인데, 일찍이 당(唐)에 건너가, 中國 화엄종 第2大祖이자 義湘과 同門인 法藏(賢首)大師의 門下에서 華嚴을 배웠으며, 692년(孝昭王 1년)에 法藏이 義湘스님에게 보내는 書信을 갖고 돌아온 것으로도 저명하게 된 스님이다.
393) DB. 당(唐)의 高僧(643-712)으로 中國 화엄종의 제3組이며, 이름은 法藏이다.
394) DB. 의상은 新羅 眞平王 47년(625)에, 金韓信의 아들로 出生하여, 聖德王 元年(702) 78세로 입적하였다.

돌아가는 것에 부탁하여 보였고, 의상도 이에 편지를 보냈다고 운운,
749별도의 서신은 다음과 같다.

「"탐현기"395) 스무 권에 두 권은 아직 완성하지 못했고, "교분기"396) 세 권, "현의장" 등 잡의 한 권, "화엄범어" 한 권, "기신소" 두 권, "십이문소" 한 권, "법계무차별론소" 한 권을 아울러 승전법사에게 부탁하여 베껴서 고향으로 보냅니다. 최근 신라승 효충(孝忠)이 금 9푼을 전하며, 이는 윗사람이 준 바라고 하였는데, 비록 편지를 얻지는 못했으나 고맙기 그지없습니다. 지금 서국(西國)의 군지·조관 하나를 부쳐 미미한 성의를 표하니 받아 주기를 바랍니다. 삼가 말씀드리옵니다.」

750승전이 이미 돌아와 의상에게 그 서신을 주자, 의상이 이에 글을 눈으로 읽으니, 지엄의 가르침을 귀로 듣는 것 같았다. 수십 일간 탐색하고 연구하여 제자들에게 주어 널리 그 글을 연술하게 하였다. 이 말은 의상전에 실려 있다.

살펴보면 이렇다. 이 원융한 가르침이 청구(靑丘)에 두루 적신 것은 참으로 승전의 공이다. 이 후에 승려 범수(梵修)가 있어, 멀리 그 나라에 가서 새로 번역한 "후분화엄경"과 "관사의소"397)를 얻고 돌아와 연술했다고 하는데, 이때는 정원 기묘에 해당한다. 이 또한 불법을 구하여 널리 퍼트린 사람이라 할 것이다.

---

395) DB. "華嚴經探玄記"의 준말로 당(唐)의 法藏이 저술하였다.
396) DB. "華嚴一乘敎分記"의 준말로 "華嚴經"에 근거하여 불교교상을 해석한 책, 또는 화엄종의 입장에서 본 간단한 佛敎槪念이라고도 할 수 있다.
397) DB. 澄觀이 지은 "華嚴經" 해석서이다. 澄觀은 중국 당(唐)의 고승으로 속성은 夏侯씨이다. 그는 開元 26년(737)에 출생하여 開成 3년(838) 102세로 입적하였다.

751승전은 이에 상주(尙州) 영내 개령군398) 지경에서 정사를 개창하고서 돌 촉루들을 제자로 삼아 화엄을 강설하기 시작했다.399) 신라 사문 가귀가 자못 총명하고 도리를 알아, 법맥을 계승함이 있었고, 이에 "심원장"을 편찬하였다. 그 대략에 말하기를, "승전법사는 돌의 제자들을 이끌고 논의하고 강연하였다고 한다. 지금의 갈항사이다. 그 돌멩이(髑髏) 80여 개는 지금 강사(綱司)가 전하는 바인데, 자못 신령스럽고 영험함이 있다."고 하였다. 그 외의 사적은 비문에 갖추어 실려 있는데 "대각국사실록"의 내용과 같다.

주해 **747**○ 【勝詮】 본문에 있듯이, 승전의 출신에 대해서는 분명하지 않다. 아마 의상의 귀국직후쯤에 입당하여, 화엄종 제3조(第三祖)라고 추앙받는 현수국사(법장)의 강설을 들었는데, 692년(효소왕 원년, 당 측천의 장수 원년) 12월에 당에서 귀국할 때, 법장이 지은 장소(章疏)를 의상에게 준 것은 잘 아는 대로인데, 이 일은 이미 앞의 '의상전교'의 조항에도 보였다. 이 조항에서는 법장이 의상에게 보낸 책의 목록이 자세하게 실려 있다. 다음으로 승전과 의상의 관계를 말하면, 승전은 의상의 제자 십철(十哲) 위의 특별한 지위에 있었던 것 같다. 그는 의상·원효연동화엄의 기초 만들기에 참여하여, 화엄교의 발전에 특이한 족적을 남긴 것 같다.

○ 【髑髏】 승전이 개령군(지금의 경상북도 김천시) 지역에 정사를 열고, 이곳에서 돌로 만든 촉루(髑髏)를 제자에게 짓게 하여 화엄경을 강의한 것이 이 조항에 실려 있다.

---

398) DB. 신라 尙州에 속한 郡의 하나로서, 현재의 慶尙北道 金泉市 開寧郡.
399) DB. 髑髏는 華嚴經에서 修行의 방편으로 논의되는 것인데, 勝詮이 이 방법으로 제자들을 수행시켰던 것 같다.

이 촉루에서 설교한 이러한 방식의 전례(前例)는, '장주와 촉루와의 대화'("장자" 지락(至樂) 제18)이다(鎌田茂雄, "新羅佛敎史序說" 참조).

748○ 【未詳其所自也】 승전의 출자에 대해서는 분명하지 않다는 뜻.

○ 【常】 이 상(常)은 일찍이, 혹은 '옛(昔)'이라는 뜻.

○ 【賢首國師】 중국화엄종 제3조(第三祖) 법장(法藏). '의상전교' 조항(주해 726)을 참조.

○ 【儼和尙】 의상 · 법장의 스승인 지엄(智儼)을 말한다. 앞에 나온 '의상전교' 조항(주해 724)을 참조.

○ 【義科】 의학(義學)을 말하는 것인가. 의학(義學)=체계적인 교의(敎義)에 대한 학문, 구사(俱舍), 유식(唯識) 등을 말한다.

○ 【示】 이 시(示)는 시서(示書), 즉 서한(書翰). 그래서 이곳의 '기시(寄示)'는 법장이 의상에게 편지를 보냈다는 것을 말한다.

○ 【寓書】 '서(書)를 우(寓)하다.'라는 것은 서한(書翰)을 남에게 부탁하여 전달하는 것을 말한다.

749○ 【探玄記二十卷, 兩卷未成】 고증 및 이하 "法界無差別論疏一卷"까지의 책은 법장(현수대사)이 지은 것이다.

○ 【孝忠】 의상으로부터 부탁받은 금 9푼을, 당 법장에게 보낸 신라 승려라는 것은 알 수 있는데, 이 이외는 미상.

○ 【上人】 이곳에서는 의상.

750○ 【師】 이곳에서는 승전.

○ 【閱藏文】 장(藏)은 법장(法藏).

○ 【圓融】 각각 다른 것이, 그 입장을 지니면서 완전하게 일체가 되어, 서로 융합하여 방해하지 않는 것. 화엄종에서 말하는 원융문이라는 것은, 순차에 따라 얕은 곳에서 깊은 곳으로 나아가 불과에 이르는 행포문에 대해서, 낮은 곳에 있어도 이미 구극(究極)의 깨달음이 완성된다고 설법하는 것을 말하는 것이다.

○ 【靑丘】 청구는 일반적으로는 조선의 호칭으로 나오지만, 이곳에서는 신라.

○ 【僧梵修】 당에서는 법장이 죽은 후, 화엄종은 부진해지는데, 청량대사 징관(738-839)에 의해 부흥되었다. 범수는 입당하여 징관에게 배우고, 이 징관의 화엄을 신라에 가져왔다. 그래서 범수는 의상, 승전에 이어 3번째로 전달한 사람이 된다.

○ 【新譯後分華嚴經】 불타발라 번역의 구역에 대하여, 80화엄, 신역화 등으로 부른다.

○ 【觀師義疏】 범수의 스승 징관이 지은 화엄경 관련 의소(義疏).

○ 【貞元己卯】 당 덕종의 정원(貞元) 15년(799)(신라 소성왕 원년).

751○ 【開寧郡】 현재의 경상북도 김천시 지역. '승람'(권29) 개령현의 건치 연혁 조항에는 '本甘文. 小國. 新羅取之. 眞興王改爲靑州. 置軍主. 眞平王廢州. 文武王時爲甘文郡. 景德王改爲今名. 高麗顯宗屬尙州. 明宗置監務. 本朝. 太宗朝. 例改縣監.'이라고 있다. 이 지역은 서쪽으로 추풍령을 안고, 남쪽으로 성주(星州)나 고령의 가야 여러 나라로 통하기 때문에, 신라시대(특히 통일 때까지)의 요지였다.

또한 '승람'(권29) 김천군의 '건치연혁' 조항에, '本新羅金山縣. 爲開寧郡領縣. 高麗顯宗九年. 移屬京山府. 恭讓王二年. 置監務. 本朝恭靖王朝. 安御胎. 陞爲郡.'이라고 있으며, '역원'의 조항에는 김천역, 금석원의 이름이 보인다. 이 옛 금산현은 지금의 김천시에 들어가 있다.

○ 【官屬】 각 관청의 장관에 소속되는 관리를 말하는 것인데, 이곳에서는 승전이 개창한 정사(나중에 갈항사)의 문하의 승려들을 말한다.

○ 【可歸】 신라 화엄종의 계승자인데, 그 행적은 이곳에만 보인다.

○ 【傳燈之續】 법등의 후계자.

○ 【葛項章】 사문가귀의 저자.

○ 【葛項寺】 '승람'(권29) 개령현의 '불우' 조항에는 '葛項寺. 在金烏山西. 新羅高僧勝詮. 剏此寺. 以石髑髏爲官屬. 開講華嚴. 其石八十餘枚. 見三國遺事.'라고 보인다. 위의 개령현은 이미 위의 '건치연혁' 조항에 보이듯이, 신라시대 개령군으로, 더 나아가 옛날에는 감문국이라고 했으며, 지

금의 개령면 북쪽에는 궁궐터, 김효왕릉, 장부인능 등의 고적이 남아 있다. 이 갈항사 절터는 개령면에서 감천을 끼고 남쪽으로 3리에 솟아 있는 금오산 서쪽 기슭에 있다.

그리고 이 절터에는 동서로 2개의 삼중석탑이 남아 있는데, 그 서쪽 탑의 상성기단신부의 우목석에 조탑명이 있다. 이것은 신라 탑파로서 새긴 기록을 가진 유일한 예인데, 이것에 의하면, 두 탑은 '天寶十七年戊戌中'에 세워졌다는 것, 탑은 경신대왕(원성왕)의 어머니 가족에 의해 세워졌다는 것을 알 수 있다.

그러나 건립 해인 천보십칠년무술중(天寶一七年戊戌)은 올바르게는 숙종의 건원 원년이라고 해야 할 것이다. 무언가의 이유에 의해 당 개원을 아직 모른 채, 천보 17년이라고 했다고 생각되는데, 이해는 신라에게 있어서 경덕왕 17년(758)에 해당하는 것이다.

그리고 기각은 탑이 세워지고 나서 약 30년 내지 40년 지나 추가로 새겨졌던 것으로 보인다. 이 두 탑은 1916년(大正 5년) 7월에 김천군 남면 오봉리로 옮겨지는데, 동쪽 탑은 제3층 뚜껑까지 남아 있고, 서쪽 탑은 제3층 탑신축부까지 남아 있다. 그러나 동탑은 지금 서울 경복궁에 옮겨졌다.

또한 여기에서 추가해야 할 것은, 갈항사 정터, 탑을 옮긴 지역에 해당하는 김천군은, 제2차 대전 후, 김천시와 금릉군으로 나누어지고, 절이 있던 개령면은 금릉군 개령면, 탑을 옮긴 남면 오봉리는 금릉군 남면 오봉동으로 바뀌어 있다. 이 금릉군의 관청은 김천시 남산동이다.

○ 【綱司】승강(僧綱)의 직무를 맡는 관공서, 승강소를 말하는 것인가. 승강은 승니의 강유(규율)를 맡는 사람. 승니를 종합 관리하고 여러 절을 관리하기 위하여 세워진 관직. 중국에서는 사문통, 승통, 승정, 승주라는 호칭을 썼고, 일본에서는 승정, 승도, 율사를 3강(綱)으로 하고, 별도로 법무, 위의사, 종의사를 두고 이것을 보좌하게 하여, 그 직무를 보는 곳을 승강소, 또는 강소라고 불렀다(中村元 "佛敎語大辭典" 참조).

○【大覺國師】대각국사 의천(義天)(1055-1101)을 말한다. 처음 해동 땅에서 화엄종을 배웠는데, 송나라에 들어가 천태종을 비롯하여, 법상(法相)·선(禪)·율(律) 등의 5종(宗)을 배우고 귀국하여, 고려불교를 융성시킨 고승이다. 의천에 대해서는 이미 '유' 권제3·흥법제3 '보장봉로 보덕이암' 조(주해 510) 및 권제3·탑상제4 '전후소장금리' 조(주해 606)를 참조.

⁷⁵²심지계조

心地繼祖

⁷⁵³釋心地. 辰韓第四十一主憲德大王金氏之子也. 生而孝悌. 天性冲睿. 志學之年. 落采從師. 拳懃于道. 寓止中岳^a今公山, 適聞俗離山深公傳表律師佛骨簡子. 設果訂(證)法會. 決意披尋, 旣至. 後期不許參例. 乃席地扣庭. 隨衆禮懺. 經七日. 天大雨雪, 所立地方十尺許. 雪飄不下. 衆見其神異. 許引入堂地. 撝謙稱羔. 退處房中. 向堂潛禮,⁴⁰⁰⁾ 肘顙俱血. 類表公之仙溪山也, 地藏菩薩日來問慰. ⁷⁵⁴洎席罷還山. 途中見二簡子. 貼在衣褶間, 持廻告於深. 深曰, 簡在函中. 那得至此. 撿之封題依舊. 開視亡矣. 深深異之. 重襲而藏之. 又行. 如初. 再廻告之, 深曰, 佛意在子, 子其奉行, 乃授簡子. 地頂戴歸山, 岳神率二⁴⁰¹⁾仙子. 迎至山椒. 引地坐於嵓上. 歸伏嵓下. 謹受正戒. 地曰, 今將擇地奉安聖簡, 非吾輩所能指定, 請與三

---

400) DB. 許引入堂. 地撝謙稱羔退處房中向堂潛禮.
401) 규장각본, 범어사소장본, 고려대본. 二. DB. 순암수택본에는 一 옆에 二 가필. 고증. 一
　　(二).

君憑高擲簡以卜之. 乃與神等陟峰巓. 向西擲之, 簡乃風颺而飛. 時神作歌曰, 礙嵓遠退砥平兮. 落葉飛散生明兮. 覔得佛骨簡子兮. 邀於淨處投誠兮. 旣唱而得簡於林泉中, 即其地構堂安之. 今桐華寺籤堂北有小井是也. 本朝睿王嘗取迎聖簡. 致內瞻敬, 忽失九者一簡. 以牙代之. 送還本寺. 今則漸變同一色. 難卞新古, 其質乃非牙非玉. 755按占察經上卷, 敍一百八十九簡之名. 一者求上 乘得不退, 二者所求果現當證, 第[402]三·第四求中下乘得不退, 五者求神通得成就, 六者修四梵得成就, 七者修世禪得成就, 八者所欲受得妙戒, 九者所曾受得戒具, a以此文訂, 知慈氏所言新得戒者謂今生始得戒也, 舊得戒者謂過去曾受, 今生又增受也非謂修生本有之新舊也. 十者求下乘未住信, 次求中乘未住信. 如是乃至一百七十二. 皆過現世中. 或善或惡. 得失事也. 弟[403]一百七十三者捨身已入地獄, b已上皆未來之果也. 一百七十四者死已作畜生. 如是乃至餓鬼, 修羅, 人, 人王, 天, 天王, 聞法, 出家, 値聖僧, 生兜率, 生淨土, 尋見佛, 住下乘, 住中乘, 住上乘, 得解脫第 一百八十九等是也 c上言住下乘至上乘得不退, 今言上乘得解脫等以此爲別爾. 756皆三世善惡果報差別之相. 以此占看得與心所行事. 相當則爲感應, 否則爲不至. 心名爲虛謬. 則此八, 九二簡. 但從百八十九中而來者也. 而宋傳但云. 百八籤子. 何也. 恐認彼百八煩惱之名而稱之, 不揆尋經文爾. 又按本朝文士金寬毅所撰王代宗錄二卷云, 羅末新羅大德釋冲. 獻太祖以表律師袈裟一領·戒簡百八十九枚, 今與桐華寺所傳簡子. 未詳同異. 757讚曰. 生長金閨早脫籠, 儉懃聰惠自天鍾. 滿庭積雪偸神簡, 來放桐華最上峯.

402) 규장각본, 범어사소장본, 고려대본. 弟. DB. 만송문고본에는 弟로 되어 있고, 순암수택본에는 第 옆에 弟 가필. 고증. 第.
403) DB. 第의 오기로 보인다.

752 심지계조(心地繼祖)

753 석심지는 진한(辰韓) 제41대 헌덕대왕404) 김씨의 아들이다. 태어나서 효성과 우애가 깊었고, 천성이 깊고 지혜로웠다. 지학405)의 해(15세)에 머리를 깎고, 스승을 따라 불도에 힘쓰며, 중악^a지금의 공산이다.에 머물렀다.

마침 속리산에 있던 영심공(永深公)이, 진표율사의 불골간자를 이어 과중 법회를 연다는 것을 듣고 결의하고 찾아갔으나, 이미 기약을 지나 도착하여 참례를 허락하지 않았다. 이에 땅에 주저앉아 땅을 치며 사람들을 따라 예배하고 참회하였다. 7일이 지나서 하늘에서 큰 눈이 내렸는데, 서 있는 자리 사방 10척 정도는 눈이 흩날려도 떨어지지 않았다. 사람들이 그것을 보고 신이하게 여겨, 당(堂)에 들어오는 것을 허락하였다. 심지는 자기를 낮추고 병을 핑계로 방 안으로 물러나 있으면서 당을 향해 몰래 예를 올리니, 팔꿈치와 이마에서 모두 피가 흘러 진표가 선계산에서 하던 것과 비슷하였고, 지장보살406)이 날마다 와서 위문하였다.

754 법회가 끝나자 산으로 돌아오는데, 도중에 두 간자가 옷섶 사이에 붙어 있는 것을 보고, 그것을 가지고 돌아가 영심에게 아뢰었다. 영심이 말하기를 "간자는 함 안에 있는데 어찌 이에 이를 수 있겠느냐."라 하고 그것을 확인해 보니, 봉해 놓은 것은 예전과 같은데 열어

---

404) DB. 신라의 제41대 왕으로 재위 기간은 809-826년이다.

405) DB. '吾十有五而志于學 三十而立 四十而不惑 五十而知天命 六十而耳順 七十耳從心所欲不踰矩'("論語" 爲政).

406) DB. 지장경전 가운데 가장 오래된 "大方等大集經" '須彌藏分'에서는 지장보살의 外形과 內心의 특색을 들어 그 특징을 설하고 있다.

보니 없어졌다. 영심은 매우 이상하게 여기고, 거듭 싸서 보관하였다. 또 가다가 먼저와 같아서 다시 돌아가 아뢰니 영심이 "부처의 뜻이 너에게 있으니 네가 그것을 받들어라."라고 하고 이에 간자를 주었다. 심지가 간자를 머리에 이고 산(팔공산)으로 돌아가니, 산신이 두 선자(仙子)를 이끌고 맞이하여 산꼭대기에 이르렀다. 심지를 이끌어 바위 위에 앉히고 바위 아래로 돌아가 엎드려 삼가 계를 받았다. 심지는 "지금 장차 땅을 택해서 성간(聖簡)을 봉안하고자 하는데, 우리들이 능히 정할 수 있는 것이 아니니, 세 선인과 함께 높이 올라가 간자를 던져서 점을 쳐 보기를 청한다."라고 하였다. 이에 산신들과 산꼭대기에 올라 서쪽을 향해 던지니, 간자가 곧 바람에 날려 날아갔다. 이 때 신이 노래를 지어 부르기를

"바위가 멀리 물러나고, 숫돌처럼 평평하구나. 낙엽이 날아가니, 땅이 깨끗해졌도다.[407] 불골간자를 찾아서 깨끗한 곳에 맞이하여 정성을 바치리라."라고 하였다. 노래를 마치고 간자를 숲의 샘 속에서 찾아내어, 곧 그 땅에 불당을 짓고 안치하였다. 지금 동화사[408] 참당의 북쪽에 있는 작은 우물이 이것이다.

본조 예종이 일찍이 성간(聖簡)을 맞이해 와서, 궐 안에서 보고 공경하다가, 갑자기 구자 한 간자를 잃어버려서, 상아로 그를 대신하여 본사로 돌려보냈다. 지금 곧 점점 변해 같은 색이 되어, 새 것과 옛 것을 구별하기 어렵고, 그 본질은 곧 상아도 아니고 옥도 아니다.

755"점찰경" 상권을 살펴보면 189간자의 이름을 기술했다. 1은 대

---

407) DB. 낙엽이 날아 흩어져 밝게 되었구나.
408) DB. 동화사는 대구시에서 북동 22㎞ 거리에 있는 八公山의 남쪽 자락에 자리 잡고 있는 신라 때의 古刹로 과거에는 31大本山의 하나였으며, 지금은 대한불교 조계종 제9교구 본사이다.

승을 구해 물러나지 않는 것이고, 2는 구하는 바의 과(果)를 나타내어 증거로 삼는 것이고, 3·4는 중승·하승을 구해서 물러나지 않는 것이고, 5는 신통을 구하여 성취를 얻는 것이고, 6은 사범을 닦아 성취를 얻는 것이고, 7은 속인이 닦는 선[409]을 성취를 얻는 것이고, 8은 바라는 바 묘계를 얻는 것이고, 9는 일찍이 받은바 구족계를 얻는 것이고 ᵃ이 글로써 바로잡으면 미륵이 말한바 새로 얻은 계라는 것은 금생에서 비로소 얻은 계이고, 예전에 얻은 계라는 것은 과거에 일찍이 받은 것을, 이번 생에 또한 거듭 받은 것을 말한다. 수생(修生) 본유(本有)의 신구를 일컫는 것이 아님을 알겠다. 10은 하승(下乘)을 구하고, 아직 신(信)에 있지 않은 것이고, 그다음은 중승을 구하고, 아직 신(信)에 있지 않은 것이다. 이와 같이 곧 172에 이르기까지는 모두 과거·현세 중에서 혹은 선하기도 하고 혹은 악하기도 하고 얻기도 하고 잃기도 한 일들이다. 173자는 몸을 버려 이미 지옥에 들어간 것이고 ᵇ이상은 모두 미래의 과(果)이다. 174자는 죽어서 이미 축생(畜生)이 된 것이다. 이와 같이 곧 아귀·수라·사람·인왕·천(天)·천왕·불법을 들음·출가·성승을 만남·도솔천에 태어남·정토에 태어남·부처를 만남·하승에 거함·중승에 거함·대승에 거함·해탈을 얻음까지의 189 등이 이것이다. ᶜ위에서 하승에 살면서 대승의 불퇴위를 얻는 것까지 말했고, 이제 대승의 해탈을 얻는 것까지 말한 것은, 이것을 나누어 구분하기 위한 것이다.[410]

⁷⁵⁶이것은 모두 삼세(三世)의 선악과보의 차별의 모습이다. 이로써 점을 쳐 보고 마음이 행한 바와 서로 맞으면 곧 감응한 것이고, 그렇

---

409) DB. 세선.

410) 모두 이해하기 어렵다. 고증. '위의 住下乘에서 上乘에 이르기까지의 것은, 불퇴위를 할 수 있는 것을 말한 것이고, 지금 上乘이라든가 得解脫 등이라고 말한 것은 이것으로써 구별하려고 하는 것이다.' DB. '위에 하승에 거하는 것에서 대승에서 불퇴위를 얻음까지 말했고, 이제 대승에서 해탈을 얻음 등을 말한 것은 이로써 구별된다.'

지 않으면 곧 지극한 마음이 안되었으므로 허류라고 부른다. 즉 이 8, 9의 두개의 간자는, 단지 189개 중에서 나온 것이다. 그러나 "송전"에는 단지 108 첨자라고 한 것은 무슨 까닭인가. 아마 저 백팔번뇌의 명칭을 인식하여 이렇게 말하였고, 경문(經文)을 참조하지 않은 것 같다.

또한 본조의 문사 김관의[411]가 편찬한 "왕대종록" 2권에서 이른 것을 상고해 보면, 신라 말 신라의 대덕 석충이 태조에게 진표율사의 가사 1벌과 계간자 189개를 바쳤다고 하는데, 이것이 지금 동화사에 전해 오는 간자와 같은 것인지 다른 것인지 알 수 없다.

757찬하여 말한다.

궁중에서 태어나고 자라 일찍이 출가하여

부지런함과 총명함은 하늘이 내린 것이다.

뜰에 가득 쌓인 눈 속에서 신성한 간자를 얻어

동화산(桐華山) 가장 높은 봉우리에 올라 신간(神簡)을 던졌구나.

752○ 【心地】심지는 헌덕왕의 아들로 태어나, 15세에 출가했는데, 그 생년월일은 불명. 오랫동안 동화사에 있었는데, 그 행적도 이곳에만 보이며 그 이외는 불명하다.

○ 【繼祖】진표에서 영심으로, 영심에서 심지에게 점찰간자가 전해졌다. 그래서 진표는 법등으로 보면 조(祖)에 해당하는 것이다.

753○ 【辰韓】이곳에서는 신라.

○ 【第四十一主憲德大王金氏之子】신라 제41대 왕 헌덕은 김씨이며, 이름

411) DB. 고려의 학자로 의종 때 "編年通錄"을 찬술하였다. 현전하지 않으나, 고려 개국의 전설 기사가 "고려사" 高麗世系에 인용되어 있다.

은 언승(彦升), 제39대 소성왕의 동생으로, 809년에 난을 일으켜 제40대 애장왕(소성왕의 아들)을 죽이고 왕위에 올랐다. 왕위에 오르기 전에는 상대등(上大等)이었다. 헌덕왕대에는 종종 재난이 일어나 굶는 백성이 속출하고, 또 도적 등이 봉기하는 등, 평온하지 않았다. 822년에는 웅진 도독 김헌창이 반란을 일으켜 완전히 국내는 분열 상태였다. 이 난은 다행히 진정되었는데, 이후 지방세력 자립화가 추진되어 다시는 통일되지 않았다. 또 북방으로부터의 위협에 개하여 왕의 말년(826)에는 북방의 주민, 1만 명을 징발하여 패강 장성 300리를 쌓았다. 이 헌덕왕 및 왕대에 대해서는 '유' 왕력 제41 헌덕왕 조항 및 '유' 권제2·조설(早雪)의 조항(주해 326)을 참조.

다음으로 헌덕왕 치세는 809년부터 826년까지로 되어 있다. 그 몰년에 대해서는 중국 사적과 비교하여 의문이 든다. 또 헌덕왕이 죽자 동생 수종(秀宗)(나중에 경휘(景徽)로 고친다)이 왕위에 올랐다. 이것이 흥덕왕이다. 흥덕왕은 왕자시대에 형 언승과 함께 난을 일으키고 애장왕을 죽인 인물로 그 비(장화부인)는 형 소성왕의 딸이었다. 이 흥덕왕의 즉위사정은 형 헌덕왕의 죽음에 의해서일 뿐이다('나기'). 나아가 헌덕왕의 왕자에 대해서는 기재가 없다. 그런데 심지가 헌덕왕의 왕자라는 것이 이곳에 보이는 것이다. 이때, 신라에서는 왕위계승의 분쟁이 격했기 때문에, 심지는 이것을 피해서 승적에 올랐던 것인가.

○ 【志學之年】 15세를 말한다. "논어"(爲政第二) '子曰. 吾十有五而志于學. …'에 의한다.

753, 753a ○ 【中岳】【公山】 '사' 잡지(雜志) 제1 '제사'의 중사(中祀) 조항에는 '五岳. 東, 吐含山(大城郡). 南, 地理山(菁州). 西, 雞龍山(熊川州). 北, 太伯山(奈巳郡). 中, 父岳(一云公山. 押督郡)'이라고 있다. 즉 부악이 중악(中嶽)으로 되어 있다. 부악은 또 공산이라고 불렀다. 또 '승람'(권26) 대구도호부의 '山川' 조항에는 '公山. 或稱八公山. 在解顔縣北十七里. 新羅時稱父岳. 擬中岳爲中祠. 環而居者. 府, 及河陽, 新寧, 眞溪, 仁同, 八

莒等邑也'라고 있어, 팔공(八公)은 혹은 팔공산이라고도 한다고 되어 있다. 현재는 팔공산이라고 한다. 또 앞서 부악(父嶽)의 주에, 압독군에 있는 것처럼 되어 있는데, 이것은 잘못이다. 압독은 압량이라고도 적으며, 지금의 경산 지역이며 대구 동남방이다. 그래서 부적당하다. 참고 정도로 '승람'(권27) 경산현의 '건치연혁' 조항을 인용해 둔다. 즉,

'本押梁小國(一云押督). 新羅祇味王. 取之置郡. 景德王改稱獐山. 高麗初. 改章山. 顯宗屬慶州. 明宗置監. 務. 忠宣王初. 避王嫌名. 改今名. 忠肅王以國師一然之鄕. 陞爲縣令. 恭壤王以王姓盧氏之鄕. 陞爲郡. 本朝太祖時. 復降爲縣令.'이라고.

지금 팔공산 정상에는 대구직할시 동북단의 군위군과 영천군에 접하는 지점에 있으며, 표고 1,182m, 명찰인 동화사는 대구방향의 남쪽 기슭에 있다.

753 ○ 【俗離山深公】심공(深公)은 진표의 고제(高弟) 영심을 말한다. 영심이 살았던 속리산 법왕사는, 이미 '진표전간' 조항의 주해 735를 참조.

○ 【果訂(證)法會】과증법회 즉 점찰회를 말한다. 앞서 '진표전간' 조항의 주해 734를 참조.

○ 【仙溪山】'진표전간' 조항의 주해 734를 참조.

754 ○ 【岳神】팔공산의 신신인가. 조선의 사원에는 반드시라고 해도 좋을 정도로, 산신각(山神閣)이 있다. 조선의 불교는, 산악신앙과도 관계가 깊은 것을 나타내고 있다.

○ 【一(二)仙子】다음에 보이는 심지의 말에 '與三君…'이라는 것으로 보아 일선자는 이선자로 고쳐야 할 것이다.

○ 【引地云云】지(地)는 심지(心地). 이하 같다.

○ 【正戒】올바른 수계작법의 의식.

○ 【三君】이곳에서는 위의 악신과 이선자를 가리킨다.

○ 【桐華寺】'승람'(권26) 대구도호부(大丘都護府)의 '불우' 조항에는, '桐華寺. 在公山. 有高麗金晅所撰僧弘眞碑銘.'이라고 있으며, 나아가 부인사

(夫人寺), 파계사(把溪寺), 보리사(菩提寺)가 모두 공산(公山: 팔공산)에 있다는 것을 기록하고 있다.

전하는 바에 의하면, 동화사는 신라의 소지왕 15년(493)에, 극달화상에 의해 창건되고, 처음에는 유가사라고 불렀다고 한다. 그 후 흥덕왕 7년(832)에 심지가 중건할 때, 절 주위에 많은 오동나무가 아름다운 꽃을 피우고 있었기 때문에, 동화사라고 부르게 되었고, 그 후 경순왕 7년(934)에 영조선사가 중건하여, 이후 자주 개축이 이루어져 현재에 이르고 있다. 절은 자연의 혜택으로 고찰(古刹)이라고 하는 것에 걸맞은데, 국보로 지정된 암벽의 마애불 좌상(9세기경에 새긴 것), 보물로 지정된 곤로전(大寂光殿)(그 안에는 9세기경 만든 석조 공로사나불좌상이 봉안되어 있다), 삼층석탑(진평왕 4년=581년 건립), 처음 해탈교(돌로 만든 대고교 형식), 당간지주 등의 건조물은 유명하다. 또한 절의 소재지는 팔공산 남쪽 기슭인데, 옛날에는 경상북도 달성군 공산면 학동이라고 불렀다.

○【本朝叡王】 본조(本朝)는 고려. 예종은 제16대 왕으로 17년간(1106-1122) 재위. 예종은 당시 부진했던 관학 진흥을 위해, 전대 숙종의 정책을 한층 더 발전시켜, 국자감을 정비과목별로 일곱 개의 재(齋)를 두어, 재정적인 지원을 하기 위해 양현고(장학재단)를 설립했다(이것은 사학의 융성에 대항하기 위한 것이다). 또 대외적으로는 신흥의 금(金)의 압박에 대비하여 북방의 장성을 보강하고, 북방의 동란에 휩쓸리지 않도록 힘썼다.

○【牙】 상아(象牙).

755○【占察經】 앞의 '진표전간' 조항(주해 734)을 참조.

○【不退】 불도수행 과정에서 이미 얻은 깨달음이나 공덕, 그 지위를 잃지 않도록 하는 것, 또 수행에 의해 불퇴아라한이 된 자를 말한다(7가지 아라한 가운데의 하나).

○【中下乘】 삼승(三乘) 중간에 위치하는 연각승, 아래에 위치하는 성문승을 말한다.

○【四梵】 이곳에서는 사범행을 말한다. 4범행은 자(慈)・비(悲)・희(喜)・

사(捨)의 사무량심을 말한다. 그리고 사무량심이라는 것은 네 가지의 광대한 마음, 네 가지의 한량없는 이타(利他)의 마음, 자(慈: 우애의 마음), 비(悲: 남의 괴로움에 대한 동정), 희(喜: 남을 행복하게 하는 기쁨), 사(捨: 모든 것의 집착을 버리는 것)의 마음을 무량으로 일으켜, 무량의 사람들을 깨달음에 이끄는 것.

755a○【修生】수행에 의해 얻는 것. 후천적으로 얻는 것을 말한다. '수행에 의해 생긴'이라는 뜻.

756○【宋傳】"송고승전"을 말한다.

○【籤子】간자(簡子)와 같다.

○【本朝文士金寬毅所撰王代宗錄二卷】김관언(金寬毅)은 고려 언종조(1146-1170)에 징사랑(徵仕郞), 검교(檢校), 군기감(軍器監) 등의 관리를 역임한 하급관료였는데, 그가 편찬한 "편년통록(編年通錄)"은, "고려사" 편찬에 있어서 주요한 원전(原典)으로서 쓰였다. "고려사" 세계(世系)에는 "왕대종록"은 보이지 않는다. 또한 '유'(권제2) 김부대왕의 조항 및 주해 371b 참조. [참고] "고려사" 세계(世系).

○【大德釋冲】처음에만 보이는 것이다.

○【太祖】고려 태조 왕건. 재위 918-943년. 935년에 신라를 항복시키고, 다음 해 936년에는 후백제를 멸하고 통일했다.

757○【金匱】심지가 헌덕왕 김씨의 아들로 태어났다는 것을 이렇게 적는다.

⁷⁵⁸현유가해화엄

賢瑜珈海華嚴

⁷⁵⁹瑜珈祖大德大賢住南山茸長寺. 寺有慈氏石丈六, 賢常旋繞. 像亦隨賢
轉面. 賢惠辯精敏. 決擇了然. 大抵相宗銓⁴¹²⁾量. 旨理幽深. 難爲剖
拆.⁴¹³⁾ 中國名士白居易嘗窮之未能, 乃曰. 唯識幽難破, 因明擘不開. 是
以學者難承禀者尚矣. 賢獨刊⁴¹⁴⁾定邪謬, 暫開幽奧. 恢恢游刃.⁴¹⁵⁾ 東國
後進咸遵其訓, 中華學士徃徃得此爲眼目. ⁷⁶⁰景德王天寶十二年癸巳夏大
旱, 詔入內殿. 講金光經. 以祈甘霔. 一日齊⁴¹⁶⁾次, 展鉢良久. 而淨水獻
遲, 監吏詰之. 供者曰, 宮井枯涸. 汲遠故遲爾. 賢聞之曰, 何不早云. 及晝
講時. 捧爐默然, 斯湏井水湧出. 高七丈許. 與刹幢齊, 闔宮驚駭. 因名其
井曰金光井. 賢嘗自號靑丘沙門. ⁷⁶¹讚曰. 遶佛南山像逐旋. 靑丘佛日再

---

412) 규장각본, 범어사소장본, 고려대본, 고증. 銓. DB. 詮의 오기로 보인다.
413) 규장각본, 범어사소장본, 고려대본. 拆. 고증. 析. DB. 析의 오기로 보인다.
414) 규장각본, 범어사소장본, 고려대본. 刊. 고증. 刊(判).
415) 고증. 회회유인(恢恢游刃).
416) 규장각본, 범어사소장본, 고려대본. 齊. DB. 재(齋)의 오기로 보인다.

中懸. 解敎宮井淸波湧, 誰識金爐一炷烟. **762**明年甲午夏. 王又請大德法

海於皇龍寺. 講華嚴經, 駕幸行香, 從容謂曰. 前夏大賢法師講金光經. 井

水湧七丈. 此公法道如何. 海曰, 特爲細事. 何足稱乎. 直使傾滄海. 襄東

岳. 流京師. 亦非所難. 王未之信. 謂戱言爾. 至午講引爐沉寂, 湏(417)史內

禁忽有哭泣聲, 宮吏走報曰. 東池已溢. 漂流內殿五十餘間. 王惘然自失,

海笑謂之曰, 東海欲傾. 水脉先漲爾. 王不覺興拜. 翌日感恩寺奏, 昨日午

時海水漲溢. 至佛殿階前, 晡時而還. 王益信敬之. **763**讚曰. 法海波瀾法界

寬. 四海盈縮未爲難. 莫言百億須彌大. 都在吾師一指端. 石418)海云.

풀이

758현유가 해화엄(賢瑜珈 海華嚴)

759유가종419)의 개조 대현420) 대덕421)은, 남산 용장사에 거하였다. 절
에 미륵석조장륙상422)이 있었는데, 대현이 항상 그 둘레를 돌면 불상
또한 대현을 따라 얼굴을 돌렸다. 대현은 지혜롭고 분명하고 정밀하
고 민첩해서 판단하고 분별하는 것이 명백했다. 대개 법상종423)의 전

---

417) 고증. 수(須)로 나타냈다. DB. 회(湏).

418) DB. 右의 오기로 보인다.

419) DB. 法相宗을 말한다.

420) DB. 신라 경덕왕 대의 고승으로 유가종의 祖師. 太賢이라고도 하며, 스스로를 靑丘사문이
라고도 하였다. 傳記가 따로 전하는 것은 없으나 "삼국유사" 賢瑜珈海華嚴條와 "梵網經古迹
抄"·"備忘抄"·"撮要啓蒙" 등 후대 일본문헌에 단편적으로 기록되어 있다.

421) DB. 범어 바단타(Bhadanta)의 음역으로 덕이 높은 고승을 부르는 존칭.

422) DB. 현재 용장사지에 있는 석불좌상(보물 제187호)을 "삼국유사" 賢瑜珈海華嚴條에서 나
타나는 '慈氏石丈六'과 같은 것으로 보는 견해가 있다.

423) DB. 법상종의 명칭은 唯識宗·瑜伽宗 등으로 함께 쓰이고 있다. 7세기 중반 당(唐)의 현장
(玄奘)은 제자 窺基와 함께 "成唯識論"을 번역하였는데 이를 바탕으로 당의 법상종이 성립되
었다. 현장과 동문인 신라의 圓測은 법상종의 핵심교학인 新唯識을 받아들여 西明學派를 이
루었고, 신라 국내에서도 元曉와 憬興을 비롯한 학승들에 의해서 "成唯識論"과 "瑜伽師地論"

량424)은 뜻과 이치가 그윽하고 깊어서 나누어 밝히기가 매우 어렵다. 때문에 중국의 명사 백거이도, 일찍이 이것을 궁구하였으나 이루지 못하였고 이에 말하였다. "유식425)은 그윽하여 풀이하기 어렵고, 인명426)은 나누어도 열리지 않는다." 이 때문에 학자들이 이어받는 것을 어려워하는 것이 보통이었다. 대현은 홀로 그 잘못된 것을 바로잡고, 잠시 그윽한 뜻을 깨우쳐 여유 있게 이치를 분석하였다. 동국의 후학들은 다 그 가르침을 따랐고, 중국의 학사들도 종종 이를 얻어 안목(眼目)으로 삼았다.

760경덕왕 천보 12년 계사 여름에, 크게 가뭄이 들어 조서를 내려, 대현을 궁궐로 들어오게 하여, "금광경"427)을 강론하여서 단비가 내리기를 기도하게 하였다. 어느 날 재(齋)를 올리는데 바리를 늘어놓고 잠시 있었으나, 정수(淨水)를 바치는 것이 늦어지자, 감리가 그것을 꾸짖었다. 공양하는 사람이 말하였다. "궁궐의 우물이 말라서 먼 곳에서 길어 왔기 때문에 늦어졌습니다." 대현이 그 말을 듣고 말하였다. "어찌 일찍 말하지 않았는가?" 낮에 강론할 때에 이르러 대현(大賢)이 향로를 들고 말없이 있으니, 갑자기 우물의 물이 솟아 나와 그 높이가 7장(丈) 가량이 되어, 찰당428)과 같은 높이가 되었는데, 궁 전체가 놀

중심으로 활발하게 유식학 연구가 진행되었다.
424) DB. 詮은 논술, 量은 표준이 되는 원리이다.
425) DB. 瑜伽宗, 곧 법상종을 지칭한다. 마음 외에는 어느 것도 존재할 수 없으며, 마음에 의하여 모든 것이 창조된다는 사상이다.
426) DB. 이유(因)의 학문(明)이라는 뜻으로 불교의 논리학이다. 본래 인도 일반에 퍼지고 있던 논리학을 불교 측에서 '因明'이라 불렀으나, 후에 중국에서 불교의 논리학을 '因明'이라 부르게 되었다.
427) DB. 대승불교의 경전 가운데 하나로서 金光明經의 준말이다.
428) DB. 刹은 나무와 쇠로 만들어 불전 앞에 세운 장대, 幢은 장대 끝에 매단 깃발이다. 절 입

랐고 그로 인하여 그 우물을 금광정이라 이름하였다. 대현은 일찍이 스스로 청구사문이라고 일컬었다.

761찬하여 말한다.

남산의 불상을 도니 불상도 또한 (고개를) 돌리고

청구(青丘)의 불교가 다시 왕성해진다.

가르침을 깨달아 궁궐의 우물에서 맑은 물이 솟구친다.

향로의 한 줄기 연기의 신비함을 누가 알겠는가.

762다음 해 갑오년(754) 여름에, 왕이 또 대덕 법해를 황룡사에 청해, "화엄경"429)을 강론하게 하고, 가마를 타고 행차하여 향을 피우고 조용히 일러 말하였다. "지난 여름에 대현법사가 "금광경"을 강론하여 우물의 물이 7장이나 솟아 나왔다. 당신의 법도(法道)는 어떠한가?" 법해가 웃으며 대답하여 말하기를 "그것은 특히 조그만 일이니 어찌 칭찬하기 족하겠습니까. 바로 창해를 기울여서 동악430)을 잠기게 하고, 경사(京師)를 떠내려가게 하는 것도 또한 어려운 바가 아닙니다."라고 하였다. 왕은 그것을 믿지 않고 농담으로 여겼을 뿐이다. 오시(午時)431)에 강론을 하는데, 향로를 끌어당기고 고요히 있으니, 잠깐 사이에 궁중에서 갑자기 우는 소리가 나고, 궁리(宮吏)가 달려와서

구에 세운다.

429) DB. 大乘佛教의 사상을 집대성한 경전. 일찍이 하나의 경전으로 독립되어 중국에 전해졌으며, 6세기 초에 번역되어 연구가 성행하였다. 그 후 "華嚴經"은 당대에 들어와 화엄종의 소의경전이 되었고 그보다 앞선 법상종에서도 중시되었다. 신라에서도 역시 화엄종과 유식 학승들의 교학 연구에서 중시된 경전이다.

430) DB. 지금의 경주 吐含山이다. "五岳 東吐含山(城郡) 南地理山(菁州) 西雞龍山(熊川州) 北太伯山(奈已郡) 中父岳(一云公山 押督郡)"("삼국사기" 권32 雜志1 祭祀 中祀).

431) DB. 十二時의 일곱 번째 時로 오전 11시부터 오후 1시 사이의 시간.

보고하였다. "동쪽 연못이 이미 넘쳐서 내전(內殿) 50여 칸이 떠내려 갔습니다." 왕이 망연자실하니, 법해가 웃으며 말하기를 "동해가 기울고자 하여 수맥(水脈)을 넘치게 한 것뿐입니다."라고 하였다. 왕이 자기도 모르게 일어나 절을 하였다. 다음날 감은사에서 아뢰기를 "어제 오시(午時)에 바닷물이 넘쳐서 불전의 섬돌 앞까지 이르렀다가 저녁 무렵에 물러났습니다."라고 하였다. 왕이 더욱 그를 믿고 공경하였다.432)

763찬하여 말한다.

법해(法海)는 파란을 일으키고 법계(法界)는 넓도다.

사해(四海)를 채우고 줄이는 것이 어렵지 않도다.

백억의 수미산(須彌山)을 크다고 말하지 말라.

모두 우리 법사의 한 손가락에 있다. ^a이것은 석해(石海)가 말한 적이 있다.433)

758○ 【賢瑜珈】 현(賢)은 대덕 대현. 이 조항에서는 유가의 조(祖)라고 일컫는 대현이 경덕왕의 명에 의해, 강우제를 열어 비를 내리게 하거나, 궁중이 우물이 말랐을 때, 물을 솟아나게 하거나 한 대현의 신통력 발휘의 과정이 실려 있다. 대현 및 유가에 대해서는 뒤에서 말하겠다.

○ 【海華藏】 해(海)는 대덕 법해. 이 조항의 뒤에는 화엄경의 주술력과 법해의 신통력에 대하여 적고 있다.

---

432) DB. 瑜伽의 大賢이 보여 준 법력보다 華嚴의 法海가 보여 준 법력이 더 뛰어난 것으로 강조되고 있다. 이는 경덕왕대 화엄종의 우위성을 보여 주는 상징적인 설화로 이해할 수 있다.
433) 규장각본, 범어사소장본, 고려대본. 石海云. DB. '이상은 법해를 이른 것이다.'

759○ 【瑜伽】 산스크리트어 yoga의 음 전사. 묶는다는 뜻의 어근에서 나온 말이다. 그리고

　(1) 의(意)를 제어하고 마음의 통일을 도모하는 수행법. 요가의 목적은 명상에 의해 정숙의 신비스런 경지에 들어가, 절대자와의 합일(合一)을 실현하는 것에 있다.

　(2) 유식설(唯識說)을 믿는 학파 Yogācāra의 약칭.

이곳의 유가는 (2)를 가리킨다.

○ 【大德大賢】 대덕에 대해서는 이미 설명하였다. 대덕 대현은 명찰을 멀리 하고 은둔했던 현자였기 때문에, 그 출자, 생몰년 등은 불명. 그 휘(諱)의 대현(혹은 太賢)인데, '太(매우) 현명하다'의 뜻이라고 한다. 그러나 스스로 청구사문이라고 한 그는 원측(613-696)의 제자 도증으로부터 법상학을 배웠다고 한다. 처음 경주 남쪽 근교에 있는 남산 용장사에 살았는데, 뒤에 나오는 '유' 권제5·효선 제9 '大城孝二世父母 神文王代'의 조항에는, 혜공왕 8년(774)에 불국사로 옮겼다고 보인다. 또한 대현이 뛰어난 학승이었던 것은 50여 부 100여 권의 저서로 살필 수 있는데, 지금은 5부가 남아 있을 뿐이다. 그러나 근소하게 남아 있는 저서로부터도 그의 사람의 됨됨이가 보이며, 학문을 향하는 후학의 본보기가 되는 것이다.

　나아가 대현의 교학(敎學)은 유식교학이 중심인데, 당시 유행한 화엄교학의 영향과, 원효의 화쟁사상을 계승했기 때문에, 일승사상에 대하여 조화적인 태도를 취했다. 또 어떠한 학파의 학설에 대해서도, 공평한 태도로 접하고, 취사선택에 최선을 취했다. 은사 원측, 도증에 대해서도, 같았다. 그래서 대현의 유식설은 원측이나 자은(玄奘-窺基-慧沼의 계통) 두 파의 장점을 따라 집대성했다고 말하는 것이다(鎌田茂雄, "朝鮮佛敎史" 참조).

○ 【南山】 일명 금오산이라고 한다. '경주 남산은 주봉우리가 금오산, 표고 468m. ―이 숫자는 일본의 야마토 미와야마(467m)와 겨우 1m밖에, 차이가 나지 않는 것은 단순한 우연일까― 및 남쪽의 고봉 고위산, 높이

494m에 이르는, 말하자면 화강암의 커다란 암괴(巖塊)이다. 근래 식목에 의해 여름에는 푸르름을 띤다고는 해도, 겨울이 되면 모든 산이 벌거숭이, 마치 깃털을 다 뽑힌 큰 새 같은 무참함이라고도 할 수 있는 모양을 드러내는데, 이것이 고대 이후의 남산의 모습 같다. 이 산을 깎아 흘러내리는 계곡의 수는 아마 50개 정도에 이르고, 그 가운데 불적이 남아 있는 계곡은 모두 35곳, 이득을 속세에서는 남산35계(溪)라고 한다. 원래 계곡을 따라 오르는 것 이외 산령을 다 오르는 길이라는 것은 없고, 게다가 많은 절 들이 물을 얻기에 편리한 계곡을 따른 길을 따라 자리하는 것으로부터 생각하기에 …'. 이것은 1983년부터 2년간 경주에 체류하면서 대학에서 교편을 잡는 한편, 남산의 유적을 찾아 산간을 섭렵하기를 50여 회, 거의 모든 유적으로 발길을 옮겨 가며, 사진에 담는 것에 성공한 아사기 아키라(正木晃)의 보고(正木晃, '慶州南山 —現況と新知見', 筑波大學芸術學研究誌 "藝叢" 제3호, 1985년)의 일단을 인용한 것이다.

더 나아가 이 남산은 가장 신성시되어, 신라인은 남산을 미륵정토라고 생각한 것 같다. 마사기는 가까운 산릉과 비교해 보아도, 남산에는 이상하리만큼 황량한 분위기가 있으며, 적어도 한국 내에 그 같은 예가 없다.

이것이 고대 신라인의 마음에 일종의 경외심을 심었던 것은 아닐까고도 생각한다라고 말하고 있다.

○【茸長寺】 경주에서 언양가도를 남쪽으로 8km 되는 곳에 용장리 부락이 있으며, 이곳에서 남산으로 향하는 계곡이 용장사 계곡이다. 이 계곡에서 9군데의 절터가 확인되며, 용장사가 단연 주목을 이끈다.

○【慈氏石丈六】 높이 일장육척(一丈六尺)의 미륵보살석상. 지금 용장사 절터에는 3층의 원형 받침돌(臺石)을 쌓은 귀에 머리를 잃은 석불의 좌상이 안치되어 있다. 이 석불은 미술사상 가치가 높기 때문에, 머리가 없는 채 한국의 보물(일본의 국보)에 지정되어 있다. 이 석상은 대좌(臺座)를 포함하여 총 높이 456cm, 본래는 아마도 500cm로 자리하는 것이었다. 즉 장륙(丈六)은 되었을 것이다. 그러나 높은 대좌를 포함한 장륙의 석상에

는 의문을 가진다.

○ 【相宗】 법상종(法相宗).

○ 【白居易】 당 중기시대의 대표적 시인이었던 백거이는 자(字)는 낙천, 호
(號)는 향산거사라고 했다.

○ 【唯識】 Vijñapti-mātratā 모든 존재는 그저 식(識), 즉 마음에 지나지 않
는다는 견해. 따라서 유식이라는 것은 어의적으로는 자신과 자신을 둘러
싸는 자연계와의 모든 존재는, 자신의 근저에 있는 마음이라는 아뢰야식
이 가르친 것이 변화되어 나타난다는 의미.

　　이 유식사상은 미륵에 의해 알려져, 무착, 친한 형제에 의해 조직 체계
화되었다. 나중에 현장이 "성유식론"을 번역해 냄으로써 중국에서 법상
종이 성립되었다.

○ 【因明】 hetu-vidyā. 성명, 공교명, 의방명, 내명과 나란히 하는 오명(五
明)(다섯 가지 학문)의 하나. 인도의 논리학. 진나[434]에 의해 확립되었다.

760○ 【景德王天寶十二年癸巳夏大旱】 경덕왕은 신라 제35대 왕(742-764).
천보 12년 계사는 서기 753년, 경덕왕 12년에 해당한다. 천보는 당 현종
조의 원호. 다음으로 하대한은 '나기'(제9) 경덕왕 12년 조항에는 보이지
않는다. 그러나 경덕왕 13년 조항에는 '八月旱 蝗'이라고 있는데, '유'에
보이는 기우제[435] 등 아무것도 전하고 있지 않다.

○ 【金光經】 금광명경. 이것은 담무식(385-433) 역, 진체 역, 사나굴다(523-
600) 역, 의정 역이라는 4 한역이 전해진다. 또 산스크리트어 역 원전도
남아 있으며, 몇 가지 티베트어 역, 코탄어 역 단편 등도 있다. 호국경전
으로서 이름이 높다. 이곳의 경덕왕 12년 여름의 대한(大旱)에 대하여,
기우(祈雨)를 열었을 때, 궁중에서 금강명경을 강론하게 했는데, 이것은

---

434) 고증에는 ディスナーガ(陳那)라고 나타냈다. 陳那(梵: दिग्नाग, Dignāga, 480년경-540년경)
는 유식의 입장에서 새로운 불교논리학(=因明學)을 확립한 유상유식파(有相唯識派)의 불교
사상가.
435) 고증에는 우걸(雨乞)이라고 표현.

호국교전인 금강명경의 주술력에 의하려고 한 것이며, 신라불교의 특색
도 나타내고 있다.

○【剎】이곳의 찰(剎)은 산스크리트어 yaṣṭi, 발리어 laṭṭhi의 음 전사로, 자
슬저라고도 음 전사한다. 장대(竿), 다른 말로 절(寺). 인도나 서역에서는
당탑 앞에 장대를 세우고, 그 끝에 보주화염 모양을 붙여 절의 표시로 삼
은 것으로부터 사원을 의미하는 말이 되었다. 이곳의 찰당은 절의 깃대
(장대)를 의미한다.

762○【明年甲午】경덕왕 13년(754년, 당 현종 13년). 이해의 여름, 왕은 대
덕법회를 황룡사로 불러, 화엄경을 강설하게 하고 …라는 본문의 기사는
'나기'에는 보이지 않는다.

○【東岳】'사'(권32). 제사지의 중사 조항에는, 오악(五岳)의 이름과 소재지
가 적혀 있는데, 그 필두에 '東. 吐含山(大城郡)'이라고 있다. 토함산은 경
주시의 동쪽 근교에 있으며, 높이 745m. 예부터 동쪽의 진산(鎭山), 영산
(靈山)으로서 추앙받았다. 그 중턱에는 석굴암이, 산기슭에 불국사가 있
는 것으로도 유명하다.

○【午講】정오. 이 시간에 강설(講說)을 여는 것이다.

○【感恩寺】경상북도 월성군 양북면 용당리에 절터가 있으며, 현재 또한
한 쌍의 거대한 삼중의 석탑이 남아 있다. 자세한 것은 '유' 권제2 · 만파
식적 조 및 주해 279를 참조. 이 절의 창건에 대해서는 분명하지 않은데,
신라 굴지의 관사(官寺)였던 것 같다.

○【海水漲溢. 至佛殿階前. 晡時而還】감은사는 동해를 바라보는 언덕 중턱
에 있는데, 이 절은 해룡과 깊은 연관이 있다. 1959년 종합조사에서 특이
한 금당기단의 구조가 발견되었는데, 이것은 해룡왕의 전설을 고려하는
것에 의해서만 이해할 수 있다고 하고 있다. 법해의 신통력이 해수(海水)
를 끌어당겼던가, 혹은 동해의 해룡과 통했던 것인가. 포시(晡時)는 신
(申)의 시각으로 오후 4시인데, 저녁 무렵이라는 것으로 보인다.

763○【百億須彌】수미산(須彌山). 수미(須彌)는 Sumeru의 음 전사. 묘고

산이라고 한역한다. 불교의 우주관에 의하면 세계의 중심에 높이 솟아 있는 거대한 산. 대해 가운데의 금륜(金輪) 위에 있으며, 그 높이는 수면에서 팔만 유순436) 되며, 구산팔해가 둘러싸고 있다. 그 둘레를 해와 달이 돌며, 육도, 제천은 모두 그 측면, 또는 상방(上方)에 있다. 그 정상에 제석천이 사는 궁전이 있다고 한다.

763a○ 【石海云】 석해(石海)에 대해서는 미상.

---

436) 유순(由旬): (梵) yojana의 음 전사. 고대인도의 거리 단위의 하나. 1유순(由旬)은 소 달구지가 끄는 하루거리. 약 7-9마일 등, 여러 설이 있다.

1.

이 책(삼국유사 고증 하2)은, 삼국유사 권제4(편목으로는 '의해 제5')를 망라하여 연구 고증한 것이다.

그리고 이 "삼국유사"(이하 '유사') 권제4(의해 제5)에는, 신라시대의 뛰어난 학승, 율(律), 사(師)의 전기 14편이 수록되어 있는데, 이 책은 기존의 '상', '중', 및 '하1'과 같이 '유사' 권제4(의해 제5)의 각 조마다 ① 원문, ② 역문(구어역), ③ 주해 순서로 기술하고 있다.

그러나 이번에는 여러 사정으로, ① 원문의 교정, ② 역문, ③ 주해에 걸쳐서 필자가 담당하고, 나아가 집필도 해야 했다. 그런 까닭에 좋든 싫든, 모두 필자 개인의 편찬저작서가 되었다. 여러 분의 많은 질정을 받을 수 있으면 다행이다.

2.

다음으로 '유사' 권제4(의해 제5)의 '양지사석' 조에는 향가가 있다. 두 말할 것도 없이 신라의 향가는, '유사'에 14수, 균여전에 11수가 전해지고 있다. 그 가운데 '유사'에서는 권제2에 6수, 권제3에 1수, 권제4에 1수, 권제5에 6수가 있는데, 나아가 그 소재를 보이면 다음과 같다.

권제2(기이 제2)

'효소왕대 죽지랑' 조(득오곡모랑가)

'수로부인' 조(노인헌화가)

'경덕왕 충담사 표훈대덕' 조(안민가)

'찬기파랑가왈' 조(기파랑가)

'처용랑 망해사' 조(처용가)

'무왕' 조(서동동요)

권제3(탑상 제4)

분황사천수대비 맹아득안' 조(맹아득안가)

권제4(의해 제5)

'양지사석' 조

권제5(함통 제7)

'광덕엄장' 조

'월명사도솔가' 조(월명사도솔가)

'월명사도솔가' 조(위망매영재가)

'융천사혜성가 진평왕대' 조(융천사혜성가)

(피은 제8)

'신충괘관' 조(신충백수가)

'영재우적' 조

　그러나 이행가도 이미 조선 말기에는 잊어졌던 것인데, 일본의 오구라 신페이 박사의 연구에 의해 처음으로 그 전모가 1929년에 소개되었던 것이다. 이후 양주두, 지헌영, 정령모, 이택, 홍기문, 이학수, 김준영 등, 주로 한국인 학자에 의해 많은 수정이 이루어졌는데, 아직 완전하게 해독되었다고는 말하기 힘들다(나카무라 다모쓰, "신라잔몽" 참조). (그리고 이 책 상권의 주해 147, 중권에 게재한 '참고'도 참조 바란다.)

3.

그래서 이 책 중권(쇼와 54년 5월 간)을 편집할 때에, 향가의 주해에는 이 분야의 제1인자이기도 한 나카무라 다모쓰 씨의 집필을 받아 모양을 갖추었다(앞서 표로 보인 곳, 및 중권의 '참고'의 기사를 참조 바란다).

그러나 그 후 오랫동안 나카무라 씨의 건강이 안 좋아, 이 책의 하1부터는 집필을 얻지 못하고, 이 때문에 어쩔 수 없이 오쿠라 신페이의 '향가주해'["小倉進平博士著作集(1) 郷歌及び吏讀の研究" 京都大學文學部 國語國文學研究室 편]을 인용했고, 나아가 나카무라 다모쓰 씨의 옛 원고의 번역을 첨부, 인용하는 것에 머물지 않으면 안 되었다. 이 점에 대하여 널리 현명한 독자 여러분의 관용을 빌 따름이다. 이 향가의 주해는 곤란한 일이었는데, 특히 구어역은 더할 나위 없이 어려웠다.

4.

나아가 '한국명저대전집'에 실린 "삼국유사"(이병도 역, 1973년 10월, 대양서적)의 권두에는 3장의 사진이 실렸는데, 이 제3장은 일본의 텐리도서관(天理大學) 소장의 '당현수(唐賢首)(法名法藏)가 신라 의상대사에게 보낸 친서' 사진이다. 그래서 이 현수법장의 서한 전문을 아래 싣기로 한다.

唐西京崇福寺僧法藏致書於　海東新羅大華嚴法師侍者　一從分別二十

餘年 傾望之誠 豈離心首 加以煙雲寓里・海陸千重 限此一生 不復再

面 抱根懷戀 夫何可言 蓋由宿世同因・今生同業 得於此報 俱沐大經

特蒙 先師授茲奧典 仰承上人婦鄉之後 開闡華嚴 宣揚法界無碍緣起 重

重帝網 新新佛國 利益弘廣 喜躍增深 是知如來滅後 光輝佛日・再轉

法輪 令法久住 其惟法師矣 法藏進趣無成 周旋寡況 仰念茲典 愧荷 先

師 隨分受持 不能捨離 希憑此業 用結來因 但以 和尚章疏・義豊文簡

致令後人 多難趣入 是以 錄和尚微言妙旨 勒成義記 謹因勝詮法師抄寫

還鄉 傳之彼土 請上人詳檢藏否 幸示箴誨 伏願當當來世・捨身受身

相與同於盧舍那會 聽受如此無盡妙法 修行如此無量普賢願行 儻錄惡

業 一朝顚墜 代希上人不遺宿世 在諸趣中 示以正道 人信之次 時訪存

没 不具

法藏 和尚

正月廿八日

　다음으로 승전(勝詮)이 당에서 귀국할 때, 서한과는 별도로 법장이
의상에게 보낸 서목(書目)에 대해서는 '유사' 권제4(의해 제5) '승전촉
루' 조에 보인다(아래 표의 왼쪽이 '고전총서본'('서울대본' 영인본)의 권제4
'승전촉루' 조(367면)의 두주(頭註)에는 "원종문류(圓宗文類)"에 의해 보
충하고 있다(아래 표 오른쪽).

探玄記	華嚴經探玄記
教分記	一乘教分記
玄義章等雜義	(補記 없음)
華嚴梵語語	別翻華嚴經中梵語
起信疏	(補記 없음)
十二門疏	十二門論疏
法界無差別論疏	新翻法界無差別論疏

이 책의 '승전촉루' 조에서는, '역문(풀이)'에서 하단의 서목(書目)으로 고쳐 적고, 별도로 주해를 달지 않았기 때문에 이곳에 적어 나타낸다.

다음으로 '원종문류(圓宗文類)'에 대해서는, 앞서 보인 '의상전교' 조의 주기(注記)에도(大文類로서) 보이는데, 한층 더 주해를 보인다.

이것은 대각국사 의천(1055-1101)이, 화엄종(圓宗)의 방대한 서적 가운데에서, 그 정예한 글을 골라 분류 구분하여, 이 방면의 지침서로 한 것이다. 그리고 국왕으로부터 '원종문류(圓宗文類)'라는 이름을 하사받았다. 이 책은 22권이었는데 지금 남은 것은, 권1, 14, 33의 세 권뿐이다. 그리고 "대각국사문집" 권1에 '新集圓宗分類序'가 수록되어 있다. 상세한 것은 "韓國佛書解題辭典"(東國大學校佛教文化研究所編, 日本國書刊行會, 쇼와 57년 8월 간) 등을 참조 바란다.

5.

어쨌든 이 책은 앞서 하1에 이어 시간적으로 간격을 두지 않고 출판되어 진정으로 경하해 마지않는다. 또 매번이지만 복잡다단한 이 책을 이해하고 흔쾌하게 출판을 맡아 주신 하나와 서점에 대해 경의를 표하는 것과 함께, 이 사업을 원활하게 추진시키기 위해, 앞의 저서에 이어 이 책에도, 출판조성금을 지원해 주신 한국연구재단의 후의에 깊은 감사의 말씀을 올린다.

1994년 11월 23일(헤세이 근로감사의 날)

삼국유사연구회 村上四男

삼국유사연구회 창설자

三品彰英(미시나 아키히데): 1902년생. 교토제국대학 문학부 사학과 졸업. 일본사·조선사 전공. 해군기관학교 교수, 교토대학 강사, 오타니대학 교수, 도지사대학 교수, 오사카시립박물반장, 불교대학교수를 역임. 문학박사. 1971년 12월 19일 서거.

저자(1970년대 당시)

村上四男(무라카미 요시오): 와카야마대학 명예교수, 삼국유사연구회 회장.

역주자 김정빈(金正彬)

히로시마대학대학원 학술박사(교육학), 일본국립시마네대학 연구원. 저서로는『校正宋本廣韻에 의한 廣韻索引과 韻鏡索引』(한국학술원, 2010) 외 10여 권이 있으며, 역서로는 沼本克明의『한국인을 위한 일본한자음의 역사』(한국학술원, 2008), 小林芳規의『각필의 문화사』(한국문화사, 2016) 등이 있다.

An Annotated Translation of
"Historical Investigation of
the Three Kingdoms Archive in Ancient Korea"